Da monarquia à oligarquia

História institucional e pensamento político brasileiro
(1822-1930)

Da monarquia à oligarquia
História institucional e pensamento político brasileiro
(1822-1930)

CHRISTIAN EDWARD CYRIL LYNCH

alameda

Copyright 2014 © Christian Edward Cyril Lynch

Grafia atualizada segundo o Acordo Ortográfico da Língua Portuguesa de 1990, que entrou em vigor no Brasil em 2009

Edição: Joana Monteleone/Haroldo Ceravolo Sereza
Edição: Joana Monteleone
Editor assistente: Vitor Rodrigo Donofrio Arruda
Projeto gráfico e diagramação: Vitor Rodrigo Donofrio Arruda
Capa e assistente de produção: Ana Lígia Martins
Revisão: João Paulo Putini
Assistente acadêmica: Danuza Vallim
Imagens da capa: Eduardo Sá. *José Bonifácio idealiza a bandeira brasileira.*

CIP-BRASIL. CATALOGAÇÃO NA PUBLICAÇÃO
SINDICATO NACIONAL DOS EDITORES DE LIVROS, RJ

L996m

Lynch, Christian Edward Cyril
DA MONARQUIA À OLIGARQUIA : HISTÓRIA INSTITUCIONAL
E PENSAMENTO POLÍTICO BRASILEIRO (1822-1930) /
Christian Edward Cyril Lynch - 1. ed.
São Paulo : Alameda, 2014
280p. ; 21 cm

Inclui bibliografia
ISBN 978-85-7939-264-1

1. Monarquia - Brasil - História - Século XIX. 2. Rio de Janeiro (RJ) - Civilização. 3. Rio de Janeiro (RJ) - Usos e costumes. I. Título.

14-10873 CDD: 981.53
  CDU: 94(815.3)

ALAMEDA CASA EDITORIAL
Rua Conselheiro Ramalho, 694 – Bela Vista
CEP 01325-000 – São Paulo, SP
Tel. (11) 3012-2400
www.alamedaeditorial.com.br

Para Wanderley Guilherme dos Santos,
mestre da ciência política brasileira.

SUMÁRIO

Prefácio de Pierre Rosanvallon   9

Parte I: Da monarquia à oligarquia: a construção do Estado,   13
as instituições e a representação política no Brasil (1822-1930)

Introdução   15

1. Representação política, construção do Estado e ordem capacitária   21

2. O Estado imperial brasileiro em sua etapa monárquica (1822-1860)   41

3. Da monarquia à oligarquia: a emergência da   65
representação-mandato parlamentar (1860-1889)

4. A transição para a democracia nos países centrais e a consolidação da   83
República oligárquica brasileira

5. O caminho para Washington passa por Buenos Aires: a prática   99
oligárquica da representação republicana brasileira

6. As estratégias de representação das minorias: 137
as duplicatas eleitorais, as intervenções federais e os *habeas corpus*

7. A sociologia do imobilismo cívico: 155
a razão conservadora da resistência oligárquica

Epílogo: a Campanha Civilista e a decadência da República oligárquica   161

Parte II: Três estudos de pensamento político da Primeira República   167

    1. O Império é que era República: 169
a monarquia republicana de Joaquim Nabuco

    2. Entre o liberalismo monárquico e o conservadorismo republicano: 201
a democracia impossível de Rui Barbosa

    3. *A multidão é louca, a multidão é mulher*: a demofobia oligárquico-   247
federativa da Primeira República e o tema da mudança da capital

    Apêndice: Juscelino Kubitschek e a construção de Brasília   279

PREFÁCIO

A obra de Christian Lynch conta a história intelectual e política do Brasil de 1822 a 1930, da independência ao amanhecer da era Vargas. Ela é arrebatadora por dois motivos: por seu conteúdo e por seu método. Ela convida, em primeiro lugar, a reconsiderar as simples e lineares histórias da democracia, que descrevem de forma repetitiva a transformação de um mundo inicial dominado pelas elites liberais e regido pelo sufrágio censitário num mundo regulado pelo sufrágio universal. Essas histórias descrevem comumente a eclosão progressiva de um modelo que teria sua dinâmica determinada desde a sua origem e não teria feito senão alargar e se desenvolver sob a pressão das demandas populares, do progresso da educação e do desenvolvimento de uma urbanização símbolo da ruptura com a ordem tradicional. O único problema é que só a Grã-Bretanha seguiu de fato esse esquema, tendo aí sido claramente ritmada a história do governo representativo pelas três grandes reformas que estenderam o direito de sufrágio no século XIX. Quanto à França, ela deu o exemplo de uma história caótica na qual se sucederam os avanços e os recuos, onde as mais audaciosas realizações democráticas se alternaram com a valorização de suas caricaturas mais sinistras. A ideia de que existiria um modelo democrático universal deve, portanto, ceder o passo à consideração da diversidade de histórias ou de experiências. A democracia não tem apenas uma história. Ela é uma história. A democracia é indissociável de um trabalho de exploração e experimentação, de compreensão e elaboração de si mesma.

Christian Lynch contribui de forma esclarecedora a essa compreensão dinâmica e renovada do fato democrático alargando o campo de apreensão de sua história. Ao convidar a integrar o caso brasileiro, e também de modo secundário, aqueles da Argentina e do Chile, numa história global da representação política e da construção do Estado moderno, ele enriquece esta última. A obra contribui desse modo para uma urgente e necessária expansão para além do Atlântico Norte da história do fenômeno democrático. Ela deve ser saudada por esse motivo em primeiro lugar. As independências latino-americanas, a revolução haitiana, o processo de descolonização do século XX — essas histórias são tão indispensáveis para conhecer a experiência democrática quanto as revoluções americana e francesa e assim devem ser cada vez mais consideradas. Mas Christian Lynch vai mais longe. Ele também quis mostrar de modo detalhado como a experiência dos "países periféricos" (como o Brasil) foi condicionada pelas representações existentes da experiência dos "países centrais" (os Estados Unidos, a França e a Grã-Bretanha) e pelos elementos de linguagem dela constitutivos. A narrativa do autor é de todo arrebatadora. Ela mostra de modo luminoso as condições do choque entre as concepções contratuais que fundavam os ideais de liberdade e igualdade, tomadas de empréstimo à Europa, e a realidade geográfica, social e cultural de um país como o Brasil na alvorada do século XIX. A presença de populações autóctones, a imensidão e a segmentação dos territórios, a fragilidade dos meios de comunicação — todas essas realidades dificultavam conferir instrumentalidade á ideia de um povo ator da mudança. Claro, a nação havia sido retoricamente celebrada para justificar a independência frente a Lisboa. Mas ela não era mais que uma "nação de papel", sem consistência sensível. Daí a escolha das elites do país por optar por uma "política positiva", forma modernizada do velho despotismo ilustrado. Daí a centralidade do positivismo comteano no Brasil. Auguste Comte aí foi, com John Stuart Mill e Lastarria (o vulgarizador chileno de ambos), a referência que permitiu ligar o "novo" da modernidade política ao "velho" da realidade do país naquela época.

A obra de Christian Lynch, desta maneira, não é apenas uma contribuição de primeira ordem à história do Brasil. Ela contribui também de forma magistral para enriquecer a história geral da democracia, dela extraindo sua tensão essencial. Neste ponto, é preciso destacar a vasta cultura teórica do autor, cujo perfeito conhecimento de todos os grandes clássicos do liberalismo americano e europeu está a serviço de uma história social e intelectual renovada. Sua contribuição metodológica está à altura de seu domínio do assunto. Eis por que o seu trabalho interessa não apenas aos especialistas em Brasil. Os termos pelos quais ele ilumina a história política de seu país fornecem um alcance intelectual muito mais vasto. Como tal, ele merece ser lido por todos os historiadores do político. Pela profundidade de sua cultura teórica e pelo domínio dos fatos que ele demonstra, e pelos horizontes novos que abre, o livro de Christian Lynch é um grande livro. Este jovem e brilhante representante de uma historiografia brasileira em plena renovação fez de seu primeiro livro um livro de mestre.

Pierre Rosanvallon
Professor do Collège de France
Diretor de estudos na EHESS

PARTE I

Da monarquia à oligarquia: a construção do Estado, as instituições e a representação política no Brasil (1822-1930)

INTRODUÇÃO

Pouco depois de instaurada a República brasileira, em 1889, o ex-deputado liberal Joaquim Nabuco, principal artífice da campanha abolicionista, recusou-se a aderir à propaganda que alardeava os benefícios da eventual mudança de regime. Tendo servido por dois anos na legação brasileira em Nova York, o autor de *O abolicionismo* não dissociava a forma política da democracia de sua forma social; da mesma maneira, ele não dissociava a forma republicana do espírito público, que nela deveria nortear as ações coletivas. Num país que acabava de sair da escravidão, fortemente hierárquico, analfabeto e rural, a República democrática, afirmava Nabuco, era uma quimera. Bastava observar o que se passava em todas as repúblicas ibero-americanas, que oscilavam entre a anarquia e a oligarquia. Não sendo ingênuo o bastante para crer na coincidência entre conteúdo manifesto e intenção dos atores que veiculavam a propaganda republicana, Nabuco denunciava o republicanismo como uma campanha orquestrada pelas elites insatisfeitas com o abolicionismo monárquico para instaurar o regime oligárquico no Brasil: "Ninguém mais do que eu reconhece o que há de patriótico e elevado na concepção republicana do Estado, mas não posso me iludir no caso presente: o atual movimento republicano é um puro efeito de causas acumuladas que nada têm de republicanas; é uma contra-revolução social".[1]

---

1   NABUCO, Joaquim. "Artigos de Joaquim Nabuco (última fase) no jornal o País (seção 'Campo neutro')". In: GOUVÊA, F. C. *Joaquim Nabuco entre a Monarquia e a República*.

Nabuco defendia que "as oligarquias republicanas, em toda a América, têm demonstrado ser um terrível impedimento à aparição política e social do povo" e por isso declarava estar "com o povo defendendo a monarquia, porque não há na República lugar para os analfabetos, para os pequenos, para os pobres".² Entregue diretamente ao governo de suas elites agrárias, a República brasileira não passaria de um colégio oligárquico autoritário e reacionário, que fecharia as portas para toda e qualquer possibilidade de pluralismo político. Por isso, ele desenganava os republicanos que, de boa fé, esperavam que do novo regime pudesse emergir a regeneração do sistema representativo: "Em países do nosso tipo, sob a forma republicana, nunca um partido cairá do poder senão pela revolução. Só do campo da guerra civil, das barricadas das cidades, poderão surgir novas situações políticas. O voto não vale nada".³

Nenhuma das constituições brasileiras foi, pois, cercada de tantas expectativas e considerações como aquela que primeiro serviu de marco legal à República. Derrocada a monarquia unitária, que supostamente entravava o progresso, e adotada a República federativa, o país finalmente entraria nos eixos: a nova Carta preparava o país para uma nova era de democracia, grandeza e prosperidade, associada ao irresistível movimento político do continente americano. A garantia desse êxito estava no principal autor do anteprojeto constitucional enviado pelo Governo Provisório ao Congresso Constituinte – Rui Barbosa, o mais legítimo dos liberais brasileiros, jurisconsulto verdadeiramente prodigioso que reunia a admiração do meio político como a mais poderosa mentalidade brasileira. Pouco tempo depois, porém, o entusiasmo começou a arrefecer e a profecia de Nabuco se revelou veraz. Apesar da excelência de seus autores, um ano depois de sua promulgação, às voltas com a ditadura florianista e os efeitos do primeiro estado de sítio inconstitucional, o senador liberal Amaro Cavalcanti já declararia querer "a Constituição como lei viva, não como letra morta". Para ele, a inefetividade das garantias liberais parecia uma constante entre nós:

Recife: Fundação Joaquim Nabuco; Massangana, 1989, p. 384.

2   ANAIS da Câmara dos Deputados. Sessão de 7 de junho de 1889.

3   NABUCO, Joaquim. *A Abolição e a República*. Recife: Editora UFPE, 1999, p. 72.

É sempre assim na história política do nosso país. Escrevem-se nas páginas do Direito preceitos tão adiantados, tão liberais, que as nações que precederam o Brasil na civilização ainda não puderam adotar; mas, desgraçadamente, quando chega a vez da aplicação vem o sofisma, o espírito partidário, a conveniência do momento, o desejo de não desagradar ao amigo, a ambição do poder, e a lei subsiste como morta, imprestável, na prática, ao regime verdadeiro.[4]

Na verdade, Amaro Cavalcanti se insurgia contra a maioria congressual que, no intuito de consolidar a República a qualquer preço, apoiava a escalada autoritária promovida pelo presidente Floriano Peixoto. Para tanto, justificavam o injustificável – como a prisão e desterro de diversos parlamentares –, calcados em interpretações tortuosas da nova Constituição. Contra aqueles que, como Cavalcanti, protestavam que aquela não era a República com que haviam sonhado, o arauto do conservadorismo republicano, o senador paulista Campos Sales, entendia, para tanto, que era preciso conferir o máximo de força ao Poder Executivo:

> Por minha parte, também direi que esta não é a República que eu sonhava; mas [...] é este seguramente o caminho por onde se há de chegar a fazê-la; é através dessas dificuldades, dessas agitações, de todas essas comoções, que nós havemos de chegar ao regime definitivo da forma republicana em nosso país. Mas, para isso [...], o meio principal, senão o único, é dar força a esta entidade que representa uma sentinela ao lado da República – o governo do país [...] ao qual não pedi e não pedirei outra coisa senão que tenha coragem, resolução e energia para manter a ordem e a paz públicas, e para garantir a estabilidade das instituições republicanas.[5]

Os sintomas de esclerose precoce da ordem continuaram por todo o período. Num quadro de baixíssima competição política e de escassa alternância no poder, marcado pelo monopólio oligárquico e pela fraude eleitoral, a oposição e a situação jamais chegaram a um consenso acerca do funcionamento dos

---

4 ANAIS do Senado Federal. Sessão de 17 de maio de 1892.
5 ANAIS do Senado Federal. Sessão de 1º de junho de 1892.

institutos constitucionais centrais do regime – o estado de sítio, a intervenção federal, o controle de constitucionalidade, o *habeas corpus* e os princípios da organização federativa. Tanto assim que, um quarto de século após, um jovem expoente da nova geração conservadora, o deputado sergipano Gilberto Amado, ainda aludiria à natureza ficcional da Constituição brasileira, que ficava "pairando no ar, como uma cúpula, sem conexão com a terra"; "erguida no alto", ela era "uma ficção, um símbolo, uma figura de retórica destinada ao uso dos oradores".[6]

Este livro busca compreender as razões deste quadro de inefetividade institucional, isto é, de disjunção entre forma institucional e prática política no Brasil. Depois de tecer considerações sobre a natureza e as modalidades de representação política – como personificação e como mandato –, tenta-se aqui compreendê-las no âmbito de um modelo ideal de construção estatal dividido em três etapas sucessivas: a instauração autoritária da autoridade comum ("a monarquia"), na qual predomina uma determinada modalidade de representação (a representação-personificação); a posterior abertura da ordem estatal às relações de mercado e a uma competição política, restrita, porém, ao âmbito das elites ("a oligarquia"), em que já predomina um segundo tipo de representação (a representação-mandato); e, por fim, a progressiva extensão da participação política ao maior número ("democracia"). Entre cada uma dessas três etapas arquetípicas, há outras duas de transição, que costumam ser acidentadas pela presença de elementos explosivos: envelhecimento das instituições políticas, segmentos sociais emergentes reclamando participação política e resistência dos interesses estabelecidos, que resultam em instabilidade política e desordem.[7]

Busca-se depois conectar os diferentes processos empíricos de construção da estatalidade liberal democrática distinguindo os países centrais dos países

---

6 AMADO, Gilberto. As instituições políticas e o meio social no Brasil. In: *A chave de Salomão e outros escritos; Grão de areia e estudos brasileiros; A dança sobre o abismo*. Rio de Janeiro: José Olympio, 1963, p. 237.

7 HUNTINGTON, Samuel. *A ordem política nas sociedades em mudança*. Tradução de Pinheiro Lemos. Revisão técnica de Renato Boschi. Rio de Janeiro: Forense Universitária, 1975, p. 17.

periféricos. Os países periféricos são aqueles que, em função de sua proximidade geográfica e seu passado colonial ibérico, se achavam em posição semelhante à do Brasil no começo do século XIX, como a Argentina e o Chile, que começavam a construir os seus Estados então. Os países centrais são aqueles que haviam começado mais cedo os seus processos de construção estatal e, ao contrário da Espanha e de Portugal, por exemplo, haviam mantido o ritmo acelerado do seu desenvolvimento político e econômico, como a Grã-Bretanha, a França e os Estados Unidos. Tais países ocupavam um lugar de referência nas representações dos atores políticos das nações periféricas, motivo pelo qual suas instituições e seus debates políticos serviam como modelos para orientá-los na perseguição, no hemisfério Sul, daquilo que se entendia como uma "política moderna".

A articulação das três etapas da construção do Estado àquelas duas classes de países permite, enfim, pensar os processos políticos a partir de dois movimentos: o primeiro concerne à construção dos respectivos Estados-Nação; o segundo, à circulação das ideias políticas entre eles. A conclusão é a de que, embora tenham vivenciado uma sincronia no que toca à circulação das ideias do centro à periferia, as duas categorias de países atravessavam etapas distintas de seus processos de construção estatal. É este fenômeno que explica, nos países periféricos, a disjunção entre as formas constitucionais e as práticas políticas que deveriam corresponder-lhes.

Transpondo o modelo e suas conclusões ao Brasil, país periférico, passamos a considerar as transformações sofridas pela representação política durante a primeira e a segunda etapas de construção do Estado nacional: a monárquica, vivenciada sob as formas constitucionais imperiais e marcada pela hegemonia da representação-personificação exercida pela Coroa (1822-1860); e a oligárquica, que começou a se esboçar sob o Império e se consolidou sob as formas constitucionais republicanas, caracterizada pela hegemonia da representação-mandato dos setores oligárquicos das províncias (1860-1910).

Examinando a prática representativa oligárquica republicana, apontamos a timidez ou a pouca relevância do tema relativamente ao período anterior. É que o movimento que derrubou a monarquia brasileira não guardava qualquer filiação intelectual com aqueles que, na Inglaterra, na França e nos Estados Unidos, conferiam o ritmo da transição sofrida naqueles países da oligarquia à democracia. A despeito das divergências que, no período, marcaram as oposições entre liberais e conservadores no Brasil, nenhum deles estava preocupado em ampliar a esfera pública: a divergência política girava apenas em torno da conveniência ou da possibilidade de se tornar efetiva a representação daqueles que, no quadro institucional vigente, já detinham o direito de voto. Ou seja, a controvérsia política não se dava sobre a ampliação do eleitorado, mas em torno da implantação do sistema existente – e isto, quando os percentuais de comparecimento dos eleitores às urnas não superava o de 3,5%, taxa inferior de cinco a seis vezes àquelas então verificadas nos países centrais.

Para além da diminuta porção da sociedade que efetivamente comparecia às urnas, havia, conectado ao problema das fraudes, aquele da representação das minorias. Embora as elites políticas tenham demonstrado alguma preocupação a respeito do tema nos primeiros anos da República, a verdade é que, depois de consolidadas no poder pela política dos governadores, elas se desinteressaram pelo aperfeiçoamento do sistema representativo e deixaram naufragar todos os projetos de lei que visavam à sua reforma substantiva. Assim, ao invés de apresentar o período da Primeira República como a era de um projeto democrático frustrado, mostramos que a ordem de 1891 havia sido calculadamente oligárquica e que mesmo aqueles que clamavam pela mudança imaginavam-na restrita aos limites de uma ordem liberal aristocrática.

1

REPRESENTAÇÃO POLÍTICA, CONSTRUÇÃO DO ESTADO E ORDEM CAPACITÁRIA

O conceito de representação se encontra no hiato entre o povo e o poder e, como tal, constitui o princípio organizador da política. Sua centralidade decorre principalmente da dificuldade de figuração da sociedade, que é essencial para a identidade e continuidade de qualquer comunidade política. Por comunidade política entendo aqui o grupamento de indivíduos no qual as relações entre governantes e governados envolvam compreensões compartilhadas concernentes à seguinte permuta: os governantes asseguram certos direitos aos governados, que por sua vez correspondem com obediência. Há, portanto, uma relação de poder assegurada por um mínimo de consentimento.[1] Dada a exigência de que o poder seja sempre representativo, a representação não pode ser pensada apenas de maneira aritmética e racional: na medida em que envolve o processo de constituição e replicação do vínculo social, ela também exige um trabalho de imaginação que recorra a estatutos simbólicos e muitas vezes formais. Necessárias para figurar, de modo imediato e transparente, uma sociedade concreta de indivíduos, essas ficções políticas e jurídicas nem sempre conseguem, porém, resolver de modo satisfatório as demandas sociais por uma

---

[1] BENDIX, Reinhard. *Construção nacional e cidadania: estudos da nossa ordem social em mudança*. Tradução de Mary Amazonas Leite de Barros. São Paulo: Edusp, 1996, p. 53.

identificação mais tangível. Elas revelam a contradição inelutável entre o princípio político da democracia e seu princípio sociológico, pois que o primeiro consagra o poderio de um sujeito coletivo cuja consistência e visibilidade o segundo tende a dissolver e reduzir.² Bem que na prática se interpenetrem, essas duas dimensões da figuração social — a sociológica e a política — são diferentes.

Mais genérica e fundamental, a primeira dimensão da representação política opera num registro social e simbólico pelo qual a *sociedade é representada pelo poder* — é aquele da *representação-personificação*. A exigência de visibilidade da autoridade social, endereçada pela comunidade (*espaço do político*), impõe àquela que se instale num plano fora e superior à desta, dependente dela, mas relativamente autônoma, na forma de uma cena política (*espaço da política*). A partir desse lugar apartado e superior, o poder pode refratar a imagem do mundo social como uma unidade, conferindo-lhe inteligibilidade e articulando-lhe uma identidade. Ao facultar a um punhado de indivíduos aparentemente efêmeros e desconexos enxergarem-se como um todo coerente de sentido no espaço e no tempo, a representação-personificação é o que leva a sociedade a existir tal como a compreendemos. Num segundo momento, o poder se desincorpora do corpo do príncipe e a comunidade perde sua fonte geradora de unidade substancial.³ Ao conferir unidade e identidade à comunidade, a representação-personificação forja o próprio objeto. Ora, uma vez que a comunidade se reconhece como tal, a representação pode se aprimorar como técnica de autogoverno, o que dá origem a uma segunda dimensão sua, desdobrada como aperfeiçoamento da primeira: trata-se da *representação-mandato*, por intermédio da qual *a sociedade é representada junto ao poder*. Uma vez que a comunidade passa a se reconhecer como a única fonte legítima do poder político, ela promove o estreitamento dos vínculos que a conectam com o príncipe, reduzindo o seu grau de autonomia e se valendo de técnicas de mediação e instrumentalização. Sem elidir a dimensão simbólica da representação-personificação, que é, todavia, enfraquecida, a representação-mandato clarifica os

---

2 ROSANVALLON, Pierre. *Le peuple introuvable: histoire de la répreséntation démocratique en France*. Paris: Gallimard, 1998, p. 21.

3 VOEGLIN, Eric. *A nova ciência da política*. 2ª ed. Tradução de José Viegas Filho. Brasília: EdUnB, 1982, p. 45.

novos vínculos entre a sociedade e o poder político com a organização e o estabelecimento de um novo sistema – o *representativo* –, encarregado dali por diante de coordenar a ação governamental e as expectativas dos governados de maneira institucional.

Para além de sua natureza abstrata, a *representação-personificação* e a *representação-mandato* devem ser consideradas, porém, concretamente, no contexto de construção do Estado liberal democrático. Pressupondo que o advento da democracia não depende apenas do voluntarismo dos atores políticos, mas também da cultura de suas sociedades e de seus níveis de desenvolvimento econômico,[4] o processo de construção do Estado moderno pode ser dividido, de modo ideal e esquemático, em três etapas (mediadas, por suas vezes, por duas transições): a *monárquica* ou *autocrática*, a *aristocrática* ou *oligárquica* e a *democrática*. Embora inspiradas, evidentemente, na teoria clássica das formas de governo, as denominações aqui conferidas pretendem descrever objetivamente o modo e as características de exercício do poder numa determinada comunidade, durante uma determinada época, para além do rótulo formal recebido pelo governo. Assim, por exemplo, a República do Chile de 1840 pode ser qualificada como República monárquica; o atual Reino Unido da Grã-Bretanha e Irlanda do Norte deve ser considerado monarquia democrática; a República Argentina de 1935 constituía uma República oligárquica etc.[5]

A primeira das etapas da construção estatal pode ser caracterizada como *monárquica* ou *autocrática*, centrada no poder executivo. Geralmente precedida por um período de anarquia causada por guerras civis, cujas origens podem ser dissensos religiosos, oligárquicos ou independentistas, a etapa monárquica se

---

4   HUNTINGTON, Samuel. *A terceira onda: a democratização no final do século XX*. Tradução de Sérgio Góes de Paula. São Paulo: Ática, 1994, p. 306.

5   Como recorda Reinhard Bendix, as teorias sociais que foram apresentadas para interpretar as transformações sociais e políticas fazem parte necessariamente, em maior ou menor medida, das sociedades que procuravam abranger. Precisamos assim adquirir o distanciamento necessário para nos proteger contra a adoção involuntária de modas intelectuais mutáveis e contra a negligência das limitações inerentes a todas as estruturas teóricas. Para tanto, é impossível deixar de recorrer à história das ideias (BENDIX, Reinhard. *Construção nacional e cidadania: estudos da nossa ordem social em mudança*. Tradução de Mary Amazonas Leite de Barros. São Paulo: Edusp, 1996, p. 57-58).

caracteriza pela concentração autoritária do poder no príncipe, isto é, no chefe de governo, operada pela progressiva absorção dos poderes mais ou menos autárquicos existentes num dado território. É claro que o monarca não governa no vácuo de legitimidade: ele goza do apoio de uma oligarquia; como já pontuava Joaquim Nabuco, "o déspota pessoalmente só pode exercer uma pequena parte da sua função, os que exercem o resto por ele são oligarcas".[6] Entretanto, a ordem monárquica não é o governo oligárquico: aquela é um governo autoritário e centralizador a que os oligarcas se submetem e apoiam resignados por reputá-lo preferível à anarquia, na esperança de que, recuperada ou instaurada no futuro a estabilidade, as coisas "voltem ao normal", ou seja, a um regime oligárquico, de paridade entre o monarca e os oligarcas. Tanto assim que, ao contrário da ordem oligárquica, onde as decisões são tomadas por consenso, a característica da etapa monárquica é a autonomia decisória do governante, que possui poder o bastante para garantir que a própria sucessão esteja a resguardo das injunções de terceiros. Isto pode ocorrer em virtude de hereditariedade, de capital político suficiente para assegurar a indicação do sucessor ou continuar a governar por intermédio de prepostos.

A pretensão do monarca não pode ser realizada, porém, sem a prévia monopolização do poder de dizer a lei (legislativo) e, em decorrência, do exercício legítimo do poder coativo (jurisdicional e policial). A monopolização da violência exige a criação de um aparato burocrático encarregado de velar pela execução, nas províncias, das decisões tomadas pelo soberano na capital. O reconhecimento do Estado como centro irradiador do poder legitima sua intervenção no domínio socioeconômico e serve para uniformizar a administração, o direito e a economia territorial, eliminando ou neutralizando as pretensões autárquicas dos chefes locais. Pela eliminação geográfica das barreiras alfandegárias, o Estado cria as condições para uma economia de mercado;[7] ao esmagar ou cooptar os poderes intermediários, ele favorece o estabelecimento, em longo prazo, de uma sociedade democrática. Se a característica de um

---

6   NABUCO, Joaquim. *Diários 1874-1910*. Rio de Janeiro: Bem-te-vi Produções Literárias, 2005, t. 2, p. 221.

7   ROSANVALLON, Pierre. *O liberalismo econômico: história da ideia de mercado*. Tradução de Antônio Penalves Rocha. São Paulo: Edusc, 2002.

sistema representativo é a competição eleitoral dos partidos pelo poder, num ambiente de respeito a regras instituídas de antemão, não é razoável imaginar que ele possa existir antes que os partidos se sintam partícipes de uma mesma comunhão, nacional e estatal. Para Raymond Aron, a possibilidade de instauração de democracias em países cujos Estados ainda não estavam consolidados é "absurda":

> Um sistema de competição pacífica supõe a existência do Estado, a existência de uma Nação [...] Quando o Estado preexiste, quando a unidade nacional preexiste, essa rivalidade é útil em mais de um aspecto, mas é evidente que não se cria o Estado ou a nação concedendo às partes o direito de disputa ou de querela.[8]

Nesse caso, o resultado não é o pluralismo praticado nos limites da tolerância, mas a guerra civil e o separatismo. Pela integração vertical e horizontal da população que se encontra no território, destruindo as hierarquias sociais e aproximando os grupos sociais até então isolados, o Estado fomenta a criação de uma identidade comunitária que cria um espaço comum de experiências e amplia o horizonte de expectativas. Nesta etapa, a modalidade de representação que prevalece é a de *personificação*; através dela, a comunidade se identifica ao corpo físico do príncipe, imagem visível de sua dimensão transcendente. Seu poder é legitimado, não como um fim em si, mas como o instrumento por que o governante pode se desincumbir da tarefa de que foi encarregado – velar pelo primado de uma ordem justa e pacífica, que corresponda aos valores do bem comum. O príncipe funciona como instância geradora da unidade substancial da sociedade: ao afirmar simbolicamente a dimensão unitária e pública daquilo que se afigura múltiplo e particular, a representação-encarnação transforma a *multidão* em *povo*.[9] Daí a crítica dirigida a todas as formas de

---

8   ARON, Raymond. *Introduction à la philosophie politique: démocratie et révolution*. Paris: Éditions dês Fallois, 1997, p. 85-86.

9   KANTOROWICZ, Ernst. *Os dois corpos do rei: um estado sobre teologia política medieval*. São Paulo: Companhia das Letras, 1998. KOSELLECK, Reinhart. *Crítica e crise: uma contribuição à patogênese do mundo burguês*. Tradução de Luciana Villas-Boas Castelo Branco. Rio de Janeiro: Contraponto, 1999; TORRES, João Carlos Brum. *Figuras do*

pluralismo político, qualificadas como facciosas na medida em que subvertem os princípios da hierarquia e da unidade do poder. Daí, igualmente, o dever que incumbe ao príncipe de dar-lhes combate sem trégua, na qualidade de seu defensor e guarda do bem comum. A centralização é necessária para restaurar a ordem, superando a fragmentação e abrindo caminho para a ascensão de novos setores sociais e o desenvolvimento de novas atividades econômicas.[10]

O êxito da etapa monárquica da construção do Estado-Nação cria, pois, as condições de transição *da monarquia à oligarquia*, que começa com a contestação da ordem monárquica pelos grupos que brandem contra o *despotismo* e a *tirania* em nome do *progresso* e da *liberdade*. Formado por proprietários rurais e dedicado ao comércio das cidades, o elemento aristocrático ou oligárquico começa a considerar a inconveniência de que seus interesses dependam de um governante onipotente, autônomo e irresponsável. Aproximados e fortalecidos pela integração operada na fase monárquica, os diversos grupos oligárquicos se articulam para incrementar o próprio capital político junto ao poder por meio de reformas que criem mecanismos representativos mais aptos a responder às suas demandas, reduzindo a autonomia do príncipe ou submetendo-o à sua agenda.

A etapa *oligárquico-representativa* apresenta como instituição privilegiada o *poder legislativo*, espaço onde os representantes das elites deliberam sobre como dirigir os investimentos públicos na dinamização daqueles setores da economia a que se vinculam seus interesses. Para tanto, as oligarquias se exprimem por meio de uma ideologia liberal que justifique a defesa da propriedade particular, a livre concorrência e a participação política limitada. Aqui se compreende o ataque da oligarquia à concentração do poder político pelo príncipe, ataque respaldado por doutrinas que transferem do Estado para a sociedade

---

Estado moderno: representação política no Ocidente. São Paulo: Brasiliense, 1989; BENDIX, Reinhard. *Construção nacional e cidadania: estudos da nossa ordem social em mudança*. Tradução de Mary Amazonas Leite de Barros. São Paulo: Edusp, 1996, p. 82; LEFORT, Claude. *Le temps présent: écrits 1945-2005*. Paris: Belin, 2007, p. 612-613.

10 HUNTINGTON, Samuel. *A ordem política nas sociedades em mudança*. Tradução de Pinheiro Lemos. Revisão técnica de Renato Boschi. Rio de Janeiro: Forense Universitária, 1975, p. 138.

civil o encargo de depositário legítimo do poder político. Ao invés de conjunto de mônadas ameaçadas pela anarquia, carentes de uma ordem imposta do alto pelo príncipe, a sociedade passa a ser apresentada como uma ordem jurídica natural de indivíduos autônomos que, sob os auspícios de uma ordem marcada pela liberdade e pela igualdade, se dedicariam em paz e tranquilidade aos seus negócios privados. Oriundo da esfera privada oligárquico-burguesa, o contrato tornado "social" se torna a figura jurídica por que se passa a imaginar a forma de associação legítima entre os membros de uma comunidade política formada por indivíduos que se encontram entre si em posição de idênticas liberdade e igualdade para deliberarem sobre seus interesses comuns.

Essa reviravolta para a *oligarquia representativa* se opera pelo ascendente intelectual da *economia política* enquanto saber disciplinar que afirma a existência e independência de uma esfera privada face ao Estado. Do ponto de vista econômico, a esfera privada é o espaço do *mercado*; do ponto de vista político, ela corresponde àquele da *sociedade ou nação*, em que os cidadãos se dedicam a seus afazeres pelo uso e gozo de seus direitos naturais – o principal dos quais é o de *propriedade*.

Visto na fase pretérita como ameaça ao bem comum na forma de um facciosismo, o *interesse* passa agora à condição de princípio organizador da vida social – o próprio bem comum passa a ser definido como um tipo especial de interesse: *o interesse público*.[11] Essa nova concepção do bem comum requer nova arquitetura político-institucional. Tendo por parâmetro uma constituição de novo tipo (normativa, escrita, rígida), destinada a plasmar no mundo dos homens os princípios organizadores da sociedade inscritos no direito natural, as novas instituições devem cercear o poder do príncipe por leis abstratas e gerais que exprimam a vontade geral. Possuindo por valor supremo a defesa da liberdade individual, a constituição deverá garanti-la contra a centralização do poder, por uma declaração dos direitos e garantias individuais; pela organização das instituições conforme um critério de especialização; e pela criação de um sistema representativo que assegure, aos interesses organizados, influência, participação ou mesmo a condução do processo decisório. Assim, o principal

---

11 HIRSCHMAN, Albert. *Les passions et les intérêts: justifications politiques du capitalisme avant son apogée*. Tradução de Pierre Andler. Paris: PUF, 2001, p. 25.

órgão do Estado passa a ser uma assembleia composta por representantes que, por meio de debates, pela publicidade, pelo princípio majoritário, deverá fiscalizar os atos do governo e produzir o interesse público, na forma de projetos de leis gerais. Nessa chave, os partidos deixam de ser mal vistos: de egoístas agrupamentos visando à exploração da coisa pública, passam à condição de "reunião de homens que professam a mesma doutrina política".[12]

É neste ponto que, pelos motivos expostos, o Estado deixa de representar a sociedade apenas em chave personificadora para tornar-se também seu delegado formal, lançando-se mão de uma leitura jurídica da representação. O governante passa a ser considerado um mandatário da Nação, encarregado pelo contrato social de exercer o poder nos limites do mandato por ela outorgado e penalmente responsável pelos seus eventuais desmandos. A eleição competitiva é o mecanismo central do sistema; por isso, o príncipe passa a ser descrito como "a imagem, o espectro ou o representante do corpo político, agindo pela vontade da sociedade, declarada em suas leis".[13] Aqui, os princípios do governo representativo fazem sua entrada triunfal: os governantes devem ser regularmente designados por eleição e conservar certa independência decisória em face dos eleitores; por outro lado, submetidas as decisões políticas ao teste da discussão pública, os governados podem exprimir livremente suas opiniões e vontades, sem prévia dependência dos governantes.[14]

No entanto, o sistema representativo não é sinônimo de democracia. O caráter oligárquico ou democrático do sistema depende do maior ou menor grau de coincidência entre o número de eleitores e o de habitantes do espaço comunitário. O próprio critério eleitoral do processo seletivo já evidencia que a democracia não estava no horizonte explícito do sistema representativo: destinada à seleção dos melhores, a eleição é técnica aristocrática – ao contrário do

---

12 BURKE, Edmund. *Thoughts on the cause of the present discontents*. 1770, t. I, p. 530.

13 LOCKE, John. *Dois tratados sobre o governo*. Introdução de Peter Laslett. Tradução de Júlio Fischer. São Paulo: Martins Fontes, 1998, p. 520.

14 MANIN, Bernard. *Principes du gouvernément réprésentatif*. Paris: Calmann-Lévy, 1995, p. 18.

sorteio, que permite a escolha de qualquer um.¹⁵ A transição *da oligarquia à democracia* começa com a denúncia, pelas classes médias, do caráter oligárquico do sistema representativo, movimento de contestação que abre caminho à adesão sucessiva de outros setores sociais, que vão dos trabalhadores organizados às minorias étnicas, de idade e de gênero. Resultado da generalização do sufrágio e da ampliação da atuação do Estado, a terceira e última fase, a *democrático- -representativa*, é sustentada por um espaço público plural em que prevalece um discurso democrático social que tem por cerne os valores da igualdade e da dignidade humana, que são assegurados por um atuante poder judiciário.

O que distingue a etapa oligárquica da democrática não é a teoria da representação, mas a existência concreta de uma série de restrições à participação política, que fica reduzida a uma elite.¹⁶ O argumento que prevalece é o de que a sorte da comunidade depende da capacidade do governo de bem governá- -la; por isso, o Estado não pode ser indiferente à formação da classe dirigente ilustrada e capaz, que garanta a *qualidade* da representação para além de sua dimensão simplesmente numérica. A representação política deve caber a uma aristocracia de mérito cujo desprendimento e dedicação à coisa pública lhe facultaria decidir dos interesses da maioria, que por seu estado de abatimento e sua falta de ilustração não conseguiriam ter uma ideia clara do próprio interesse e da natureza do governo representativo. Por isso mesmo, a legislação oligárquica impõe uma série de condições à participação política, concernentes, por exemplo, à idade, ao grau de instrução, ao nível de rendimento ou gênero. Do mesmo modo, o sufrágio pode ser organizado em dois ou mais graus, ou se concede maior peso aos proprietários e aos mais instruídos. Tem-se como resultado um sistema representativo oligárquico, que restringe a participação política a índices inferiores a dez por cento da população.

Embora todas as sociedades democráticas tenham percorrido as três etapas do processo de construção de seus Estados nacionais, elas não o fizeram ao mesmo tempo nem na mesma velocidade. Na Europa, os países que estiveram

---

15   MANIN, Bernard. *Principes du gouvernément réprésentatif*. Paris: Calmann-Lévy, 1995, p. 93.

16   SANTOS, Wanderley Guilherme dos. *Regresso: máscaras institucionais do liberalismo oligárquico*. Rio de Janeiro: Opera Nostra, 1994, p. 24.

à frente do processo – Inglaterra e França – serviram de modelos aos demais, que lhe invejavam o crescimento econômico e militar. Em torno de 1720, a Inglaterra ensaiava os primeiros passos da etapa aristocrática ou oligárquico--representativa, enquanto que a França era o modelo acabado de Estado na etapa monárquica. Um século depois, o Estado oligárquico inglês estava maduro, visto por toda a opinião europeia "adiantada" como modelo de civilização política moderna. A passagem da etapa monárquica à etapa oligárquica da construção dos Estados britânico e francês encontrou seu equivalente ideológico na substituição do absolutismo monárquico pelo liberalismo político. Por sua vez, emulando o exemplo britânico, a França da Restauração (1815-1830) dava os primeiros passos mais seguros de sua acidentada etapa oligárquico--representativa depois de uma dramática transição que, marcada pela revolução, concluíra com o híbrido autocrático-representativo encarnado pelo bonapartismo. Contribuindo para as mudanças ocorridas de um século a outro, estavam as transformações socioeconômicas que se refletiam nos cambiantes índices de escolaridade, urbanização e industrialização, permitindo a ampliação moderada do número e da influência das notabilidades na participação política outrora monopolizada pelo príncipe.

Como vimos, embora a democracia pudesse figurar como horizonte do sistema representativo, ela não estivera presente nas suas primeiras figurações empíricas.[17] Quando o sistema representativo se difundiu, na virada dos setecentos para os oitocentos, a principal referência em matéria de organização institucional era a oligárquica Constituição da Inglaterra, a partir da qual se elaboraram e se difundiram as teorias da representação, da divisão de poderes autônomos, dos freios e contrapesos e do bicameralismo. Foram duas as versões por que o modelo político-institucional britânico inundou o constitucionalismo atlântico: a da monarquia constitucional, veiculada pelos liberais de língua francesa – Montesquieu, Constant, Guizot, Laboulaye –; e a variação republicana estadunidense divulgada pelos escritos de Jefferson, Hamilton, Madison, Adams e Story. Entretanto, nenhuma das duas versões visava à instauração de um regime democrático tal como hoje o imaginamos, com o

---

17   MANIN, Bernard. *Principes du gouvernément représentatif*. Paris: Calmann-Lévy, 1995, p. 251.

primado da soberania popular, o sufrágio universal e a eleição direta. A arquitetura institucional em que o sistema representativo primeiro se radicou não foi a da democracia, mas a da constituição mista, modalidade de governo equidistante dos extremos representados pela República democrática e pela monarquia absoluta. Adaptada segundo o princípio da igualdade perante a lei e a consequente supressão da sociedade estamental, a constituição mista resultava da partilha do poder entre o chefe do Estado (monarquia), uma câmara alta (aristocracia) e uma câmara baixa (democracia). Aos três elementos do governo misto cabia o exercício específico de uma parcela do poder político, de acordo com um princípio de especialização. Assim, ao elemento monárquico cabia o poder executivo; à aristocracia e à democracia, ficava reservada a equânime partilha do poder legislativo, no formato bicameral.[18] O perfeito equilíbrio do modelo era garantido pelo papel moderador exercido pelo elemento intermediário, o aristocrático, representado na câmara alta, cujos membros deveriam representar a aristocracia territorial. Apenas um terço do poder, aquele relativo à câmara baixa, era efetivamente representante do poder popular (democrático). O bom governo era aquele no qual o povo se deixava governar pela sua elite, isto é, pela sua parte mais virtuosa, porque mais inteligente e honrada. Quando o povo apaixonado deixava de respeitar a aristocracia em nome da liberdade e da democracia, não era a liberdade que ele obtinha, mas a licença; nem era a democracia que realizavam, mas a oclocracia, governo irracional da

---

18 À época, o terceiro poder, o judiciário, não era considerado político. A característica essencial do poder político era o poder de livre deliberação, ou seja, a discricionariedade, quando as decisões judiciais não seriam propriamente decisões, mas "aplicações da lei". O juiz era assim, segundo Montesquieu, "a boca que diz a lei". Relativamente às três formas de governo, Montesquieu destacava que no despotismo o juiz decidia arbitrariamente, observando-a literalmente nos governos constitucionais monárquicos e preenchendo as lacunas, buscando o espírito da lei. Nas repúblicas, não haveria sequer o que interpretar, prevalecendo a literalidade restritiva do texto legal (MONTESQUIEU, Charles-Louis de Secondat, Barão de la Brède et de. *Do espírito das leis*. Introdução e notas de Gonzague Truc. Tradução de Fernando Henrique Cardoso e Leôncio Martins Rodrigues. São Paulo: Abril Cultural, 1997, t. 1, p. 116, 203 [1ª ed. 1748]).

massa, que era a pior das formas de governo.[19] O sistema representativo traduzia assim o ideal de um governo aristocrático eletivo.[20] Foram muitas as justificativas para a defesa das instituições monárquicas e aristocráticas contra a forma democrática do governo: a democracia constituía uma forma de exercício direto do poder pelo povo e não cabia, portanto, num território superior ao de uma cidade. Por isso mesmo, o governo da modernidade não era o democrático, mas o representativo. A democracia exigia dos cidadãos uma virtude cívica cuja abnegação impossível em tempos de comércio e individualismo. Ela demandava ao cidadão um grau de envolvimento no trato dos negócios públicos que, na modernidade, ele não estaria disposto a dar. Além disso, a necessidade de simbolizar a perenidade do Estado e garantir o exercício do governo, sem as desordens eleitorais, justificava a chefia de governo tornada hereditária nas mãos de uma só família, imparcial frente às facções.[21] A câmara de cunho aristocrático, hereditária, vitalícia ou temporária, era elemento obrigatório de qualquer constituição mista, na qualidade de elemento moderador dos conflitos entre o monarca e o povo. Para bem desempenhar essa tarefa, os componentes da câmara alta precisavam ser mais velhos, mais cultos, mais desinteressados, mais conservadores e mais estáveis que os da câmara baixa, qualidades que só a cultura e a riqueza lhes poderiam conferir.[22] A câmara alta era mesmo o epicentro do sistema representativo, na

---

19 POLÍBIO. *História*. Tradução de Mário da Gama Cury. Brasília: EdUnB, 1996, p. 348; CÍCERO, Marco Túlio. *Da República*. Tradução de Amador Cisneiros. São Paulo: Atena, 1957, p. 88.

20 MANIN, Bernard. *Principes du gouvernément réprésentatif*. Paris: Flammarion, 1995, p. 125.

21 CONSTANT, Benjamin. *Escritos de política*. Tradução de Eduardo Brandão. São Paulo: Martins Fontes, 2005, p. 18-30 [1ª ed. 1814]; GUIZOT, François. *Histoire de la civilisation en Europe: depuis la chute de l'Empire romain jusqu'à la Révolution française*. 6ª ed. Paris: Perrin et Cie, 1855, p. 236; PREVOST-PARADOL, A. *La France nouvelle et pages choisis*. Présentation, notes de Pierre Guiral. Paris: Garbier Frères, 1981, p. 204 [1ª ed. 1868].

22 MONTESQUIEU, Charles-Louis de Secondat, Barão de la Brède et de. *Do espírito das leis*. Introdução e notas de Gonzague Truc. Tradução de Fernando Henrique Cardoso e Leôncio Martins Rodrigues. São Paulo: Abril Cultural, 1997, t. I, p. 205; ADAMS, John. *Escritos políticos de John Adams: seleções representativas*. Tradução de Leônidas Gontijo de Carvalho. São Paulo: Ibrasa, 1964, p. 141; HAMILTON, Alexander; JAY, John;

medida em que nela institucionalizavam-se aquelas exigências de equilíbrio e justo meio.

Ao contrário do que se possa imaginar, a República norte-americana enquadrava-se perfeitamente no modelo oligárquico. Conforme a célebre definição de Madison, a república não era tomada como sinônimo de democracia, mas de governo representativo. Suas diferenças para com a monarquia constitucional inglesa não eram consideradas significativas pela maioria dos teóricos do sistema representativo. Os presidentes da República eram considerados monarcas temporários, em regime de monarquia eletiva. A eleição não passava de técnica de investidura do príncipe. Os candidatos a presidente deveriam comprovar as credenciais exigidas para o exercício de tão grave e importante cargo.[23] A eleição indireta e o voto censitário asseguravam às aristocracias das antigas colônias a escolha do futuro chefe do Estado. Era o que explicava Hamilton, ao fazer a defesa da eleição em dois graus:

> Um pequeno número de pessoas, escolhidas por seus concidadãos a partir do conjunto da população, terá a máxima possibilidade de possuir a informação e discernimento exigidos para tal complicada investigação. [...] Esse processo de eleição proporciona a certeza moral de que o cargo de Presidente raramente será alcançado por um homem não dotado, em grau eminente, das qualificações necessárias [...]. Não será exagero dizer que haverá uma probabilidade constante de ver o lugar preenchido por personalidades preeminentes por sua capacidade e virtude.[24]

MADISON, James. *Os artigos federalistas*. Apresentação de Isaac Kramnick. Tradução de Maria Luíza Borges. Rio de Janeiro: Nova Fronteira, 1993, p. 399, 404-406 [1ª ed. 1787]; CONSTANT, Benjamin. *Escritos de política*. Tradução de Eduardo Brandão. São Paulo: Martins Fontes, 2005, p. 36 [1ª ed. 1814].

23 HUNTINGTON, Samuel. *A ordem política nas sociedades em mudança*. Tradução de Pinheiro Lemos. Revisão técnica de Renato Boschi. Rio de Janeiro: Forense Universitária, 1975, p. 127.

24 HAMILTON, Alexander; JAY, John; MADISON, James. *Os artigos federalistas*. Apresentação de Isaac Kramnick. Tradução de Maria Luíza Borges. Rio de Janeiro: Nova Fronteira, 1993, p. 433.

Para além dessas proteções legais, as oligarquias estaduais inventaram o cáucus – qualificado por Rui Barbosa como a "fusão extra-legal das duas casas do congresso numa assembleia de partido".[25] De fato, apenas as duas primeiras eleições estadunidenses (Washington e Adams) se passaram conforme haviam desejado e determinado constitucionalmente os arquitetos da Constituição de 1787, no sentido de que a escolha recairia sobre eleitores elitizados, escrupulosos, livres para votar de acordo com sua consciência. Durante todo o primeiro quartel do século XIX foram os deputados e senadores federais que, articulados com os governadores dos estados, decidiam quem haveria de ocupar a Presidência da República.[26] Uma vez que, segundo a Constituição, cabia ao Congresso Nacional reconhecer o candidato eleito e sagrá-lo presidente, o cáucus permitia às oligarquias estadunidenses designar o candidato que, depois das eleições, elas próprias iriam reconhecer. A eleição se dava por unanimidade, sem competição, limitados os eleitores a chancelar a escolha dos chefes.[27] Além disso, durante o período, não havia propriamente eleição popular, pois os eleitores eram escolhidos na maioria dos Estados pelas assembleias legislativas. Onde a eleição popular tinha lugar, o candidato que recebia a maior parte dos votos tinha a unanimidade computada em seu favor – ou seja, levava tudo.[28]

Para além da óbvia filiação monárquica da Presidência da República, a existência do Senado também correspondia à necessidade geralmente sentida, na convenção de Filadélfia, de se garantir uma segunda câmara, equivalente à câmara dos lordes. É certo que a criação de uma segunda câmara, nos Estados Unidos, decorreu também do chamado "grande compromisso", por que os estados resolveram suas diferenças acerca do critério que deveria prevalecer

---

25 BARBOSA, Rui. *Contra o militarismo: campanha eleitoral de 1909 a 1910*. Rio de Janeiro: J. Ribeiro dos Santos, 1910, p. 58-63.

26 WILSON, Woodrow. *Congressional government: a study in american politics*. 15ª ed. Boston: Houghton Mifflin, 1900, p. 247 [1ª ed. 1884].

27 BINKLEY, Wilfred E. *Partidos políticos americanos: sua história natural*. Rio de Janeiro: Fundo de Cultura, 1961, vol. I, p. 147.

28 MACKIE, Thomas T.; ROSE, Richard. *The internacional almanac of electoral history*. 3ª ed. fully revised. Londres: MacMillan, 1991, p. 438.

na composição dos órgãos legislativos – o paritário e o proporcional: este organizaria as bancadas estaduais na câmara baixa; aquele, na câmara alta. No entanto, a lógica do governo misto também exigia, como se viu, a criação de um órgão representativo do "elemento aristocrático" localizado entre as elites agrárias da federação, ainda que não mais em forma hereditária. O Senado deveria constituir o cenáculo onde se assentariam os representantes das aristocracias naturais de cada um dos estados, isto é, o que havia de melhor neles em matéria de capacidade intelectual e material.[29] Daí a necessidade de garantir, pelas exigências legais, que sua composição fosse diversa daquela que predominaria na câmara dos deputados: os senadores deveriam ser mais velhos e mais abastados; além disso, deveriam ser escolhidos, não pelo eleitorado nacional, mas pelas assembleias legislativas, órgãos por excelência das oligarquias estaduais. A exigência montesquiana da maior estabilidade no cargo, que na Inglaterra era satisfeita pela hereditariedade da nobreza, era atendida nos Estados Unidos pela duração do mandato assegurado aos senadores, três vezes mais longo do que o dos deputados, representantes dos povos. Como explicava John Adams, "a grande arte de legislar está em equilibrar o pobre contra o rico no legislativo e, ao mesmo tempo, constituir entre o legislativo e o poder executivo perfeito equilíbrio, de modo que nenhum indivíduo ou grupo possa tornar-se seu rival".[30]

Por fim, a própria representação popular estava sujeita legalmente a filtros destinados a fechar as portas da política aos carreiristas inescrupulosos e facilitar a entrada dos mais equilibrados, dos mais ponderados, dos mais austeros, dos mais sensatos. Como explicava Stuart Mill,

> uma constituição representativa destina-se a trazer o padrão geral de inteligência e honestidade existente na comunidade, bem como a inteligência e a honestidade individuais de seus membros mais

---

29 POCOCK, John. *The Machiavellian moment: florentine political thought and the Atlantic Republican tradition*. Princeton: Princeton University Press, 1975, p. 514; BAILYN, Bernard. *As origens ideológicas da Revolução Americana*. Ed. ampl. Tradução de Cleide Rapucci. Bauru: Edusc, 2003, p. 258.

30 ADAMS, John. *Escritos políticos de John Adams: seleções representativas*. Tradução de Leônidas Gontijo de Carvalho. São Paulo: Ibrasa, 1964, p. 176.

sensatos, a interessar-se mais diretamente pelo governo, investindo-os de maior influência do que teriam em geral sob qualquer outro modelo de organização.[31]

A própria competitividade eleitoral era vista como sintoma de corrupção e decadência dos costumes. Em sociedades nas quais a ruptura com o Antigo Regime ainda não eliminara o ideal de unidade orgânica da comunidade, a preocupação pelo bem comum ainda se expressava pela busca da unanimidade. Os eleitores de cada circunscrição eleitoral se organizavam para eleger apenas um representante entre os notáveis que, por suas vezes, também não poderiam apresentar-se abertamente candidatos. Por essa razão, a competitividade demorou a se sedimentar como característica legítima do sistema.[32] Os políticos que advogavam maior difusão da liberdade e do progresso aderiam aos partidos liberais; ao passo que os simpatizantes da ordem e da autoridade cerravam fileiras em torno dos partidos conservadores.[33]

Uma pergunta essencial permanece, porém: por que os indivíduos eram considerados abstratamente como iguais, quando se tratava de distribuir os direitos civis – mas depois, quando a questão era a de distribuir os direitos políticos, eram contados em sua desigualdade concreta? A resposta não era difícil, embora nem sempre fosse clara: as pessoas eram naturalmente desiguais. Na medida em que a ordem liberal se caracterizava pela livre competição, as desigualdades de capacidade se refletiam socialmente. Não havia nenhum mal nisso. Sob o Antigo Regime, os liberais não haviam combatido a desigualdade em si mesma, mas as desigualdades artificiais produzidas por privilégios que, uma vez destruídos, permitiriam a organização social a partir exclusivamente

---

31   MILL, John Stuart. *O governo representativo*. 3ª ed. Tradução de E. Jacy Monteiro. São Paulo: Ibrasa, 1998, p. 26 [1ª ed. 1861].

32   ROSANVALLON, Pierre. *La legitimité démocratique: imparcialité, reflexivité, proximité*. Paris: Seuil, 2008, p. 50.

33   GUIZOT, François. *Histoire de la civilisation en Europe: depuis la chute de l'Empire Romain jusqu'à la Révolution Française*. 6ª ed. Paris: Perrin et Cie. 1855, p. XIII; MILL, John Stuart. *O governo representativo*. 3ª ed. Tradução de E. Jacy Monteiro. São Paulo: Ibrasa, 1998, p. 5-6.

dos méritos de cada indivíduo. A nova desigualdade daí resultante seria uma desigualdade legítima, porque natural. Era como explicava Adams:

> Por aristocracia natural, em geral, pode-se compreender a superioridade de influência na sociedade que decorre da constituição da natureza humana. Por aristocracia artificial, entendo as desigualdades de valor e superioridade de influência que as leis civis criam e estabelecem [...]. Poucos homens contestarão que haja uma aristocracia natural de virtudes e talentos em toda nação e em todo o grupo, em toda cidade e aldeia. As desigualdades fazem parte da história natural do homem.[34]

Era, pois, a capacidade que conferia ao indivíduo a sua autonomia, permitindo-lhe compreender as leis sociais e políticas que naturalmente orientavam a sociedade na trilha do progresso e da civilização. Por essa razão é que o governo não podia em hipótese alguma cair nas mãos dos incapazes que, ao empregar os recursos do Estado para fins que não eram os seus, afetariam negativamente o equilíbrio social, a título de produzir maior autoridade ou justiça. Assim como, nos diferentes campos da atividade econômica, a competência das pessoas as levava a se dividirem em patrões e empregados no mundo do trabalho, era preciso que a capacidade se refletisse também na organização do mundo político, dela afastando os incompetentes. A sociedade econômica era naturalmente separada da política e se fundava nas inflexíveis realidades da natureza; se o homem desobedecesse às leis que dirigiam tal sociedade, o carrasco estrangularia os rebentos dos imprevidentes. Mesmo quando a democratização surgiu no horizonte como inevitável, os liberais continuaram a repetir que era dever do governo favorecer a ascensão dos mais dignos e capazes, sob pena de incentivar o retrocesso e a decadência nacional. Embora haja uma enormidade de textos que justificam esse posicionamento, talvez o de Stuart Mill tenha sido o de maior repercussão:

---

34 ADAMS, John. *Escritos políticos de John Adams: seleções representativas*. Tradução de Leônidas Gontijo de Carvalho. São Paulo: Ibrasa, 1964, p. 180.

> O destino dos pobres [...] deve ser regulado para eles, não por eles [...] É o dever das classes mais elevadas pensar por eles, e assumir a responsabilidade por seu destino [...] As classes superiores devem preparar-se para realizar essa função conscienciosamente, e todo o seu comportamento deve inspirar ao pobre a confiança nelas, a fim de que, ao prestar obediência passiva e ativa às regras prescritas para eles, possam resignar-se [...] e descansar à sombra de seus protetores. A relação entre ricos e pobres deve ser apenas parcialmente autoritária; ela deve ser afável, moral e sentimental; tutela afetuosa de um lado, deferência agradecida e respeitosa do outro. O rico deve ser *in loco parentis* em relação aos pobres, guiando-os e controlando-os como crianças.[35]

Tendo em mente, pois, a imagem de um cidadão ideal – independente, lúcido, consciente do seu interesse, civicamente mobilizado –, os liberais oitocentistas desenvolveram técnicas destinadas a identificar, pelo filtro ou pela eliminação, a manifestação da vontade da parcela esclarecida da população – a sociedade ou Nação. Essas técnicas eram basicamente duas: a eleição indireta (em dois graus) e o voto censitário. Como lembrava Tocqueville, a primeira técnica permitia conjugar qualidade e quantidade na medida em que dissociava os dois momentos do processo eleitoral, o da *autorização* e o da *deliberação*.[36]

---

35 MILL, John Stuart. *Principles of political economy*. Boston: Charles Little and James Borwn, vol. 2, p. 319-320. Vide ainda: LAVELEYE, Émile. *Essai sur les formes de gouvernement dans les sociétés modernes*. Paris: Germer Baillière, 1872, p. 152; VON HUMBOLDT, Wilhelm. *The limits of the State action*. Editado por J. W. Burrow. Indianápolis: Liberty Fund, 1993, p. 127; MILL, John Stuart. *O governo representativo*. 3ª ed. Tradução de E. Jacy Monteiro. São Paulo: Ibrasa, 1998, p. 26, 74; SPENCER, Herbert. *El indivíduo contra el Estado*. Tradução de Gomes Pinilla. Madri: Jucar, 1977, p. 54; LEROY-BEAULIEU, Paul. *L'État moderne et ses fonctions*. 3ª ed. rev. e aum. Paris: Guillaumin, 1900, p. 24; FAGUET, Émile. *Da Pátria*. 2ª ed. Tradução de Henrique de Figueiredo. Rio de Janeiro: Francisco Alves, 1911, p. 45. Para uma visão de conjunto sobre o problema, de caráter menos intelectual e especificamente político: POLANYI, Karl. *A grande transformação: as origens da nossa época*. 2ª ed. Tradução de Fanny Wrobel. Rio de Janeiro: Campus, 2000.

36 "Vejo no duplo grau o único meio de colocar o uso da liberdade política ao alcance de todas as classes do povo" (TOCQUEVILLE, Alexis de. *A democracia na América*. Livro I: *leis e costumes*. São Paulo: Martins Fontes, 2001, p. 236 [1ª ed. 1832]). ROSANVALLON,

No primeiro grau, o grosso do eleitorado (quantidade) se limitaria a autorizar um décimo entre eles (qualidade) a, no segundo grau, escolher quem haveria de representá-los nos órgãos legislativos. Como se percebe, a eleição em dois graus conciliava a participação do maior número com a seleção de uma elite esclarecida, afrouxando os critérios censitários para a participação eleitoral, que podia, assim, chegar sem riscos à taxa dos 10% da população, extraordinária para a época. Já o critério censitário expurgava da vontade nacional os dependentes, cuja incapacidade se presumia: as mulheres, os menores, os assalariados, os analfabetos.

Nos primórdios do sistema representativo, a principal justificativa do voto censitário foi o ideal do cidadão proprietário, cujo domínio da terra entrelaçava seus interesses privados com aqueles da sociedade.[37] Na virada da década de 1820 para a de 1830, entretanto, a referência à propriedade passou paulatinamente a indicar não o grau de civismo, mas a capacidade intelectual do cidadão.[38] Por fim, diante da perspectiva de alargamento do sufrágio e do consequente abandono do censo pecuniário, em meados da década de 1860 os liberais começaram a reconhecer a inevitabilidade da democracia, sem abandonarem, todavia, a preocupação com a qualidade da representação. O filtro favorito era agora o censo literário: exigia-se do eleitor que pelo menos fosse capaz de ler, escrever e contar. Assim, caso já votasse, o analfabeto deveria ser impedido de fazê-lo; se não fosse mais possível, impunha-se como medida de salvação pública a difusão maciça da escolaridade primária, para formar as multidões e impedi-las de se tornarem presas da demagogia radical,

---

Pierre. *Le sacre du citoyen: histoire du suffrage universel em France*. Paris: Gallimard, 1992, p. 246.

37 CONSTANT, Benjamin. *Escritos de política*. Tradução de Eduardo Brandão. São Paulo: Martins Fontes, 2005, p. 55 [1ª ed. 1814].

38 GUIZOT, François. *Histoire parlementaire de France: recueil complet des discours prononcés dans les chambres de 1819 à 1848*. Paris: Michel Lévy Frères, 1861, t. 5, p. 133. ROSANVALLON, Pierre. *Le sacre du citoyen: histoire du suffrage universel en France*. Paris: Gallimard, 1992, p. 317.

anarquista ou socialista.³⁹ O autocrático Segundo Império francês, comandado por Napoleão III, estava ali para patentear o fato de que, do conluio da democracia com a ignorância popular, a primeira vítima era sempre o sistema representativo, isto é, o liberalismo.

Para além do potencial democrático da teoria geral e abstrata em que estava calcada a teoria contratual da representação, a prática efetiva oligárquica decorria de determinadas conformações sociais concretas, vinculadas ao fato de que as populações dos países centrais viviam ainda majoritariamente no campo em estado de ignorância, isolamento e dependência para com os industriais e proprietários de terras. Em torno de 1820, metade das populações da Grã-Bretanha, da França e dos Estados Unidos eram rurais e analfabetas, situação que se refletia no caráter oligárquico-aristocrático do sistema e nas teorias que justificavam a restrição da participação política a níveis inferiores a 10% da população. Neste aspecto, as eleições de 1820 foram exemplares em todos os sentidos. Na Grã-Bretanha, envolveu pouco mais de 3% da população a eleição que, pela quarta vez consecutiva, assegurou ao gabinete *tory* do Conde de Liverpool a maioria parlamentar. Nos Estados Unidos, menos de 110 mil pessoas participaram da eleição presidencial de James Monroe – isto é, menos de 1,5% do total. Na França, o quadro era ainda pior: apenas 0,6% da população nacional compareceu às urnas para dar maioria ao segundo gabinete *ultra* do Duque de Richelieu.⁴⁰ Triste situação para um país que vinte anos antes proclamara, ainda que liricamente, o sufrágio universal masculino. Mais importante para nós é que, naquele mesmo ano de 1820, estourara na cidade do Porto, ao norte de Portugal, a revolução que imporia, também no mundo luso-brasileiro, o sistema representativo.

---

39 MILL, John Stuart. *O governo representativo*. 3ª ed. Tradução de E. Jacy Monteiro. São Paulo: Ibrasa, 1998, p. 112-113. LAVELEYE, Émile. *Essai sur les formes de gouvernement dans les sociétés modernes*. Paris: Germer Baillière, 1872, p. 114.

40 ROSANVALLON, Pierre. *Le sacre du citoyen: histoire du suffrage universel en France*. Paris: Gallimard, 1992, p. 320.

2

O ESTADO IMPERIAL BRASILEIRO
EM SUA ETAPA MONÁRQUICA (1822-1860)

A construção nacional ibero-americana

A progressiva circulação de ideias para além dos espaços nacionais na época das Luzes se converteu na principal ferramenta dos múltiplos processos de modernização induzida nos dois séculos seguintes. A consciência do atraso socioeconômico serviu de combustível aos primeiros programas modernizadores que, segundo o espírito do *despotismo ilustrado*, organizaram na segunda metade do século XVIII a agenda de países como Prússia, Áustria, Rússia, Nápoles e Espanha.[1] Embora em graus muito diversos, seus indicadores socioeconômicos estavam longe daqueles ostentados pelas potências mais "civilizadas" do tempo – França e Inglaterra. Em 1800, somente 17% da população europeia viviam em ambiente urbano, percentual que, na Rússia, caía a míseros 6%. Na Península Ibérica, o percentual de analfabetos e residentes no campo superava os 90%.[2] Essa discrepância punha em risco não somente o futuro das dinastias, como

---

1   BLUCHE, François. *Le despotisme éclairé*. Nouvelle édition revue et augmentée. Paris: Fayard, 1969.

2   Os percentuais apresentados são aproximados e foram extraídos das seguintes fontes: Europa em geral – http://www2.sunysuffolk.edu/westn/urban.html – acesso em 24 jan. 2009; Rússia – MAYER, Arno. *A força da tradição; a persistência do Antigo Regime*. São Paulo: Companhia das Letras, 1987; CIERVA, Ricardo de la. *História total de España: del hombre de Altamira al Rey Juan Carlos*. 2ª ed. Madri: Fenix, 1997, p. 605; TORGAL, Luís Reis. A instrução pública. In: MATTOSO, José (dir.). *História de Portugal: o liberalismo (1807-1890)*. Lisboa: Estampa, 1998, vol. 5, p. 524.

arriscava a a independência de seus reinos. Os países de organização política e militar frágil podiam desaparecer sob o domínio de vizinhos mais poderosos, como ocorrera com a Polônia. Fortalecer o Estado passava, em primeiro lugar, pela reorganização da economia e pelo aumento da arrecadação.

No outro lado do Atlântico, os países que haviam se constituído por secessão dos antigos impérios coloniais ibéricos enfrentavam dificuldades adicionais de organização, atinentes à ruptura com a ordem política tradicional; à existência de grandes continentes étnicos autóctones, indiferentes ou hostis às novas unidades políticas; à imensidão dos próprios territórios, praticamente desertos e diversas vezes superiores àqueles das antigas metrópoles; à precariedade dos meios de comunicação e transporte, indispensáveis ao seu povoamento e preservação contra os perigos da invasão estrangeira; e à presença mais ou menos difusa do trabalho escravocrata, que dificultava a formação de uma nação homogênea e acarretava perigos de desordem interna.

Embora a luta pela independência houvesse sido justificada a partir das teorias contratuais que validavam ideais de liberdade e de igualdade, bases da nova ordem representativa dos países centrais, a verdade é que as novas comunidades políticas só existiam no discurso e no papel. Os chefes do movimento pela independência não contavam com a nação que haviam retoricamente mobilizado para motivar a secessão, nem dispunham de uma instância consensual a que pudessem atribuir o monopólio do poder legislativo e coativo, outrora atribuído ao soberano. Para piorar, esses pais fundadores de nações careciam de deflagrar a etapa monárquica da construção dos novos Estados num quadro de dificuldades aparentemente intransponíveis: a crise de legitimidade decorrente do vácuo deixado pela figura do rei; as dificuldades opostas pelas grandes potências ao reconhecimento de suas novas soberanias; o desmoronamento dos fundamentos da velha ordem socioeconômica, sem que os primeiros da nova ordem sequer houvessem despontado no horizonte.

Diante de tantas aperturas e do fracasso dos primeiros experimentos liberais, pareceu aos mais lúcidos indispensável recorrer a alguma fórmula despótico-ilustrada, na modalidade mais aceitável de uma ditadura republicana, até que a autoridade pública estivesse consolidada contra os inimigos da independência e os separatistas. Sem abrir mão formalmente da referência política e institucional modernas, as lideranças conservadoras dos novos países tiveram de adaptá-las conforme suas necessidades de concentração do poder, enfrentando os recalcitrantes aliados da véspera que, em nome de um liberalismo radical, se opunham à recomposição de uma ordem global unificada. Recorrendo, inicialmente, a uma adaptação da Constituição da Inglaterra e, depois, à Constituição da República Francesa, ideada por Napoleão à época do Consulado, Simon Bolívar ensaiou estabelecer verdadeiras repúblicas monárquicas nas novas nações andinas, enfrentando a oposição aguerrida da aristocracia rural. Para ele, depois de séculos mantido sob o jugo do vício e da tirania, o povo sul-americano estava despreparado para a liberdade. O caráter culturalmente híbrido e moralmente inferior do povo exigia um governo forte, capaz de lidar com uma sociedade ainda não sedimentada.[3]

Em todo o caso, não era fácil pedir, aos campeões da independência, que, no dia seguinte à vitória da liberdade e da igualdade, defendessem abertamente a instauração de um poder autoritário e centralizado. Boa parte das antigas elites coloniais, ancorada em imensas propriedades, apoiara a secessão na expectativa de implantação de um modelo republicano à moda estadunidense – o que, na conjuntura ibero-americana recém-saída da era colonial, equivalia a legitimar, sob as aparências de um federalismo libertário, o domínio feudal por elas exercido de fato sobre as populações que viviam à sua roda. Para grandes proprietários de terras e seus defensores, a independência do poder monárquico metropolitano significava a passagem para uma etapa oligárquico-representativa de organização política. Não lhes passava pela cabeça que a independência zerasse, por assim dizer, aquele processo, e que, nos primeiros tempos, a ordem da nova unidade política que haviam ajudado a criar carecesse de ser temporariamente reconstituída, antes que pudessem gozar das regalias da descentralização.[4] Ainda rodeada por suas milícias privadas, a velha aristocracia da colônia não hesitaria em afastar o cálice da centralização que lhe ofereceria o novo poder nacional, instalado na capital. Diante da tentativa dos novos

---

3   BOLÍVAR, Simon. *Los projectos constitucionales del libertador*. Caracas: Congresso da República, 1983, p. 250-251.

4   LYNCH, Christian Edward Cyril. O pensamento conservador ibero-americano na era das independências. *Lua Nova: revista de cultura e política*, São Paulo: CEDEC, nº 74, 2008, p. 59-62.

detentores do poder de promoverem uma *restauração colonial*, reconstituindo em benefício próprio *o despotismo* na véspera rechaçado, os patrióticos caudilhos, à frente de seus exércitos particulares, se veriam obrigados a recolocar-se a serviço da *liberdade* contra aqueles que, enlouquecidos de ambição, haviam atraiçoado *a causa nacional*...[5]

Por esses motivos, a despeito da lógica despótico-ilustrada que forçosamente deveria orientar a ação política dos pais da pátria ibero-americanos, constituições declaradamente conservadoras raramente vingaram. As cartas que predominaram ostentavam os princípios do governo representativo exigidos pelo figurino da época, deixando de serem, porém, efetivados no plano da vida, ou efetivados em nível sempre inferior às similares europeias da época. Essa contradição se explica. Por um lado, havia uma exigência generalizada das elites de estarem à altura da modernidade política oligárquica, a fim de ver o seu país colocado, ao menos formalmente, à altura da civilização europeia. Elas assim se veriam resguardadas, ao mesmo tempo, contra o poder de cima – o Estado, de tendência autoritária – e contra o poder de baixo – a plebe, de veleidades democráticas. Por outro lado, havia também, por parte dos governantes, a necessidade de primeiro concentrar o poder político para que se pudesse, num segundo momento, desenvolver o progresso material desejado pela oligarquia. Foi menos pela maldade dos homens do que pelas circunstâncias que surgiram, então, as "constituições nominais"[6] ou "máscaras institucionais"[7] – constituições liberais cuja vigência cedia à discrição do chefe do Estado sempre que a ordem se afigurasse ameaçada, e federalismos cujos estados a cada seis meses sofriam intervenções federais em decorrência de distúrbios internos e

---

5   LASTARRIA, José Victorino. *La América*. Madri: América, 1917, t. 2, p. 269 [1ª ed. 1867].

6   A distinção é de Karl Loewenstein. Para ele, a constituição normativa é o traje que assenta bem ao corpo, isto é, que corresponde grosso modo à realidade social do país para a qual é produzida. As constituições nominais são aquelas cujas disposições restam inefetivas, pela falta de instrução, de educação política, de classe média independente e outros fatores. Ao invés de limitar decisamente o poder, ela se presta à conformação do poder conforme as necessidades dos governantes (LOEWENSTEIN, Karl. *Teoría de la constitución*. Barcelona: Ariel, 1976, p. 218-220).

7   SANTOS, Wanderley Guilherme. *Regresso: máscaras institucionais do liberalismo oligárquico*. Rio de Janeiro: Opera Nostra, 1994.

externos. Para muitos intérpretes, essas cartas políticas não teriam passado de "constituições da tirania"⁸ – como se a existência ou não da tirania em países novos, pobres, varridos por guerras civis, decorresse exclusivamente do que lhe decretassem os seus dispositivos constitucionais.

Desse contraste entre instituições liberais modernas num mundo liderado por caudilhos fanáticos, povoado por mestiços miseráveis e explorado por latifundiários gananciosos, surgiu toda a temática aparentemente específica da cultura política e literária da América Ibérica. Refletindo a disparidade entre instituições e sociedade, a temática não é, porém, privativa do subcontinente: qualquer país de baixo desenvolvimento econômico está sujeito à condição de "democracia aristocrática" ou "democracia do pachá".⁹ Assim demonstra recente literatura sobre o contraste, na África e na Ásia, entre a cultura tradicional e a precária efetividade do "Estado importado" que a encima.¹⁰

A etapa monárquica do Estado chileno

Dentre os processos de construção do Estado na América Hispânica, aquele da República do Chile é tradicionalmente apontado como exemplar: bastaram dez anos de guerras e quatro constituições de tendência liberal e descentralizadora para convencer a parte mais expressiva de suas elites de que a independência não bastava para que elas pudessem fruir das delícias do regime oligárquico-representativo. Em 1831, severamente prejudicados pela acefalia governamental dos governos liberais e descentralizadores (os *pipiolos*), setores conservadores da oligarquia santiaguina e do comércio estanqueiro (os *pelucones*), liderados por Diego Portales, promoveram um movimento político armado para substituir o regime liberal por outro, autoritário e centralizador. Depois da vitória conservadora na batalha de Lircay, Portales reorganizou o país conforme seu pragmático republicanismo despótico-ilustrado. Segundo ele, era preciso organizar um governo "forte, centralizador, cujos homens sejam

---

8   LOVEMAN, Brian. *The constitution of tyranny: regimes of exception in Spanish America*. Pittsburgh: University of Piitsburgh Press, 1993.

9   ARON, Raymond. *Introduction à la philosophie politique: démocratie et révolution*. Paris: Éditions dês Fallois, 1997, p. 78.

10 BADIE, Bertrand. *L'état importé: l'occidentalisation de l'ordre politique*. Paris: Fayard, 1992.

verdadeiros modelos de virtude e patriotismo, e assim direcionar os cidadãos no caminho da ordem e das virtudes".[11] Esse poder prestigioso, forte e duradouro, superior aos caudilhos e às facções, passava por um movimento que, sem restaurar formalmente a antiga monarquia, a restaurasse, todavia, materialmente. Enquanto não houvesse condições sociais para a vigência do liberalismo, isto é, do sistema representativo e federal, o retorno da ordem dependia do restabelecimento dos princípios monárquicos que haviam garantido a fidelidade da população e das elites ao poder estabelecido no passado colonial.[12]

O marco institucional-legal do novo regime foi a Constituição de 1833, que, embora elaborada por uma comissão legislativa, sofreu a influência preponderante do *voto em separado* de um de seus membros, o jurista chileno Mariano Egaña.[13] Ao promulgá-la, o presidente Pietro felicitou os constituintes porque, "desprezando teorias tão alucinadoras como impraticáveis, dedicaram sua exclusiva atenção sobre os meios capazes de assegurar para sempre a ordem e a tranquilidade pública".[14] Embora proclamasse que a soberania residia "essencialmente na Nação" (art. 4°), a Carta instaurava uma verdadeira República monárquica, caracterizada por um sistema representativo fortemente restritivo e pela hegemonia do presidente da República, que governava valendo-se de extensos poderes exercidos ao longo de cinco anos renováveis por idêntico período (na prática, o mandato durava uma década). O Legislativo, em contrapartida, reunia-se durante apenas quatro meses por ano, sem poder decidir sobre a própria prorrogação. A previsão de poderes excepcionais facultava também ao chefe do Estado converter a República representativa em monarquia absoluta conforme o seu juízo sobre o grau de perigo de guerras, revoltas ou respectivas ameaças. Durante os oito meses durante os quais o congresso estivesse em recesso, o

---

11 VILLALOBOS R., Sérgio; SILVA G., Osvaldo; SILVA, Fernando; ESTELLÉ, Patrício M.V. *História do Chile*. 24ª ed. Santiago: Editorial Universitária, 2004, vol. 3, p. 521.

12 EDWARDS VIVES, Alberto. *La fronda aristocrática: história política de Chile*. Santiago: Editorial Del Pacífico, 1945, p. 51-52.

13 BRAHM GARCÍA, Enrique. *Mariano Egaña: derecho y política en la fundación de la república conservadora*. Santiago: Centro de Estudios Bicentenario, 2007.

14 BARROS ARAÑA, Diego. *História general de Chile*. 2ª ed. Santiago: Editorial Universitária, 2000, t. 16, p. 235 [1ª ed. 1902].

presidente estava autorizado pela Constituição a debelar as revoltas, prevenir as conspirações e enfrentar guerra externa, suprimindo as garantias individuais pelo estado de sítio e legislando por decreto.[15] Quanto ao sistema representativo, o art. 8º da Constituição chilena de 1833 previa a eleição direta para a câmara baixa, mas, por isso mesmo, restringia fortemente a participação eleitoral. Exigia-se do cidadão que fosse homem, católico, contando com pelo menos 25 anos, se solteiro, ou 21, se casado; que soubesse ler e escrever; e que, por propriedade imóvel, capital aplicado ou rendimentos, possuísse um patrimônio financeiro cujo valor deveria ser reajustado a cada dez anos (em 1874, esse patrimônio estava fixado em 200 mil piastras). Essas exigências fariam do Chile, segundo o liberal Lastarria, o país americano onde o voto era o mais restrito.[16] De fato, a participação eleitoral era baixíssima: nas eleições de 1864, apenas 1,3% da população havia acorrido às urnas.[17]

A equiparação dessas taxas àquelas então praticadas na Inglaterra e a prática embrionária de um governo parlamentar na pessoa do Ministro do Interior, a quem cabia organizar o ministério, não devem, porém, nos iludir quanto à caracterização da etapa vivenciada então pelo Chile: ela era monárquica e não oligárquica. Até 1870, o Chile foi governado por apenas quatro presidentes decenais – os generais Joaquin Prieto e Manuel Bulnes, e os civis Manuel Montt e José Joaquín Perez. A grande característica desses trinta anos de República monárquica foi a autonomia do chefe do Estado frente às veleidades de maior controle manifestadas pela oligarquia nacional: findos seus reinados de dez anos, os chefes do Estado chilenos indicavam seus sucessores. No papel de grandes eleitores, os sucessivos presidentes empregaram a compressão e a fraude de molde para assegurar a própria reeleição e fabricar as maiorias parlamentares com que pretendiam governar – maiorias que, durante os primeiros trinta anos, foram invariavelmente garantidas ao Partido

---

15 CAMPOS HERRIET, Fernando. *História constitucional de Chile*. 3ª ed. Santiago: Editorial Jurídica de Chile, 1963, p. 308.

16 LASTARRIA, José Victorino. *Lições de política positiva*. 2ª ed. Tradução de Lúcio de Mendonça. Rio de Janeiro: Francisco Alves, 1912, p. 310.

17 SAN FRANCISCO, Alejandro. *La guerra civil de 1891: la irrupción política de los militares en Chile*. Santiago: Centro de Estudios Bicentenário, 2007, t. I, p. 89.

Conservador. Além disso, a inexistência de incompatibilidades permitia ao governo introduzir no Congresso funcionários de sua confiança, que depois recrutavam para os quadros ministeriais e administrativos. A nomeação dos magistrados seguia a mesma linha.[18] Também foi intenso o emprego dos poderes excepcionais previstos constitucionalmente em virtude das constantes guerras, civis e externas, ou comoções intestinas: 1834-1837, 1840, 1846, 1851, 1857 e 1859-1860.[19] Era assim a etapa monárquica que se processava, efetivamente, sob as vestes da República parlamentar – ainda que a impossibilidade de dissolução da Câmara permitisse a existência de uma minoria de liberais oposicionistas, liderados por José Victoriano Lastarria.

A fórmula imperial da etapa monárquica brasileira

Quanto ao Brasil, a grande peculiaridade de sua etapa monárquica foi sua realização sob um regime de governo também formalmente monárquico, exemplo único na América Ibérica. Se, por um lado, a organização institucional do Império favoreceu grandemente o Brasil, pois lhe assegurava formalmente a autonomia da chefia do Estado, pondo-a desde logo a salvo das disputas dos potenciais caudilhos, o país, por outro, não escapou aos constrangimentos, presentes nos demais, decorrentes da exigência de se organizar conforme os princípios oligárquicos do liberalismo europeu. O Império do Brasil era, afinal, uma Monarquia constitucional representativa.

Como nos demais países ibero-americanos, o dia seguinte à independência trouxe a confrontação de projetos nacionais por parte dos diferentes setores das elites políticas. Os antigos servidores da monarquia (os *coimbrãos*), oriundos do segundo escalão do Estado joanino, queriam uma monarquia constitucional unitária organizada conforme o modelo britânico, explicado pelos teóricos franceses da Restauração. De retórica realista, tributária do despotismo ilustrado, unitária e interventora, a proposta coimbrã constituía um projeto em que o político prevalecia sobre o econômico; que, na prática, não

---

18 VILLALOBOS R., Sérgio; SILVA G., Osvaldo; SILVA, Fernando; ESTELLÉ, Patrício M. V. *História do Chile.* 24ª ed. Santiago: Editorial Universitária, 2004, vol. 3, p. 532.

19 LOVEMAN, Brian. *The constitution of tyranny: regimes of exception in Spanish America.* Pittsburgh: University of Piittsburgh Press, 1993, p. 335-345.

reconhecia a preexistência de uma Nação anterior ao Estado e que, arrogando-se o papel de criá-la, fundava a representação da soberania nacional na autoridade monárquica. Já a aristocracia rural provincial *brasiliense* pendia para um modelo monárquico *sui generis* em que a Coroa estivesse cerceada de um lado por um legislativo nacional indissolúvel e, de outro, por vinte governos provinciais autônomos – em síntese, uma República federativa chefiada por fracos presidentes hereditários. De retórica idealista, tributária do liberalismo de tendência democrática, federalista e liberista, a proposta da aristocracia das províncias apresentava uma concepção na qual o econômico prevalecia sobre o político; que protestando pela preexistência de uma Nação cuja extensão coincidia com a de sua própria classe (isto é, a dos colonos brancos oriundos de Portugal) fundava a representação da soberania na autoridade parlamentar.

Com a dissolução da assembleia constituinte, em novembro de 1823, os coimbrãos tomaram a dianteira na organização do novo Estado brasileiro. Sua concepção institucional encontrou expressão no anteprojeto redigido pelo Marquês de Caravelas para servir de base aos trabalhos de uma segunda constituinte, mas que acabou outorgado em março de 1824 como Constituição do Império. O projeto de Caravelas exprimia perfeitamente o pensamento que expusera quando deputado constituinte, acerca da necessidade de conciliar as extensas garantias de direitos e a divisão de poderes que deveriam ser consagrados pela Carta, com um governo nacional fortalecido, cujo resultado seria uma "monarquia sem despotismo e liberdade sem anarquia".[20] Admirador de Aristóteles e Montesquieu, para Caravelas era preciso equilibrar perfeitamente as duplas exigências da liberdade e da autoridade inscritas na fórmula do governo, para que as instituições monárquico-constitucionais pudessem resistir à hostilidade dos fatores adversos que inevitavelmente se fariam sentir. "Tenhamos sempre presentes estes princípios, que são axiomas de Direito Público: Não há liberdade sem um poder que a sustente – Não há poder sem respeito".[21] O engenho do redator da Carta, o Marquês de Caravelas, esteve em combinar tais atribuições com artigos doutrinários que permitiam desenvolver uma interpretação extensiva

---

20 ANAIS do Senado do Império. Sessão de 28 de maio de 1832.
21 ANAIS da Assembleia Constituinte Brasileira. Sessão de 28 de julho de 1823.

da prerrogativa imperial, levando o Imperador a personificar a Nação dentro do sistema representativo e servir, desse modo, de força centrípeta capaz de resistir aos movimentos centrífugos que ameaçariam o Estado brasileiro nascente. "O monarca constitucional, além de ser o chefe do Poder Executivo, tem ademais o caráter augusto de defensor da Nação: ele é sua primeira autoridade vigilante, guarda dos nossos direitos e da Constituição".[22]

Eis, pois, a orientação que os conservadores brasileiros seguiriam no período: conciliar o governo forte com as fórmulas constitucionais e representativas, garantir sob as formas oligárquicas uma essência monárquica. Embora o art. 11 da Carta Imperial declarasse que tanto o príncipe quanto a assembleia eram representantes da soberania nacional, o art. 98 proclamava a primazia do primeiro como "o primeiro representante da Nação", por ela encarregado de "velar incessantemente pelo equilíbrio dos poderes políticos". É que Dom Pedro se tornara imperador não apenas "pela graça de Deus", mas "por unânime aclamação dos povos", ou seja, por ter sido publicamente aclamado pela nação brasileira como seu imperador constitucional. O argumento era de José Bonifácio: ao ser aclamado, o príncipe aceitara o pedido que lhe fizera o povo de defendê-lo contra as veleidades facciosas dos demagogos que pretendiam explorá-lo.[23] Ou seja, embora ambos fossem delegados da nação, a representação exercida pelo imperador era anterior e superior àquela exercida pela assembleia. Daí que, já na Constituinte, Caravelas a tivesse advertido que ela não era soberana, estando limitada em sua ação pelos pontos gerais prefixados entre o povo e o príncipe, quando de sua aclamação:

> A soberania é inalienável: a Nação só delega o exercício de seus poderes soberanos. Ela nos delegou somente o exercício do Poder Legislativo e nos encarregou de formarmos a Constituição de um governo por ela já escolhido e determinado; pois muito antes de nos eleger para seus representantes, tinha já decretado que seria monárquico, constitucional e representativo. Ela já tinha nomeado o Senhor Dom Pedro de Alcântara seu supremo chefe, seu

---

22 ANAIS da Assembleia Constituinte Brasileira. Sessão de 26 de junho de 1823.

23 SANTOS, Estilaque Ferreira dos. *A monarquia no Brasil: o pensamento político da independência*. Vitória: Edufes, 1999, p. 286.

monarca, com o título de Imperador e Defensor Perpétuo. Estas bases jamais podem ser alteradas pela Constituição que fizermos ou por qualquer decreto ou resolução desta assembleia.²⁴

Com o argumento da aclamação, os defensores da Coroa conseguiram ancorar a representação-personificação do Imperador, típica do Antigo Regime, a partir do próprio sistema representativo, como decorrente de uma delegação popular, prejudicando o argumento dos liberais que, com a teoria do poder constituinte debaixo do braço, defendiam a soberania da assembleia como única representante legítima da Nação.²⁵ À semelhança dos projetos de Bolívar, os conservadores brasileiros cercaram a autoridade imperial de órgãos vitalícios, como o Conselho de Estado e o Senado, a fim de garantir a estabilidade do Estado nascente face à precária e conturbada sociedade nacional, pondo tais postos a salvo das eleições – tudo em conformidade com a lógica da etapa monárquica de construção estatal.

Extensão do voto

A despeito da divergência em torno do órgão que deveria prevalecer na representação política do novo país, não houve, em contrapartida, dissenso sobre os critérios que deveriam filtrar a participação dos cidadãos. Conforme explicava o liberal Antônio Carlos de Andrada, a exigência de qualificação dos eleitores era essencial:

> Uma Nação instruída não é governada senão da forma que ela quer, e, por consequência, a política que segue a câmara é nacional, é a política da parte ilustrada da Nação, não da força bruta, que nunca pesou na balança política, mas da força intelectual. É ela que nos indica a política que quer seguir.²⁶

---

24 ANAIS da Assembleia Constituinte Brasileira. Sessão de 26 de junho de 1823.

25 LYNCH, Christian Edward Cyril. O discurso político monarquiano e a recepção do conceito de poder moderador no Brasil (1822-1824). *Dados*, Rio de Janeiro, vol. 48, n° 3, set. 2005, p. 611-654.

26 ANAIS da Câmara dos Deputados. Sessão de 18 de maio de 1838.

O professor de direito constitucional da Faculdade de Direito de São Paulo, o conselheiro Brotero, confirmava a opinião de Antônio Carlos: "Esses requisitos marcados pelas constituições orgânicas para os cidadãos poderem gozar do voto ativo e passivo são desigualdades sociais úteis e necessárias. São elas que desenvolvem as atividades individuais, e fazem, portanto, nascer o amor do trabalho, da cultura e da riqueza".[27] Comparada à Europa monárquica, a restrição à participação política era, todavia, mais difícil de justificar na Novo Mundo, principalmente quando se tratava de uma monarquia que, por sua novidade e pela hostilidade do meio, carecia da participação popular para se legitimar. A essa necessidade correspondeu a adoção da eleição indireta como fórmula de conciliação entre a qualidade e a quantidade, permitindo a fixação do censo pecuniário em percentual relativamente baixo, ampliando pela hierarquia o número de partícipes da "sociedade política" brasileira, ou seja, "a soma de nacionais, que dentre o todo da nacionalidade reúne as capacidades e as habilitações que a lei constitucional exige".[28]

A liberalidade que marcava a base da pirâmide eleitoral ia se estreitando conforme se caminhava de baixo na direção do topo. Seguindo a clássica distinção estabelecida por Sieyès na Constituição francesa de 1791, a Carta brasileira dividia os cidadãos em passivos e ativos: os primeiros gozavam apenas dos direitos civis, ao passo que os segundos gozavam também dos direitos políticos. O art. 90 definia *a contrario sensu* os cidadãos passivos ao excluir das votações nas assembleias paroquiais (o primeiro grau): os menores de 25 anos, salvo se casados; os militares, bacharéis ou clérigos das ordens sacras; os dependentes dos pais, salvo funcionários públicos; os assalariados particulares, exceto os contadores e gerentes comerciais, empregados do Paço e administradores de fazendas e fábricas; os religiosos internados em conventos e mosteiros; e os cidadãos que contassem renda anual inferior a cem mil-réis. Aqueles que escapavam dessa primeira triagem, classificados como *votantes*, participavam

---

27 BROTERO, José Maria de Avelar. *A filosofia do direito constitucional*. São Paulo: Malheiros, 2007, p. 73 [1ª ed. 1842].

28 SÃO VICENTE, José Antônio Pimenta Bueno, Marquês de. *Direito público brasileiro e análise da Constituição do Império*. Introdução de Eduardo Kugelmas. São Paulo: Ed. 34, 2002, p. 551.

das assembleias paroquiais destinadas a escolher os cidadãos ativos, isto é, os *eleitores*, que por suas vezes elegeriam os futuros representantes da Nação. Para a eleição do segundo grau, cada grupo de dez votantes escolhia um eleitor. Mas não era qualquer *votante* que poderia ser escolhido *eleitor*. Os candidatos a eleitores de província pelo art. 94 da Constituição deveriam possuir renda líquida anual de duzentos mil-réis (o dobro daquela exigida aos votantes); não poderiam ter sido escravos (que, uma vez alforriados, podiam, portanto, participar das eleições paroquiais, desde que preenchidos os demais critérios), nem pronunciados no crime. Exigências adicionais se faziam aos postulantes aos postos eletivos: os candidatos a deputado deveriam ser católicos, nascidos no Brasil e possuir 400 mil-réis de renda líquida (art. 95), ao passo que, para o Senado, se exigia mais de 40 anos de idade; e que o postulante fosse "pessoa de saber, capacidade e virtudes, com preferência os que tiverem feito serviços à Pátria", além de auferir 800 mil-réis de renda anual líquida (art. 45).

Sistema eleitoral

Durante todo o Império foram regularmente efetuadas eleições com vistas a preencher as vagas de deputados gerais e de senadores, sendo que a partir de 1834 as províncias começaram a votar também para escolher deputados provinciais. Experimentaram-se até 1889 cinco sistemas eleitorais, todos majoritários. Os quatro primeiros foram praticados em regime de eleição indireta em dois graus: majoritário com circunscrição provincial (1824-1855); majoritário absoluto com circunscrição distrital uninominal – *lei dos círculos* (1855-1860); majoritário simples cm circunscrição distrital trinominal (1860-1875); majoritário simples com circunscrição provincial, resguardado o terço dos votos para a oposição – sistema chamado do *voto incompleto*, conhecido entre nós como *lei do terço* (1875-1881). O último retornou ao sistema majoritário absoluto sobre circunscrição distrital uninominal, no regime, porém, de eleição direta – graças à *lei Saraiva* (1881-1889).

Durante a etapa monárquica ou autocrática (1823-1860), regeram o sistema representativo quatro diplomas normativos: as instruções de 26 de março de 1824 (1826-1842, 1845-1847); as instruções de 4 de maio de 1842 (1842-1845), a lei nº 387 de 19 de agosto de 1846 (1848-1856), e o decreto nº 842 de 19 de setembro de 1855 (*lei dos círculos*). Durante todo o Império (1826-1889) houve vinte legislaturas, durante as quais governaram 58 gabinetes (dez sob o Primeiro Reinado e 48 no Segundo; destes, foram 12 durante as regências e os demais após a maioridade de Pedro II). A Câmara dos Deputados foi dissolvida em dez ocasiões, oito delas para inverter a situação político-partidária e duas para sustentar o gabinete contra a maioria parlamentar do próprio partido.[29]

Organização parlamentar

A Constituição do Império organizou o Poder Legislativo conforme o bicameralismo preconizado pelo modelo predominante na época oligárquica europeia, que era o do governo misto. Surgiram assim uma Câmara dos Deputados e um Senado do Império que, juntos, compunham a *Assembleia Geral*. Como era de se esperar, o modo de composição das duas câmaras era diverso, atendendo ao fato de que a primeira representava o elemento democrático, e a segunda, o aristocrático. Quando da abertura da assembleia, em 1826, havia 101 vagas de deputados gerais, distribuídas proporcionalmente conforme o tamanho das populações das províncias. As maiores bancadas pertenciam assim às províncias de Minas Gerais (20 deputados), Bahia e Pernambuco (13), São Paulo (nove), Rio de Janeiro e Ceará (oito). Havia ainda províncias médias como Maranhão, Alagoas e Paraíba, oscilando entre cinco e quatro deputados. No decorrer do período, porém, ocorreram algumas alterações que se refletiram no número total de deputados, que em 1889 já era de 125. As alterações obedeceram a fatores como: o aumento de população; o desaparecimento de uma província (a da Cisplatina); a criação de mais duas (a do Amazonas e a do Paraná); a redivisão dos círculos eleitorais (Pará). À parte as províncias pequenas, cujo aumento da bancada visava apenas a reduzir o piso mínimo do número de deputados (de um para dois), aquelas que mais se beneficiaram ao longo do tempo foram as do Rio de Janeiro, Rio Grande do Sul, Pará, Maranhão e Sergipe. Aumentada de um terço, a bancada fluminense ultrapassou a paulista e encostou nas que estavam em segundo lugar – a baiana e a pernambucana. A bancada gaúcha teve sua representação dobrada, o que permitiu que a representação do Rio Grande do Sul deixasse a companhia das províncias pequenas

---

29 JAVARI, Barão de. *Falas do trono*. Prefácio de Pedro Calmon. Rio de Janeiro: Itatiaia, 1993.

e se acomodasse junto às médias – Pará, Maranhão, Ceará, Alagoas e Paraíba. Em 1834, a Bahia ganhou um deputado, passando a ser a segunda maior bancada da Câmara.

Tabela 1: Tamanho das bancadas provinciais na Câmara dos Deputados do Império[30]

	1826	Participação	1889	Participação	Variação
Região Norte	3	3%	8	6,4%	+ 213%
Amazonas[31]	–	–	2	1,6%	–
Pará	3	3%	6	4,8%	+ 60%
Região Nordeste	52	51,5%	61	48%	- 6,8%
Maranhão	4	4%	6	4,8%	+ 23%
Piauí	1	1%	3	2,4%	240%
Ceará	8	8%	8	6,4%	- 20%
Rio Grande do Norte	1	1%	2	1,6%	+ 60%
Bahia	13	13%	14	11,2%	- 13,2%
Pernambuco	13	13%	13	10,4%	- 20%
Alagoas	5	5%	5	4%	- 20%
Paraíba	5	5%	5	4%	- 20%
Sergipe	2	2%	4	3,2%	+ 60%
Região Sudeste	38	37,6%	43	34,4%	- 8,5%
Espírito Santo	1	1%	2	1,6%	+ 60%

30 Fonte: JAVARI, Barão de. *Organizações e programas ministeriais: regime parlamentar no Império*. 2ª ed. Rio de Janeiro: Ministério da Justiça e Negócios Interiores, 1962 (dados brutos).

31 A província foi desmembrada do Pará e passou a ter representação própria em 1850.

Rio de Janeiro[32]	8	8%	12	9,6%	+ 20%
São Paulo	9	9%	9	7,2%	- 20%
Minas Gerais	20	20%	20	16%	- 20%
Região Sul	6	6%	10	8%	+ 33%
Paraná[33]	-	-	2	1,6%	-
Santa Catarina	1	1%	2	1,6%	+ 60%
Rio Grande do Sul	3	3%	6	4,8%	+ 60%
Cisplatina[34]	2	2%	-	-	-
Região Centro-Oeste	3	3%	4	3,2%	+ 6,6%
Goiás	2	2%	2	1,6%	- 20%
Mato Grosso	1	1%	2	1,6%	- 20%
Total	101	100%	125	100%	20%

O Senado era o órgão legislativo mais importante do Império. Ele havia sido pensado por Caravelas e pelos demais conselheiros de Estado do primeiro Imperador como um órgão colegiado, moderador, conciliador e até certa medida apolítico, onde deveria ter assento uma elite emancipada dos laços meramente provinciais, capaz de compreender e colaborar com o governo na formulação de uma política nacional, em que as partes estivessem subordinadas ao todo. Os critérios de preenchimento das vagas senatoriais buscavam garantir aquele perfil. Além do censo alto exigido aos candidatos, o mandato dos senadores era vitalício. Embora coubesse ao eleitorado provincial votar os

---

32 A província teve sua representação aumentada de oito para dez representantes em 1834, e novamente em 1857, quando passou de dez para 12 deputados.

33 A província foi desmembrada de São Paulo e passou a ter representação própria em 1853.

34 A província separou-se do Brasil ainda durante o Primeiro Reinado.

candidatos, que deveriam sair da respectiva bancada, pertencia ao Imperador o direito de escolher qualquer um dos três primeiros colocados.

A vitaliciedade do mandato e a interferência do Imperador haviam sido pensadas como meios de afrouxar os laços que prendiam os políticos às suas bases e formar assim uma elite política nacional autônoma, que tendesse a se identificar com a Coroa. Não por acaso, aquelas duas características estiveram sempre na frente da linha de tiro daqueles que se prestavam como agentes para a transição da monarquia à oligarquia, como os liberais, os republicanos e os federalistas. Como a forma do Estado não era federativa (até 1834 foi unitária e, dali por diante, semifederal), o critério proporcional que prevalecia na Câmara prevalecia também no Senado: o número de senadores de cada província deveria corresponder à metade daquele de deputados. Assim, por exemplo, Minas Gerais, que sob o Império tinha, na câmara baixa, uma bancada de 20 deputados, tinha dez senadores na câmara alta. Já o Amazonas, que tinha apenas dois deputados, tinha direito a apenas um senador. Em 1826 havia 51 senadores. Em vista dos aumentos no número de deputados, aquele de senadores chegou a 59 em 1878.

Processo político

Os primeiros frutos do sistema representativo foram satisfatórios: houve correção e respeito aos resultados das duas eleições ocorridas durante o Primeiro Reinado – tanto que foram derrotados nas urnas dois ministros de Estado, fato que só se repetiria meio século depois.[35] Além disso, as eleições de 1830 trouxeram diversos liberais que haviam participado da malograda Constituinte. O recrudescimento da oposição e o retorno da pregação federalista depois da Revolução daquele ano na França começaram a alhear D. Pedro I dos negócios brasileiros. Pressionado para mudar o ministério no ano seguinte, o imperador preferiu abdicar em prol do herdeiro do trono, seu filho homônimo, e retornar à Europa. Ocorre que o herdeiro contava cinco anos de idade e não dispunha de parentes adultos que pudessem exercer a regência durante sua menoridade. Os regentes tiveram que ser escolhidos pelo Parlamento

---

35 MONTEIRO, Tobias. *História do Império: o Primeiro Reinado*. Belo Horizonte: Itatiaia, 1982, vol. 2, p. 192.

entre os principais políticos nacionais, o que facilitou a promoção de reformas que, segundo seus liberais promotores, introduziriam um "sistema representativo autêntico", isto é, oligárquico, no Brasil. Os novos donos do poder não se preocuparam em ampliar o sufrágio, mas em aumentar os poderes das oligarquias provinciais pela introdução do federalismo. Além disso, os liberais queriam aproveitar a menoridade do príncipe para reduzir o poder da Coroa e de seus servidores e por isso propuseram também a eliminação do Poder Moderador, da vitaliciedade senatorial e do Conselho de Estado. A resistência dos velhos senadores do Primeiro Reinado, Caravelas à frente, obrigou os liberais, porém, a uma solução de compromisso: o Conselho de Estado foi suprimido, mas o Poder Moderador foi mantido, ainda que neutralizado. Além disso, implantou-se um federalismo mitigado; passavam as províncias a dispor de assembleias próprias, continuando o governo nacional, porém, a nomear os governadores. Para não deixarem demasiadamente fraca a chefia provisória do Estado, a maioria liberal seguiu o presidencialismo estadunidense: substituiu a regência trinta, escolhida pelo Parlamento, por um único regente, apontado pelo eleitorado nacional.

Em 1835, o chefe liberal Diogo Antônio Feijó foi eleito regente do Império com quase três mil votos numa eleição que envolveu 12 mil eleitores. Considerando-se que, para cada eleitor, havia cerca de dez votantes,[36] a fórmula de equilibrar a eleição indireta com censo pecuniário baixo facultava a participação política de cerca de 10% da população no primeiro grau do sufrágio, taxa elevada para a época.[37] Pela via da representação-mandato, os liberais acreditaram conferir maior legitimidade ao regente, compensando a dispersão de poder operada em benefício das oligarquias provinciais. Entretanto, a substituição da representação-personificação imperial pela representação-mandato regencial não pôde servir de contraforte simbólico a uma unidade nacional ainda balbuciante. A descentralização política transportou as disputas políticas para o nível local, onde se tornaram facciosas e evoluíram rapidamente para

---

36 PORTO, Walter Costa. *O voto no Brasil: da Colônia à República*. 2ª ed. rev. Rio de Janeiro: Topbooks, 2002.

37 CARVALHO, José Murilo de. *Desenvolvimiento de la ciudadania en Brasil*. México: Fondo de Cultura Económica, 1995, p. 25.

o separatismo e a guerra civil em diversas províncias, patenteando a uma parcela importante da maioria liberal a imaturidade de um ensaio oligárquico sem prévia consolidação do Estado nacional. Entretanto, federalista convicto, Feijó se recusou em dar marcha ré na descentralização: ele seria o primeiro a manter as províncias "no gozo das vantagens que a reforma lhes outorgou".[38] Para ele, o Império não era homogêneo para se manter unido; a secessão das províncias do Norte era questão de tempo e deveriam ser aceitas como fatalidades.[39]

Essa postura não comprovava apenas a falta de compromisso de Feijó com a unidade do Império – demonstrava também que havia sido prematuro substituir a representação da unidade nacional, personificada pelo monarca apartidário. Embora eleito regente do Império, na prática Feijó representava somente os 0,25% da população que nele votara no segundo grau do sufrágio, ao passo que a legitimidade do monarca, baseada formalmente no princípio de delegação de poderes, mas ancorada, na verdade, na tradicional representação-personificação do Antigo Regime, permitia-lhe figurar de modo mais persuasivo a integralidade da nação.

Posto em minoria na assembleia, Feijó renunciou. A chefia provisória do Estado passou então ao novo partido conservador que, retomando a estratégia dos conselheiros do Primeiro Reinado, ensaiou um recuo na descentralização que fortalecesse o aparato repressivo nacional. Era o "regresso", simbolizado pelo resgate simbólico do imperador-menino. Eleito em 1838 com votação bem superior à de seu antecessor (4300 votos), nem por isso o novo regente, Pedro de Araújo Lima, julgou-se forte o suficiente para repousar sobre o próprio prestígio. Para vincular o novo governo à imagem do imperial menino, o futuro Marquês de Olinda restabeleceu a cerimônia do beija-mão imperial, de que foi o primeiro a dar o exemplo público;[40] da mesma forma, conservadores como Carneiro Leão trataram de recuperar os argumentos bonapartistas desenvolvidos pelos conselheiros do Primeiro Reinado, para

---

38 CALDEIRA, Jorge (org.). *Diogo Antônio Feijó*. São Paulo: Ed. 34, 1999, p. 172.

39 JANOTTI, Aldo. *O Marquês de Paraná: inícios de uma carreira política num momento crítico da história da nacionalidade*. Belo Horizonte: Itaiaia, 1990, p. 225.

40 CASTRO, Paulo Pereira. A experiência republicana. In: HOLANDA, Sérgio Buarque (org.). *História geral da civilização brasileira*. 6ª ed. São Paulo: Difel, 1985, t. 2, vol. 1.

justificar a primazia representativa do imperador sobre o Parlamento: "O Imperador é tal por unânime aclamação dos povos, antes da Constituição".[41] Os conservadores, apelidados *saquaremas*, adaptaram os traços parlamentares e unitaristas da monarquia de Julho, típicos da fase oligárquico-representativa francesa, para legitimar a etapa monárquica da construção do estado brasileiro, tutelado pela Coroa. Esse modelo apresentava uma dupla justificativa. O primeiro reivindicava a preeminência democrática do imperador: sua aclamação popular, antes de reunida a Constituinte de 1823, fizera dele, e não da representação parlamentar, o intérprete privilegiado da vontade nacional.[42] O segundo argumento, de natureza sociológica, residia na invertebração da sociedade nacional, cuja pobreza e atraso intelectual se refletiam na vacuidade da vida política e no individualismo de seus estadistas. Na falta de um ponto qualquer na base social, onde o sistema pudesse se apoiar, o sistema constitucional e representativo só poderia se organizar de cima, a partir da legitimidade de que a aclamação popular investira a monarquia. Daí a centralidade adquirida pela representação monárquica que, institucionalizada no Poder Moderador, se tornou o pivô da estabilidade do Estado ao proporcionar, do alto, uma liderança política autônoma das oligarquias e, por meio dela, a alternância entre os partidos políticos, levando-os a renunciar às armas.

A relativa autonomia do Estado imperial por sobre a sociedade oligárquica, naquela etapa, era a condição mesma da sua consolidação. Formalmente no quadro liberal de reconhecimento da soberania nacional, na tarefa de consolidar o Estado, a ênfase na dimensão personificadora da representação do príncipe compensava a fragilidade da representação-mandato. Para piorar a situação desta última, a necessidade de garantir a estabilidade institucional, no quadro de polarização política decorrente do surgimento dos partidos liberal e conservador, pôs, no começo do Segundo Reinado, um ponto final à honestidade eleitoral que prevalecera nos primeiros quinze anos do sistema

---

41 ANAIS da Câmara dos Deputados. Sessão de 9 de julho de 1841.

42 LYNCH, Christian Edward Cyril. O discurso político monarquiano e a recepção do conceito de poder moderador no Brasil (1822-1824). *Dados*, Rio de Janeiro, vol. 48, nº 3, set. 2005, p. 611-654.

representativo. Havia certo consenso entre os líderes políticos, inclusive os *luzias* (liberais), quanto à prioridade concedida à autoridade em detrimento da liberdade eleitoral, devendo inclinar-se a representação eletiva ao poder ministerial, à testa da qual estava o imperador. Por isso, a fraude e a compressão passaram a ser empregadas indistintamente por liberais e conservadores, quando se alternavam no poder, em benefício do governo. Era o que em 1852 reconhecia o Visconde de Uruguai: "A oposição disputou aqui a eleição com grande fúria, e com grandes meios. Batemo-la completamente porque estamos no governo. Se ela estivesse no governo teria vencido completamente. Assim está o país, e assim é o sistema". [43]

A manipulação era facilitada pelo sistema eleitoral, que tomava cada província como distrito único: como a apuração dos votos se concentrava na respectiva capital, o governador esvaziava a influência da aristocracia local em proveito dos candidatos da cúpula do partido. O reflexo da pressão governamental sobre as eleições, com a polícia de um lado e os fazendeiros com seus capangas, de outro, era previsível. Como explicava o melhor observador da crônica eleitoral da época, João Francisco Lisboa, as elites ensinavam o povo, não a votar conscientemente, mas a fraudar as eleições em seu proveito. Não podia ser muito diferente numa sociedade carente de civismo e de vida econômica, em que o emprego público e a política eram os únicos meios de vida de quem não pertencia ao diminuto grupo de senhores de terras. Teoricamente titulares da soberania sobre a qual repousava o sistema representativo, os populares viam as eleições como um negócio das elites, em que poderia obter algum proveito ao servir-lhes como capangas, capoeiras, pistoleiros ou *fósforos* em troca de trocados, comida e *bicos*. O resultado era que, ao invés do espetáculo do civismo, o furor clientelístico da luta política degenerava em violência, pancadaria e assassinato.

> A par da indiferença, apatia e abstenção das grandes massas da população para os misteres da vida pública, civil e política, mostra-se o mal contrário na camada superior da mesma população, que, preterindo todas as mais profissões, não procura meios de vida senão na carreira dos empregos; não tem outro entretenimento

---

43 MASCARENHAS, Nélson Lage. *Um jornalista do Império: Firmino Rodrigues Silva*. São Paulo: Companhia Editora Nacional, 1961, p. 172.

que a luta e agitação dos partidos, outro estudo que o da ciência política, sendo tudo bem depressa arrastado pelo impulso cego das paixões para os últimos limites da exageração e do abuso. E porque as classes superiores são as que dirigem a sociedade e a classe dos políticos supere entre nós todas as outras [...], é ela quem dá o tom e verniz exterior à nossa sociedade e lhe faz tomar as aparências de um partido exclusivamente dado à política, e aos meneios, fraudes e torpezas eleitorais; quando a verdade é que o grosso da população, se nisso tem crime, é pela indiferença, antes conivência, com que contempla os abusos e escândalos da imperceptível, mas inquieta e turbulenta minoria.[44]

Entretanto, eram tais condenáveis métodos que asseguravam ao partido situacionista a governabilidade de que carecia. As taxas de renovação bruta da Câmara dos Deputados variavam substantivamente no caso de as eleições ocorrerem durante uma mesma situação partidária ou imediatamente após a sua inversão determinada pelo imperador. No primeiro caso, a taxa média era de 52,05; no segundo, entretanto, a taxa subia aos 83,52.[45] Para além das inversões, os altos índices de renovação observados podem ser também creditados à necessidade que tinha o presidente do Conselho de recrutar os seus ministros de Estado, os governadores provinciais e os eventuais senadores num universo de pouco mais de cem deputados. Além disso, era das bancadas provinciais que o governo organizava as listas senatoriais. Quanto à ulterior disciplina partidária, ela era garantida pelo mesmo meio empregado por Guizot na França de Luís Felipe: como a maioria dos deputados era composta por funcionários do Estado, deveriam ser dóceis aos governos. Numa época em que não havia concurso público, bastava uma canetada do ministro para desligá-los da administração. Por isso, todos os funcionários se obrigavam a fazer campanha e votar no partido do governo. O abandono do governo de sua posição de neutralidade em matéria eleitoral era assim justificado pelo deputado Nabuco de Araújo:

---

44 LISBOA, João Francisco. *Jornal de Timon: partidos e eleições no Maranhão*. Introdução e notas de José Murilo de Carvalho. São Paulo: Companhia das Letras, 1995, p. 296 [1ª ed. 1852].

45 SANTOS, Wanderley Guilherme dos. O sistema oligárquico representativo da Primeira República. *Revista Dados*, 2013, vol.56, no.1, p.9-37.

Se o governo no sistema representativo simboliza uma opinião política, é absurda essa neutralidade do governo na eleição [...]. Essa neutralidade fora um dever de reciprocidade, se a oposição também a guardasse, mas se a oposição luta para vencer e derrotar o governo, como pode ser o governo impassível sem suicidar-se, sem obliterar o instinto de sua própria conservação. O princípio da interferência do governo na eleição [...] tem sido geralmente seguido por todos os partidos que têm estado no poder, tem por si a autoridade e apoio dos homens mais eminentes do país não só de uma como de outra opinião política.[46]

Para completar, em 1846 foram atualizados os valores do censo pecuniário, que haviam sido estabelecidos 22 anos antes na Constituição, e que passaram, em cada grau eleitoral, para 200 e 400 mil-réis, respectivamente.[47] A representação-personificação subia, a representação-mandato descia, mas o Estado se consolidava.

O irônico é que, ao apressar a estabilidade do Estado, o próprio Pedro II criou as condições para que as investidas oligárquicas retornassem rapidamente, depois de amainadas ao fim do período regencial. Ele foi o primeiro a dar os primeiros passos rumo à liberalização do regime. A fim de prevenir ameaças de golpes ou insurreições promovidas por oposicionistas desesperados de aceder ao poder, Dom Pedro II impôs aos conservadores em 1853 que governassem com os liberais por meio de coalizões ("Conciliação"). Além disso, o príncipe os pressionou para que evitassem a compressão eleitoral e reformassem a legislação para reduzi-la, estabelecendo, inclusive, incompatibilidades entre o exercício do mandato parlamentar e aquele da jurisdição. Uma vez que favoreceriam "a Nação", isto é, a oligarquia rural, em detrimento dos burocratas, as reformas da "Conciliação" enfrentaram a oposição dos conservadores ortodoxos. Para eles, o estabelecimento de uma relação de transparência da representação nacional com a base eleitoral local retiraria o poder da civilizada e "republicana" aristocracia da Corte, composta por magistrados, em benefício das bárbaras e

---

46 NABUCO, Joaquim. *Um estadista do Império*. Rio de Janeiro: Topbooks, 1997, p. 140 [1ª ed. 1897].

47 NICOLAU, Jairo. *História do voto no Brasil*. 2ª ed. Rio de Janeiro: Zahar, 2004, p. 11.

"privatistas" oligarquias sertanejas, representadas no Parlamento por subordinados bacharéis.[48]

Três anos depois, a "lei dos círculos" introduziu o voto majoritário uninominal em circunscrição distrital; as eleições seguintes garantiram à minoria 17% dos votos e romperam pela primeira vez desde o *regresso* com o poder quase absoluto dos governadores nomeados na escolha dos eleitos de cada província. Nesse processo, o sincero liberalismo do monarca apartidário contribuiu de maneira valiosa para a estabilidade institucional, na medida em que empregou seu poder tutelar para incutir nos atores políticos o apreço pela tolerância, pela liberdade de imprensa e pelo revezamento dos partidos no governo. Sua benignidade suavizou, assim, um processo de construção do Estado que havia sido arbitrário sob o absolutismo europeu e que, nas repúblicas hispânicas, era marcadamente violento e autoritário. Na única República sul-americana estável da época – o Chile dos presidentes Prieto, Bulnes e Montt –, a ordem era mantida ao preço de um monopólio governamental conservador de quase trinta anos, sendo sufocadas as periódicas insurreições da minoria liberal a golpes de estado de sítio, legislação por decreto e encarceramentos em massa. Enquanto isso, depois de 1842, enquanto subsistiu o Império, o estado de sítio jamais voltou a ser decretado no Império – nem mesmo durante a Guerra do Paraguai.

---

48 LYNCH, Christian Edward Cyril. *O Momento monarquiano: o poder moderador e o pensamento político imperial*. Tese (doutorado em Ciências Humanas) – Instituto Universitário de Pesquisa do Rio de Janeiro (Iuperj), Rio de Janeiro, 2007, p. 235.

3

DA MONARQUIA À OLIGARQUIA: A EMERGÊNCIA DA REPRESENTAÇÃO-MANDATO PARLAMENTAR (1860-1889)

A transição

A transição da etapa monárquica para a etapa oligárquica no processo de construção do Estado é a consequência, muitas vezes involuntária, do próprio êxito do príncipe na consecução de seus objetivos de criação de uma ordem nacional articulada e integrada. Por isso mesmo, foi durante e depois da "Conciliação" que apareceram os primeiros sinais daquela passagem. Nos anos anteriores, os saquaremas haviam atingido o ápice do seu poderio ao promoverem a extinção do tráfico negreiro, a promulgação do código comercial e uma lei agrária, medidas que pretendiam liberar os capitais até então direcionados ao tráfico e abrir, assim, as vias para o desenvolvimento material do país. Entretanto, ao consolidar a ordem institucional brasileira, a "Conciliação" desencadeou também a primeira onda de dúvida acerca da viabilidade do sistema representativo no Brasil: para os liberais e moderados, ele não bastava para espelhar eficazmente os interesses da *sociedade civil*, da *opinião pública*, da *Nação* (isto é, da oligarquia), ao passo que, para os conservadores, o predomínio dos *interesses particulares* (oligárquicos) já estava, ao contrário, a corromper a esfera pública (monárquica). No campo político, os conservadores moderados começaram a atacar a ortodoxia conservadora, alegando que as elites provinciais tinham o direito de se fazer ouvir pelo governo geral e que lhes deveria ser restituída a influência eleitoral concentrada nas mãos dos governadores. No campo econômico, era a política conservadora que os adversários dos saquaremas atacavam como intervencionista e restritiva do crédito, a serviço de uma industrialização artificial que prejudicava a autêntica vocação nacional – a lavoura.[1] Eram as pressões da aristocracia provincial que, por meio de seus representantes eleitos, começavam a se fazer ouvir, em consequência mesma da consolidação da ordem nacional. Assim, aquilo que havia sido para os burocratas conservadores uma necessidade inelutável – organizar, no interior do aparelho constitucional "oligárquico" de 1824, um Estado "monárquico", autônomo e centralizado –, passava a ser visto como uma "corrupção" do sistema pelos promotores da "oligarquização". Em outras palavras, para estes, era preciso que o legal enquadrasse o real, fazendo coincidirem forma oligárquica com conteúdo oligárquico.[2] Para tanto, era preciso reformar o modelo político.

Do ponto de vista da representação, a transição da monarquia à oligarquia ficou caracterizada pela tendência, ainda que gradual e não linear, de se substituir o sistema eleitoral com circunscrição provincial – que prevalecera na etapa monárquica e favorecia a fabricação de bancadas governistas pelo governo nacional – por um sistema com circunscrição distrital, que entregaria o resultado das eleições nas mãos dos grandes proprietários de terras. Já vimos assim que, até 1855, houve quatro legislações eleitorais majoritárias, todas consagrando a

---

1 BEIGUELMAN, Paula. *Formação política do Brasil*. 2ª ed. São Paulo: Pioneira, 1976, p. 100, 104.

2 Em 1891, findo o processo de oligarquização, no momento mesmo em que se fazia a autópsia do modelo saquarema que sustentara o regime imperial, um deputado do Congresso Constituinte da República, Vicente Antônio do Espírito Santo, explicaria os termos em que os partidários da liberalização punham o problema entre forma e conteúdo, entre legalidade e realidade, desde 1860: "Saímos do regime da monarquia constitucional representativa. Tive ocasião de observar que a Constituição que regia essa forma de governo era uma lei muito regular, como uma boa organização de um governo prático. Entretanto, víamos todos os preceitos constitucionais completamente mistificados. A lei de nada valia, de modo que, havendo uma combinação bastante engenhosa entre os poderes Executivo, Legislativo e Judiciário, a harmonia dos poderes tão decantada era uma verdadeira quimera. O Poder Legislativo era uma emanação do Poder Executivo; o Poder Judiciário, um instrumento deste; o Poder Executivo, concentrado nas mãos do chefe do Estado. Era, portanto, uma forma de governo absoluto, disfarçado em monarquia constitucional representativa. Este é o fato" (ANAIS do Congresso Constituinte Brasileiro, sessão de 6 de janeiro de 1891).

província como circunscrição. Este critério era o preferido do partido representante por excelência da fase monárquica, o Conservador. Dali por diante, ainda que com idas e vindas, as reformas do sistema eleitoral se orientaram no sentido de selecionar os deputados a partir de suas bases locais, critério preferido do Partido Liberal, promotor da transição oligárquica. A tendência começou com o decreto nº 842 de 19 de setembro de 1855 – a *lei dos círculos* –, que consagrou o sistema majoritário absoluto com circunscrição distrital uninominal, em eleição indireta (1855-1860); se amenizou com a reação conservadora que adotou o distrito trinominal com a lei nº 1.082 de 18 de agosto de 1860 (1860-1875); sofreu um baque com a lei nº 2.675 de 20 de outubro de 1875 – a *lei do terço* –, que voltou ao sistema majoritário simples com circunscrição provincial a título de resguardar a representação das minorias (1875-1881). Por fim, a campanha liberal pela transição da monarquia à oligarquia triunfou com a adoção do sistema majoritário absoluto sobre circunscrição distrital uninominal em regime de eleição direta – *lei Saraiva* (1881-1889).

Conforme assinalado, o fato de ser o Brasil a única monarquia em solo americano obrigou os defensores daquele regime a constantemente apresentar suas credenciais liberais à diminuta opinião pública do século XIX. Os partidos apresentavam concepções distintas de representação: os conservadores pensavam que o representante deveria decidir conforme os ditames de sua consciência, ao passo que, para os liberais, os representantes deveriam espelhar os interesses dos interessados, isto é, dos diversos setores e regiões. O sistema de circunscrição mais abrangente aumentava o poder eleitoral do presidente de província em detrimento da vontade dos senhores de terra, conforme o interesse do governo nacional em forjar maiorias parlamentares disciplinadas. Por outro lado, o sistema de circunscrição menos abrangente e com menor número de eleitos aumentava o poder de fogo da aristocracia rural, que se tornava eleitora do deputado local, vinculando-a aos interesses das localidades e não àqueles do governo nacional.[3]

A promoção de constantes reformas eleitorais era um meio por que a monarquia precisava de demonstrar seu compromisso com a verdade do sistema

---

3 LAMOUNIER, Bolívar. *Da Independência a Lula: dois séculos de política brasileira*. São Paulo: Augurium, 2005, p. 71.

representativo. Os esforços institucionais se dirigiam, como já vimos, rumo a um sistema eleitoral mais claramente oligárquico, mas também a uma mais efetiva representação do partido minoritário na Câmara. Com isso, pretendia-se reduzir o desgaste sofrido pelo Poder Moderador sempre que se via obrigado a intervir para provocar o rodízio dos partidos que se perpetuavam no poder, ocasião em que era detratado pelos prejudicados como o grande responsável pelo falseamento do sistema. A meta era forjar um sistema eleitoral em que os partidos pudessem regular a alternância no poder disputando as preferências do eleitorado da época sem a interferência da Coroa. Daí a preocupação simultânea de se reduzir a fraude e a compressão governamental, enxugando o eleitorado dos pobres e analfabetos.

Num quadro onde não havia meios para a livre e consciente expressão do eleitorado, a alternância dos diferentes grupos políticos no poder do Estado somente poderia ocorrer de modo artificial: ou pelas armas, como na Argentina e no México, ou pela intervenção periódica de uma força suprapartidária, como no Brasil, em Portugal e na Espanha (esta, depois de 1875). Nas monarquias constitucionais, alternar as facções no poder era a principal função do monarca, na qualidade de Poder Moderador, pois era pelo arbitramento dos conflitos políticos que se conseguiria a estabilidade institucional. As decisões mais importantes da difícil arte de reinar eram justamente aquelas que determinavam a inversão das situações partidárias, isto é, a demissão do partido situacionista e a convocação da oposição para ocupar o poder. Eram decisões que sempre acarretavam grande desgaste à Coroa e por isso só eram tomadas depois de várias consultas aos principais atores políticos e de longa ponderação sobre a sua oportunidade e conveniência. O chefe do Estado decretava então a dissolução da Câmara dos Deputados e convocava novas eleições – oportunidade para que o partido minoritário, tornado governo, também pudesse constituir sua própria maioria parlamentar. No entanto, esta maioria geralmente não primava pela disciplina – especialmente se fosse liberal. Os gabinetes nunca caíam por obra exclusiva do partido opositor, sempre minoritário, mas por força de uma coalizão negativa, de que participava a ala insatisfeita da própria situação. Quando a situação política dos gabinetes chegava ao ponto da ingovernabilidade pelo alto grau de fragmentação intrapartidária, o monarca convocava ao poder o partido opositor e o processo recomeçava. Parodiando Alberdi, pode-se afirmar que para a maior parte dos políticos espanhóis, italianos, portugueses e brasileiros, esta era a "monarquia possível", ou seja, a única forma de praticar a monarquia constitucional, enquanto não houvesse condições estruturais para a sonhada *verdade do sistema representativo*.[4] Essa foi a função primordial, mas não a única, exercida por Dom Pedro II. Ele também escolhia os presidentes do Conselho dentre os senadores mais destacados de ambos os partidos. E o fato de o Senado ocupar maior centralidade do que a Câmara, no período, também é devido à fraude eleitoral. Como a elevada capacidade de intervenção do governo nas eleições não importava disciplina ou coesão partidária, o fracionamento das agremiações permitia ao imperador certa margem de manobra para escolher o líder partidário que lhe parecesse mais confiável e em melhores condições de "costurar" uma maioria parlamentar.

E, justamente para fugir da precária condição de representantes temporários, sujeitos à boa vontade dos governos do dia e à demissão sumária, quando da inversão da situação partidária, os deputados que despontavam se candidatavam assim que podiam a uma vaga no Senado vitalício, onde ficavam a salvo. Era por esse motivo que o Senado detinha mais poder político efetivo que a Câmara dos Deputados: era lá que se assentavam os chefes liberais e conservadores e, por conseguinte, onde o imperador buscava os seus presidentes do Conselho.

Por outro lado, a tão criticada vitaliciedade da câmara alta compensava a precariedade do sistema, garantindo aos chefes da situação e da oposição uma representação relativamente paritária que era insuscetível de desalijo pela situação dominante. Uma vez escolhidos, os senadores, tornados primeiros-ministros, se apresentavam à Câmara dos Deputados para dela obter formalmente o assentimento para governar. Por outro lado, o ministério duraria enquanto mantivesse ao seu lado a maioria dos deputados. Daí o chiste de Machado de Assis: "Cada câmara tem o seu papel: a dos deputados derruba os ministérios, o Senado organiza-os".[5] De 1840 a 1889, houve dez situações partidárias, por

4   Refiro-me à expressão "república possível", empregada por Alberdi para designar a prática oligárquica das instituições previstas na Constituição argentina de 1853, até que, por força do desenvolvimento econômico e da imigração maciça, houvesse condições para que fosse instaurada a "república verdadeira".

5   ASSIS, Machado de. *O velho Senado*. Brasília: Senado Federal, 1989, p. 320.

que se distribuíram 36 gabinetes, dos quais 34 foram chefiados por senadores e apenas dois por deputados gerais, ambos liberais (Antônio Carlos de Andrada e Martinho Campos). As situações conservadoras tendiam a ser mais longas que as liberais, o que sem dúvida se extrai da maior coesão partidária dos *saquaremas* em relação aos *luzias*.

Tabela 2: Situações partidárias e gabinetes de ministros durante o Segundo Reinado[6]

Período	Situação	Gabinetes e presidentes do Conselho de Ministros
1840-1841	1. Liberal	1. Antônio Carlos de Andrada Machado e Silva (24.07.1840 a 23.03.1841).
1841-1844	2. Conservadora	2. Francisco Vilela Barbosa, Marquês de Paranaguá (23.03.1841 a 23.01.1843). 3. Honório Hermeto Carneiro Leão, Marquês de Paraná (23.01.1843 a 02.02.1844).
1844-1848	3. Liberal	4. José Carlos Pereira de Almeida Torres, Visconde de Macaé (02.02.1844 a 26.05.1845). 5. Antônio Paulino Limpo de Abreu, Visconde de Abaeté (26.05.1845 a 2.05.1846). 6. Caetano Maria Lopes Gama, Visconde de Maranguape (02.05.1846 a 22.05.1847). 7. Manuel Alves Branco, Visconde de Caravelas (22.05.1847 a 08.03.1848). 8. José Carlos Pereira de Almeida, Visconde de Macaé (08.03.1848 a 31.05.1848). 9. Francisco de Paula Sousa e Melo (31.05.1848 a 29.09.1848).
1848-1853	4. Conservadora	10. Pedro de Araújo Lima, Marquês de Olinda; José de Costa Carvalho, Visconde de Monte Alegre (29.09.1848 a 11.05.1852). 11. Joaquim José Rodrigues Torres, Visconde de Itaboraí (11.05.1852 a 06.09.1853).

---

6 Fonte: JAVARI, Barão de. *Organizações e programas ministeriais: regime parlamentar no Império*. 2ª ed. Rio de Janeiro: Ministério da Justiça e Negócios Interiores, 1962 (dados brutos).

1853-1862	5. Conservadora-Liberal (*Conciliação*)	12. Honório Hermeto Carneiro Leão, Marquês de Paraná; Luís Alves de Lima e Silva, Duque de Caxias (06.09.1853 a 04.05.1857). 13. Pedro de Araújo Lima, Marquês de Olinda (04.05.1857 a 12.12.1858). 14. Antônio Paulino Limpo de Abreu, Visconde de Abaeté (12.12.1858 a 10.08.1859). 15. Ângelo Muniz da Silva Ferraz, Barão de Uruguaiana (12.08.1859 a 02.03.1861). 16. Luís Alves de Lima e Silva, Duque de Caxias (02.03.1861 a 24.05.1862).
1862-1868	6. Liberal-Conservadora (*Liga Progressista*)	17. Zacarias de Góis e Vasconcelos (24.05.1862 a 30.05.1862). 18. Pedro de Araújo Lima, Marquês de Olinda (30.05.1862 a 15.01.1864). 19. Zacarias de Góis e Vasconcelos (15.01.1864 a 31.08.1864). 20. Francisco José Furtado (31.08.1864 a 12.05.1865). 21. Pedro de Araújo Lima, Marquês de Olinda (12.05.1865 a 03.08.1866). 22. Zacarias de Góis e Vasconcelos (03.08.1866 a 16.07.1868).
1868-1878	7. Conservadora	23. Joaquim José Rodrigues Torres, Visconde de Itaboraí (16.07.1868 a 29.09.1870). 24. José Antônio Pimenta Bueno, Marquês de São Vicente (29.09.1870 a 07.03.1871). 25. José Maria da Silva Paranhos, Visconde do Rio Branco (07.03.1871 a 25.06.1875). 26. Luís Alves de Lima e Silva, Duque de Caxias (25.06.1875 a 05.01.1878).

1878-1885	8. Liberal	27. João Vieira Lins Cansansão de Sinimbu, Visconde de Sinimbu (05.01.1878 a 28.03.1880). 28. José Antônio Saraiva (28.03.1880 a 21.1.1882). 29. Martinho da Silva Campos (21.08.1882 a 03.07.1882). 30. João Lustosa da Cunha Paranaguá, Marquês de Paranaguá (03.07.1882 a 24.05.1883). 31. Lafaiete Rodrigues Pereira (24.06.1883 a 06.06.1884). 32. Manuel Pinto de Sousa Dantas (06.06.1884 a 06.05.1885). 33. José Antônio Saraiva (06.05.1885 a 20.08.1885).
1885-1889	9. Conservadora	34. João Maurício Wanderley, Barão de Cotegipe (20.8.1885 a 10.03.1888). 35. João Alfredo Correia de Oliveira (10.03.1888 a 07.06.1889).
1889-1889	10. Liberal	36. Afonso Celso de Assis e Figueiredo, Visconde de Ouro Preto (07.06.1889-15.11.1889).

Processo político

Foi em 1860 que, em nome da primazia da representação-mandato, os moderados e liberais começaram a criticar abertamente não apenas as posturas partidárias saquaremas, mas o próprio modelo político-constitucional erigido em torno da Coroa, tutora dos negócios públicos. Como resultado do esforço efetuado pela Conciliação com a *lei dos círculos*, as eleições daquele ano ressuscitaram os *liberais históricos*, que haviam desaparecido depois da última revolta do Império, em 1848. O ressurgimento do radicalismo, no momento mesmo em que se desgarravam da ortodoxia conservadora, levou os moderados a formar um partido centrista, o *progressista*, que governaria de 1862 a 1868. A Liga Progressista, a que pertenciam os políticos referidos, pretendia formar uma Conciliação com os sinais trocados: se os governos de coalizão da década de 1850 haviam sido comandados por conservadores, aqueles da década seguinte teriam o ascendente liberal. A partir de uma interpretação *whig* da Carta de 1824, o baiano Zacarias de Góis respeitosamente pedia ao imperador que seguisse o exemplo da rainha da Inglaterra e se portasse de acordo com o "governo parlamentar", ou seja, reinando mais e governando menos. Nas *monarquias parlamentares*, a política seguida pelo governo deveria ser decidida pela maioria da Câmara dos Deputados.[7] Para Nabuco de Araújo, representante de Pernambuco, a confiança da maioria parlamentar e, por conseguinte, da opinião pública nacional justificava a emancipação do gabinete da tutela da Coroa:

> Falando de regularidade do sistema representativo, eu não posso deixar de consagrar e defender a máxima – *o rei reina e não governa*. A consagração da máxima oposta não pode deixar de importar a política pessoal, e a política pessoal é o maior perigo que pode haver no governo representativo, é o maior comprometimento que pode haver para o príncipe[8]

Quando subiram ao poder, em 1862, os progressistas anunciaram que sua prioridade seria atender às necessidades da lavoura, favorecendo-a com financiamentos públicos, promoção da imigração estrangeira e construção de mais ferrovias que escoassem a produção. O deputado alagoano Tavares Bastos demonstrava que as instituições norte-americanas favoreciam a contínua expansão da atividade econômica e o progresso, ao passo que o intervencionismo inspirado na França napoleônica mantinha a economia e a sociedade brasileira no mais completo atraso. Subordinando o político ao econômico, o Estado imperial deveria valorizar "o espírito livre da empresa particular",[9] limitando-se ao papel de "representante e, por assim dizer, o comissário de uma nacionalidade, cujas funções se limitam a manter a ordem e distribuir a justiça".[10] Ao contestar as bases da ordem monárquica, era a retórica oligárquica que

---

7   VASCONCELOS, Zacarias de Góis e. *Da natureza e limites do poder moderador*. Brasília: Senado Federal, 1978, p. 38 [1ª ed. 1860].

8   NABUCO, Joaquim. *Um estadista do Império*. Rio de Janeiro: Topbooks, 1997, p. 436 [1ª ed. 1897].

9   TAVARES BASTOS, Aureliano Cândido. *Os males do presente e as esperanças do futuro*. 2ª ed. Rio de Janeiro: Companhia Editora Nacional, 1976, p. 46 [1ª ed. 1862].

10 Idem. *Cartas do solitário*. 2ª ed. Rio de Janeiro: Companhia Editora Nacional, 1975, p. 60, 226 [1ª ed. 1862].

anunciava o fim da primeira etapa da construção estatal brasileira e a transição para a etapa seguinte. Contra a investida da representação-mandato promovida pelos progressistas em face da representação-personificação levantaram-se diversos saquaremas. O mais importante deles foi o Visconde de Uruguai. Pensando o Brasil a partir de Guizot,[11] Uruguai afirmou a necessária subordinação da representação-mandato ao imperativo de ordem e unidade do Estado, traduzido na representação-personificação do imperador. Do contrário, não haveria como garantir a efetividade dos direitos civis à maioria da população contra os ataques da oligarquia.[12] No entanto, a resistência conservadora era o canto de cisne da própria ideologia que lhe moldara o nascimento e maturidade. Logo, os próprios conservadores iriam aderir à retórica liberal-oligárquica dos interesses.

A declaração de guerra dos setores produtivos contra o modelo saquarema foi proclamada em 1868, quando a Guerra do Paraguai provocou a queda da situação progressista e o retorno dos conservadores aos conselhos da Coroa. Embora a rotação tivesse transcorrido conforme as praxes parlamentares observadas até então, os progressistas decaídos se sentiram traídos na expectativa de que, depois de seis anos de poder, a era conservadora estivesse definitivamente superada. Juntamente com os liberais históricos, os progressistas decaídos formaram um novo Partido Liberal que atacou o imperador pelo suposto *golpe de Estado*, recusando-lhe o direito de decidir da oportunidade e conveniência dos revezamentos partidários. Apontando para o exemplo da segunda reforma eleitoral inglesa, que em nome da democracia aposentara o *governo misto*, os liberais sustentavam que o papel representativo exercido pelo monarca deveria se restringir cada vez mais ao plano simbólico, cabendo o governo exclusivamente à representação eleita pela Nação pelo parlamentarismo.

---

11 Se as vontades isoladas não conduziam a uma unidade, o que existiria era uma confusão, ou seja, multidão – e não uma sociedade: "O objetivo do governo representativo é levar a multidão à unidade, a fim de que ela se reconheça e se aceite a si mesma" (GUIZOT, François. *Histoire des origines du gouvernément réprésentatif*. Paris: Didier, 1851, p. 96).

12 URUGUAI, Paulino José Soares de Sousa, Visconde de. *Ensaio sobre o direito administrativo*. 2ª ed. Rio de Janeiro: Ministério da Justiça, 1960 [1ª ed. 1862].

A sociedade não queria mais ser apenas representada pelo poder; queria, também, ser representada junto ao poder. Era o que explicava o agora senador Nabuco de Araújo: "Vede este *sorites* fatal, este *sorites* que acaba com a existência do sistema representativo: o Poder Moderador pode chamar a quem quiser para organizar ministérios; esta pessoa faz a eleição, porque há de fazê-la; esta eleição faz a maioria. Eis aí o sistema representativo do nosso país".[13] Depois de boicotarem as eleições de 1869 – boicote que rendeu a maior taxa de renovação bruta da Câmara dos Deputados durante todo o Império: 91,8 –,[14] os liberais deflagraram uma campanha agressiva durante os dez anos seguintes pela realização de uma reforma eleitoral que, suprimindo a compressão exercida pelo governo, tornasse as eleições realmente competitivas para que a nação pudesse livremente se manifestar e se autogovernar. Foi então (1870) que Tavares Bastos lançou sua pregação pela descentralização política e administrativa, completando o cerco intelectual à velha estratégia conservadora de fazer da Coroa o eixo centrípeto do poder nacional.[15] Os argumentos empregados nos países centrais para operar a transição da oligarquia à democracia foram, assim, usados pelos liberais para operar a transição da monarquia para a oligarquia. No entendimento abalizado de Zacarias, a eleição direta era "o único e verdadeiro remédio para o nosso mal, porque nosso mal é o abatimento do espírito público, é a nenhuma intervenção do povo nos negócios do país, e para que se dê essa intervenção, não há outro meio possível senão a eleição direta".[16]

Ocorre que esse momento coincidiu com o começo do processo de extinção do trabalho escravo, imposto do alto pela Coroa. A passagem da Lei do Ventre Livre durante o gabinete Rio Branco, forçada pelo imperador,

---

13   NABUCO, Joaquim. *Um estadista do Império*. Rio de Janeiro: Topbooks, 1997, p. 766 [1ª ed. 1897].

14   SANTOS, Wanderley Guilherme dos. *O sistema representativo oligárquico da Primeira República*. O sistema oligárquico representativo da Primeira República. Revista Dados, 2013, vol.56, nº 1, p. 9-37.

15   TAVARES BASTOS, Aureliano Cândido. *A província: estudo sobre a descentralização no Brasil*. Edição fac-similar. Brasília: Senado Federal, 1997 [1ª ed. 1870].

16   VASCONCELOS, Zacarias de Góis e. *Discursos parlamentares*. Seleção e introdução de Alberto Venâncio Filho. Brasília: Câmara dos Deputados, 1979, p. 466.

cindiu o próprio Partido Conservador a que ele pertencia, levando a sua ala agrária a juntar-se aos liberais na campanha pela reforma eleitoral. A esta altura, a reforma pareceu à lavoura a única maneira de evitar mudanças vindas do alto, salvaguardando a evolução oligárquica do regime – ou, como queria o deputado José de Alencar, para "restringir a influência indireta da Coroa na questão do elemento servil, restaurando assim a verdade do governo parlamentar".[17] Para os conservadores agrários, aliados aos liberais, nenhuma reforma conseguiria acabar com a força eleitoral do governo, caso não organizasse um eleitorado seleto e independente, livre da "turba multa, ignorante, desconhecida e dependente".[18] Visando a garantir a minoria, Rio Branco promoveu uma reforma que criou o título eleitoral, eliminou os círculos e introduziu o voto incompleto (a *lei do terço*), mas manteve a eleição indireta para não reduzir a participação eleitoral. A oposição ficou mais irritada do que satisfeita: o governo se limitava a lhe oferecer um cala-boca, que não vulnerava o predomínio dele sobre o sistema eleitoral. Preocupados com seu *status*, os proprietários agrários se reuniram em congressos agrícolas para desaprovar as pretensões imperiais de novas intervenções no mercado a pretexto de promover a emancipação da escravatura.[19]

Embora continuassem a apresentar as credenciais democráticas, ao voltarem ao poder, em 1878, os liberais passaram a defender não apenas o reforço do censo pecuniário, já em declínio na Europa, mas a introdução de um novo censo, o literário, que excluísse os analfabetos – que eram 82% da população brasileira. Face às objeções acerca do grau de exclusão que a medida provocaria, o primeiro-ministro, José Antônio Saraiva, explicava que "a democracia não consiste em darem-se votos a todo o mundo, e há escritores liberais que dizem que o voto a toda gente não pode produzir a verdadeira democracia,

---

17 ALENCAR, José Martiniano de. *Discursos parlamentares*. Introdução de Raquel de Queirós. Brasília: Câmara dos Deputados, 1977, p. 192.

18 SOARES DE SOUSA, Francisco Belisário. *O sistema eleitoral do Império* (com apêndice contendo a legislação eleitoral no período 1821-1889). Brasília: Senado Federal, 1979 [1ª ed. 1872].

19 BRASIL. *Congresso Agrícola: coleção de documentos*. Rio de Janeiro: Tip. Nacional, 1878.

senão a demagogia ou o absolutismo".²⁰ Respaldado na democracia capacitária de Stuart Mill, o jovem liberal Rui Barbosa demandava aquela medida para, pondo fim à "democracia selvagem", à "soberania néscia do inconsciente", inaugurar uma "democracia racional" aberta "ao patriotismo, à *ilustração*, à independência, à *fortuna*, à experiência".²¹ Para completar o arrocho, foram restabelecidos no projeto os distritos uninominais, que favoreciam os grandes proprietários rurais, e incluídas exigências rigorosas de comprovação formal das qualificações. Promulgada a lei e convocadas novas eleições, os resultados do pleito revelaram o êxito da reforma em tornar o sistema mais competitivo e mais oligárquico ao mesmo tempo: a oposição conservadora elegeu um terço da câmara, ao passo que a participação popular desapareceu, despencando o eleitorado de 11% para 1% da população do país.²² Além disso, a taxa média de renovação das câmaras após a inversão das situações partidárias foi reduzida de 81,14 para 60,0.²³ A competência de Saraiva acabou de se patentear pelo perfil ideológico da nova câmara, purgada dos abolicionistas e basicamente composta de representantes da classe agrária e escravocrata. Em sua obra *Oito anos de Parlamento*, o ex-deputado liberal Afonso Celso Filho lembra como passou a ser a relação de seus colegas com os aristocratas rurais, depois da Lei Saraiva: "Submetiam-se incondicionalmente aos chefes eleitorais, receosos de desgostá-los, executando-lhes as encomendas, satisfazendo-lhes as exigências, importunando as autoridades por causa deles, tudo pelo receio da não reeleição".²⁴ A transição da monarquia à oligarquia parecia mesmo encerrada.

20 ANAIS da Câmara dos Deputados. Sessão de 7 de junho de 1880.

21 ANAIS da Câmara dos Deputados. Sessão de 10 de julho de 1879.

22 CARVALHO, José Murilo de. *Cidadania no Brasil: o longo caminho*. Rio de Janeiro: Civilização Brasileira, 2001.

23 SANTOS, Wanderley Guilherme dos. O sistema oligárquico representativo da Primeira República. *Revista Dados*, 2013, vol. 56, nº 1, p. 9-37.

24 AFONSO CELSO, Afonso Celso de Assis Figueiredo Júnior, Conde de. *Oito anos de parlamento; Poder pessoal de D. Pedro II: reminiscências e notas*. Nova ed. aum. São Paulo: Melhoramentos, 1929, p. 115.

Nesse ponto, é útil recuperar a história política chilena para destacar sua semelhança com a brasileira. Lá, depois de uma década tumultuada para os conservadores, cujo partido se cindiu após uma questão religiosa, a transição para a oligarquia começou em 1861, quando uma coligação liberal-conservadora chegou ao poder para apoiar o presidente. Pérez operou a primeira rotação no poder desde o advento da Constituição, dispensando o apoio dos conservadores que, durante o decênio anterior, haviam dado sustentação à presidência Montt. Essa "fusão" liberal-conservadora chilena equivalia, no Brasil, à Liga Progressista, e trabalhava para os mesmos fins, valendo-se dos mesmos argumentos e da mesma estratégia para convencer o chefe do Estado a reinar e não governar.[25] Chefiados por José Victoriano Lastarria – que fazia em Santiago o papel de Tavares Bastos, maldizendo a herança do colonizador ibérico e listando as maravilhas do liberalismo anglo-saxão –,[26] os liberais chilenos condenavam a forma conservadora da Constituição de 1833 para reclamar, em nome da liberdade e do progresso, a substituição do centralizado presidencialismo monárquico ali consagrado por um desconcentrado parlamentarismo "democrático" (isto é, oligárquico).[27] A preeminência presidencial no sistema representativo chileno deveria ser neutralizada proibindo a reeleição e impedindo-o de indicar o próprio sucessor. Em 1871, a coligação centrista foi desfeita em benefício de outra, de esquerda – a "Aliança Liberal" –, que assumiu o poder sob a presidência de Federico Errazuríz (1871-1876) e promoveu, enfim, as reformas liberais que por tanto tempo haviam pleiteado.[28]

Durante os vinte anos de predomínio liberal, o processo de oligarquização se acentuou. Durante as presidências de Federico Errazuríz (1871-1876), Aníbal Pinto (1876-1881) e Domingo Santa Maria (1881-1886), as instituições da Constituição de 1833 passaram a ser praticadas conforme uma interpretação parlamentarista dual, ou seja, semipresidencial, que fortalecia o Legislativo

---

25 EDWARDS VIVES, Alberto. *La fronda aristocrática: história política de Chile.* Santiago: Editorial Del Pacífico, 1945.

26 LASTARRIA, José Victorino. *La América.* Madri: América, 1917, t. 2, p. 273 [1ª ed. 1867].

27 LASTARRIA, José Victorino. *La América.* Madri: América, 1917, t. 2, p. 271.

28 EYZAGUIRRE, Jaime. *Historia de las instituciones políticas e sociales de Chile.* 17ª ed. Santiago: Editorial Universitária, 2000, p. 125.

em detrimento do Executivo.²⁹ Esse liberalismo de fundo democrático, claro, tinha os seus limites: aqueles decorrentes da desigualdade natural, que impediam os menores, mulheres e analfabetos de votar.³⁰ Era, portanto, o mesmo tipo de liberalismo democratizado, defendido nas décadas de 1870 e 1880 por liberais brasileiros, monarquistas ou republicanos:

> Esta lei universal da natureza humana (*a desigualdade natural*) dá necessariamente causa a um fenômeno social – o da hierarquia da posição em que a consideração da sociedade coloca os homens segundo a desigualdade de condições em que se acham distribuídos, em virtude das convenções admitidas acerca das funções gerais do domínio especulativo ou do domínio prático.³¹

Ocorre que esse movimento progressivo de passagem do poder da Presidência para o âmbito do Congresso foi interrompido durante a presidência de José Manuel Balmaceda (1886-1891), que, amparado na interpretação literal da Constituição (ou seja, monárquica), recusou-se a seguir o exemplo dos antecessores e ceder o seu poder aos representantes da oligarquia.³² Diante do impasse institucional, Balmaceda se aproximou dos comandos militares e passou a se dirigir ao povo, numa aparente tentativa de "saltar" da fase monárquica para a etapa democrática.³³ O impasse acabou por assumir a trágica forma de uma guerra civil entre o presidente e o Exército, de um lado, e o Congresso e a Marinha, de outro. A vitória militar da oligarquia e o suicídio de Balmaceda

---

29 CAMPOS HERRIET, Fernando. *História constitucional de Chile*. 3ª ed. Santiago: Editorial Jurídica de Chile, 1963.

30 LASTARRIA, José Victor. *Lições de política positiva*. 2ª ed. Tradução de Lúcio de Mendonça. Rio de Janeiro: Francisco Alves, 1912, p. 301-310.

31 LASTARRIA, José Victor. *Lições de política positiva*. 2ª ed. Tradução de Lúcio de Mendonça. Rio de Janeiro: Francisco Alves, 1912, p. 179.

32 SAN FRANCISCO, Alejandro. *La guerra civil de 1891: la irrupción política de los militares en Chile*. Santiago: Centro de Estudios Bicentenário, 2007, t. I.

33 BAÑADOS ESPINOSA, Julio. *Balmaceda: su gobierno y la Revolución de 1891*. Edición y estúdio preliminar de Alejandro San Francisco. Santiago: Centro de Estudios Bicentenario, 2005, t. I.

puseram um ponto final à República monárquica de Portales. Reduzido o chefe do Estado ao exercício de um poder simbólico, com a aquiescência expressa do novo mandatário, o almirante Jorge Montt, inaugurou-se então no Chile um puríssimo parlamentarismo aristocrático, praticado por chefes partidários que manipulavam as eleições a partir de seus currais eleitorais locais.

À semelhança do parlamentarismo dual chileno, que teve de enfrentar a resistência do príncipe para forçar a passagem para a etapa oligárquica, o parlamentarismo aristocrático da Lei Saraiva também não pôde sozinho consumar aquela transição, atropelado que foi pela retomada do processo de abolição. Já em 1884, atendendo à pressão da opinião pública, o imperador interrompeu a sucessão de gabinetes liberais de resistência e montou um governo comprometido com a emancipação do elemento servil. Derrubado o ministério pela maioria parlamentar antiabolicionista, Pedro II preferiu dissolver a câmara e convocar novas eleições, ato subversivo do parlamentarismo aristocrático que, na prática, remeteu o sistema às velhas práticas da etapa monárquica. Não por acaso, a dissolução foi reprovada pela coligação agrária liberal-conservadora, que cobriu o príncipe de injúrias em pleno Parlamento. A situação ficou crítica para as oligarquias depois da Lei Áurea, quando multidões de populares e libertos saíram em todas as capitais brasileiras para saudar a abolição e aclamar a futura imperatriz Isabel I, então princesa regente. Alguns meses depois, no Rio de Janeiro, outra imensa massa de gente compareceu ao porto para saudar o imperador que retornava da Europa, revelando o prestígio da representação--personificação do príncipe junto às classes populares e a possibilidade de continuar a empregá-la para promover a reforma agrária, indenizar os ex-escravos e saltar assim da monarquia à democracia.[34]

Com efeito, Joaquim Nabuco, André Rebouças e o visconde de Taunay estavam de acordo como o presidente do Conselho de Ministros, o conselheiro João Alfredo Correia de Oliveira, quanto à necessidade de uma reforma

---

34 NABUCO, Joaquim. *O abolicionismo*. Rio de Janeiro: Vozes, 1984 [1ª ed. 1883]; NABUCO, Joaquim. *Campanha Abolicionista no Recife*. Prefácio de Aníbal Falcão. Estudo introdutório de Fernando da Cruz Gouvêa. Recife: Massangana, 1994 [1ª ed. 1884]; REBOUÇAS, André. *Agricultura nacional: estudos econômicos – propaganda democrática e abolicionista*. Rio de Janeiro: Lamoureux, 1883.

fundiária que estabelecesse o assentamento da imigração europeia e dos ex-escravos nas terras devolutas e naquelas junto a estradas e ferrovias pelo governo central, que para isso precisavam ser expropriadas dos grandes fazendeiros. Assim, na Fala do Trono de 1889, o imperador Dom Pedro II sustentou diante do Parlamento a necessidade de "conceder ao governo o direito de desapropriar, por utilidade pública, os terrenos marginais das estradas de ferro, que não são aproveitados pelos proprietários e podem servir para núcleos coloniais".[35] Foi então que as elites agrárias correram para os clubes republicanos, que se multiplicaram por seis.[36] Na busca de outras fórmulas que eliminassem a autonomia do poder monárquico e a possibilidade de uma *reforma social pelo alto*, a aristocracia rural aderiu ao federalismo e ao republicanismo. Antes que o novo primeiro-ministro liberal, o Visconde de Ouro Preto, pusesse em execução seu plano de reforma pela descentralização e pelo alargamento do sufrágio, um pronunciamento militar apoiado pelas oligarquias das grandes províncias do sul derrubou a monarquia e exilou Dom Pedro II e sua família.[37]

Menos de um ano depois estalava a guerra civil chilena, ao fim da qual, refugiado na legação argentina, o presidente Balmaceda metia uma bala na cabeça. Aqui, um golpe militar e um exílio; lá, uma guerra civil e um suicídio. A despeito do maior ou menor drama, era, todavia, o mesmo espetáculo que se encenava no Rio de Janeiro e em Santiago do Chile.

35 JAVARI, Barão de. *Império Brasileiro: falas do trono, desde o ano de 1823 até o ano de 1889*. Prefácio de Pedro Calmon. Rio de Janeiro: Itatiaia, 1993, p. 511

36 BOEHRER, George C. A. *Da monarquia à república: história do partido republicano do Brasil (1870-1889)*. Tradução de Berenice Xavier. Rio de Janeiro: Serviço de Documentação do Ministério da Educação e Cultura, 1954.

37 Depois da Lei Áurea, o chefe do Partido Republicano dizia que a popularidade da princesa não duraria e que "todo o nosso cuidado deve voltar-se hoje mais do que nunca para o exército" (BOCAIUVA, Quintino. *Ideias políticas de Quintino Bocaiuva*. Rio de Janeiro: Fundação Casa de Rui Barbosa, 1986, vol. I, p. 600).

4

A TRANSIÇÃO PARA A DEMOCRACIA NOS PAÍSES CENTRAIS E A CONSOLIDAÇÃO DA REPÚBLICA OLIGÁRQUICA BRASILEIRA

Quando da instauração da República brasileira, França, Grã-Bretanha e Estados Unidos se achavam em pleno trânsito para a etapa democrática, com índices de participação política entre 10 e 20% da população, analfabetismo inferior a 15% e urbanização superior a 40%.[1] As mudanças sociais ocorridas nos países centrais em virtude da transição para a democracia não ocorriam, porém, pacificamente, e sim em meio a uma imensa luta política e intelectual.

Embora o sufrágio universal masculino já vigorasse na França sob o regime autoritário de Napoleão III, sua compatibilidade com o sistema representativo liberal somente se consolidou com a Terceira República. O percentual de participação política elevou-se então do mísero 0,6%, em que patinava sob o regime censitário da monarquia de Julho, para 17% (1890). Esse aumento veio acompanhado de crescimento concomitante da urbanização, que já abarcava metade da população, e de redução do analfabetismo, que dos 40% dos tempos de Luís Felipe já recuara para menos de 18%.[2] Os liberais radicais cuidavam de expandir a esfera do Estado ao campo da saúde, da educação, da legislação trabalhista, dos transportes públicos. Seus principais adversários junto à opinião pública eram então os liberais conservadores, como o renomado escritor Ernest Renan, o historiador Hyppolite Taine, o politólogo e constitucionalista

---

1   HOBSBAWN, Eric. *La era del Império.* 5ª ed. Buenos Aires: Crítica, 2006, p. 93-97.

2   DELFAU, Gérard. *Radicalisme et republique: les temps héroiques (1869-1914).* Paris: Balland, 2001, p. 57.

Émile Boutmy, o acadêmico Émile Faguet, os *psicólogos sociais* Gustave Le Bon e Paul Delafosse, e os economistas Yves Guyot e Paul Leroy-Beaulieu.³ Todos eles empregavam o seu prestígio e seu talento na tarefa de criticar os radicais no poder, descritos como políticos medíocres e ambiciosos, que adulavam o povo com demagógicas medidas "socialistas". Para eles, era essencial o retorno do governo às mãos de uma elite política culta, esclarecida e *verdadeiramente liberal* (isto é, conservadora). Devidamente aparelhada, ela poderia reprimir a anarquia socialista e, por meio de privatizações, fazer o Estado recuar aos limites traçados pelas infalíveis leis do mercado. Em favor da República radical, por seu turno, escreviam o político Léon Bourgeois, para quem o solidarismo autorizava, enquanto novo princípio social, a expansão da capacidade regulatória do Estado; o sociólogo Émile Durkheim, para quem o individualismo era incompatível com as exigências da vida social; e o jurista Léon Duguit que, aplicando à sua reflexão as lições de Durkheim, substituía a soberania do Estado enquanto categoria explicativa das relações entre cidadão e poder por aquela de serviço público.⁴

Na Grã-Bretanha, a onda democrática começara com as reformas eleitorais de 1867 e 1883, que elevaram a participação eleitoral para 14% (1890). A expansão do eleitorado britânico já então provocara uma completa reorganização dos antigos partidos liberal e conservador, que abandonavam sua

---

3   RENAN, Ernest. *La réforme intellectuelle et morale*. Paris: Michel Levy Frères, 1875; TAINE, Hyppolite. *Les origines de la France contemporaine*. Paris: Robert Laffon, 1986; BOUTMY, Émile. *Estudos de direito constitucional*. Trad. de Lúcio de Mendonça. Rio de Janeiro: Francisco Alves, 1888; LE BON, Gustave. *Psychologie des foules*. Paris: Éd. Baillière et Cie., Félix Alcan, 1895; DELAFOSSE, Paul. *Psychologie du député*. Plont--Nourrit, 1904; GUYOT, Yves. *La démocratie individualiste*. Paris: Giard & Brière, 1907; LEROY-BEAULIEU, Paul. *L'État moderne et ses fonctions*. Paris: Librairie Guillaumin, 1890. Para uma visão de conjunto: GINNEKEN, Jaap van. *Crowds, psychology and politics: 1871-1899*. Cambridge: Cambridge University Press, 1992.

4   BOURGEOIS, Léon. *Essai d'une philosophie de la solidarité*. Paris: Félix Alcan, 1902; DURKHEIM, Émile. *Da divisão do trabalho social*. São Paulo: Martins Fontes, 1995; DUGUIT, Leon. *Las transformaciones del derecho*. Tradução de Carlos Posada. Buenos Aires: Heliasta, 1975. Para uma visão global: LOGUE, William. *From philosophy to sociology: the evolution of French liberalism, 1870-1914*. Dekalb: Northern Illinois University Press, 1983.

condição aristocrática para se massificarem, espalhando diretórios por todo o país. Disputando os votos do operariado, nenhum dos dois partidos hesitava em prometer a expansão dos serviços públicos pela fundação de hospitais, pela proteção ao trabalho e pela difusão da instrução pública. A doutrina ou ideologia que lá fazia as vezes do radicalismo era o *novo liberalismo* ou *liberalismo social* de Thomas Hill Green, John Hobson e Leonard Hobhouse, que atenuava o individualismo que resultava no respeito às "desigualdades naturais" para, ao contrário, justificar uma política pública de intervencionismo estatal na sociedade visando a redução da desigualdade material. Para o liberalismo social (e não individualista), era preciso violar a letra do velho liberalismo para ser fiel ao seu espírito: já que os operários não conseguiam desenvolver as qualidades morais necessárias ao seu aperfeiçoamento autônomo, devido às péssimas condições de trabalho e educação, o Estado deveria corrigir essa distorção mediante reformas que estimulassem os pequenos proprietários.[5] Orientado por essas ideias de um *liberalismo democratizado*, o partido chefiado por Gladstone converteu o sistema político britânico numa democracia de massas, expandiu a educação primária, instituiu o acesso ao serviço público por concurso e criou tributos para financiar a rede nascente de benefícios sociais. Coroando esse programa de reformas democráticas, Gladstone promoveu reformas fundiárias em benefício dos pequenos agricultores, assegurando-lhes a proteção judicial aos arrendatários ou foreiros contra o arbítrio dos proprietários, o direito à indenização pela realização de benfeitorias, e providenciou mesmo a desapropriação de terras.[6]

---

5   GREEN, Thomas Hill. *Lectures on the principles of political obligation*. Cambridge: Cambridge University Press, 1986; HOBSON, John A. *The crisis of liberalism: new issues of democracy*. Londres: P. S. King & Son, 1909; HOBHOUSE, L.T. *Liberalismo*. Traducción de Júlio Calvo Alfaro. Barcelona: Labor, 1927. Para uma visão de conjunto: BENTLEY, Michael. *The climax of liberal politics: British liberalism in theory and practice, 1868-1918*. Londres: Edward Arnold, 1987, p. 47-95; BELLAMY, Richard. *Liberalismo e sociedade moderna*. Tradução de Magda Lopes. São Paulo: Editora Unesp, 1994, p. 65, 73; MERQUIOR, José Guilherme. *O liberalismo: antigo e moderno*. Tradução de Henrique de Araújo Mesquita. Rio de Janeiro: Nova Fronteira, 1991, p. 154.

6   BENTLEY, Michael. *The climax of liberal politics: British liberalism in theory and practice, 1868-1918*. Londres: Edward Arnold, 1987, p. 54-74; CROSS, Arthur Lyon. *A shorter*

A situação era similar nos Estados Unidos, onde, em 1890, já acorriam às urnas 19% da população. Entre os maiores de 14 anos, o índice de analfabetismo havia sido reduzido de 50% em 1800 para somente 13%, menos de um século depois.[7] Os processos de urbanização, industrialização e alfabetização trouxeram à tona uma vasta classe média que, por meio do *movimento progressista*, começou a reivindicar o fim das práticas populistas e oligárquicas. Críticos da concepção mecanicista, individualista e aristocrática da Constituição de 1787, os progressistas incluíam personalidades como os juízes Oliver Wendell Holmes e Louis Brandeis, os políticos Herbert Croly e Robert La Follette, o administrativista Frank Goodnow, os filósofos pragmatistas William James e John Dewey, e os futuros presidentes Theodore Roosevelt e Woodrow Wilson. Todos reclamavam uma hermenêutica constitucional de caráter evolucionário que, refletindo o caráter "orgânico" da sociedade estadunidense, fortalecesse a democracia através de mecanismos de participação direta – como a iniciativa popular, o referendo e o *recall* –, expurgasse a plutocracia do Senado Federal e decretasse o sufrágio feminino. Do ponto de vista econômico e administrativo, o progressismo defendia a expansão da capacidade regulatória do governo federal para, pela formação de uma burocracia técnica e apartidária: varrer a corrupção e o clientelismo da vida pública (em particular o sistema de espólios, que fazia da administração o butim dos partidos vencedores); combater o poderio dos grandes conglomerados econômicos (que com seus trustes e monopólios mudavam para pior a paisagem do capitalismo norte-americano); editar leis de proteção social aos trabalhadores, especialmente mulheres e crianças, mas que também fixassem um teto de horas de trabalho diário e os salvaguardassem contra acidentes de trabalho; submeter a propriedade privada à utilidade pública; preservar o meio ambiente e os recursos naturais; e

---

history of England and Greater Britain. 3ª ed. Nova York: The MacMillan Company, 1939, p. 704-713.

7   Fonte: U. S. Department of Commerce, Bureau of the Census, Historical Statistics of the United States, Colonial Times to 1970; and Current Population Reports, Series P-23, Ancestry and Language in the United States: November 1979.

moralizar os extratos sociais inferiores por um novo sistema educacional, de cunho pragmatista.⁸

É fundamental compreender o turbulento quadro político vivenciado pelos três países que serviam tradicionalmente de modelos de civilização aos políticos brasileiros para compreender as distâncias que havia entre o discurso manifesto e a intenção dos atores que aqui patrocinavam a mudança de regime de governo. Conforme se pode deduzir das descrições do processo e do debate político dos três países centrais à época da instauração e consolidação da República brasileira, o nosso republicanismo nada tinha a ver com o *radicalismo* francês, o *novo liberalismo* inglês ou o *progressismo* norte-americano. O movimento político brasileiro que deles mais se aproximava não era republicano, mas monarquista – era aquele da *monarquia democrática* de Joaquim Nabuco e André Rebouças que, entre outras coisas, pregava a democratização e o parcelamento do solo para o assentamento de imigrantes e ex-escravos, inspirado pelas reformas promovidas na Grã-Bretanha pelo novo liberalismo gladstoneano. Em todos os países periféricos onde repercutia o movimento democrático francês, britânico e estadunidense, como a Itália, a Espanha e Portugal, os progressistas apelavam a formas de cesarismo democrático, isto é, onde o monarca voltasse a governar para esmagar a oligarquia ascendente. É natural que Nabuco e Rebouças se voltassem, pois, para o imperador, como Oliveira Martins, em Portugal, se voltava para o Rei, na esperança de dessa forma saltar da monarquia à democracia.⁹

Ora, nesse quadro, o republicanismo representava a reação conservadora: assim como depois da Lei do Ventre Livre e da Lei dos Sexagenários surgiram, como reações das classes proprietárias, as campanhas pela reforma eleitoral e

---

8 PESTRITTO, Ronald J.; ATTO, Willaim J. (eds.). *American Progressivism: a reader*. Nova York: Lexington Books, 2008; MCGERR, Michael. *A fierce discontent: the rise and fall of the progressive movement in America, 1870-1920*. Nova York: Oxford University Press, 2003; MARINI, John; MASUGI, Ken. *The progressive revolution in politics and political science: transforming the American regime*. Maryland: Rowman & Littlefield, 2005.

9 CARVALHO, Maria Alice Rezende de. *O quinto século: André Rebouças e a construção do Brasil*. Rio de Janeiro: Revan, 1998; LYNCH, Christian Edward Cyril. A primeira encruzilhada da democracia brasileira: os casos de Rui Barbosa e de Joaquim Nabuco. *Revista de Sociologia e Política*, vol. 16, 2008, p. 113-125.

pelo federalismo monárquico, depois da Lei Áurea o republicanismo federalista emergiu para esmagar a perspectiva da *monarquia democrática*. Ao contrário dos movimentos europeus, que punham em xeque o liberalismo clássico, agora conservador, instalando em seu lugar um liberalismo social, compatível com a democracia, o Partido Republicano brasileiro propusera apenas reformas institucionais e se omitira, quando não se opusera ao movimento de emancipação dos escravos. Quintino Bocaiuva se opôs à Lei do Ventre Livre; depois, evitou se comprometer com o movimento emancipador, de olho no apoio que os senhores de escravos dariam ao Partido Republicano.[10] Para Campos Sales, o escravo não passava de instrumento de trabalho; sua eliminação se arvorava, para os senhores, numa "ofensa dos seus direitos", ou no sacrifício de seus interesses; de igual modo, entendia "inconveniente e ruinosa toda e qualquer medida que tenda a criar um novo regime para a escravatura", porquanto "servia isso apenas para exagerar as aspirações do escravo, afrouxar a ação do senhor, fomentar a desordem, sem, contudo nada resolver".[11]

Sintomaticamente, a referência teórica do republicanismo liberal brasileiro era justamente a obra de Herbert Spencer, o principal inimigo intelectual do novo liberalismo, do progressismo e do radicalismo. Spencer se opunha com argumentos "científicos" à expansão da capacidade regulatória do Estado; aplicando o ideal mercadológico de uma concorrência perfeita à organização social, ele exigia que o Estado se abstivesse de se intrometer na vida individual. Do contrário, poderia brecar a evolução social, difundir a ignorância, retardar o progresso e comprometer a sobrevivência dos mais aptos. Para Spencer, a pobreza era fruto da incapacidade moral dos menos capazes, que deveriam ser deixados à própria sorte; daí condenar a legislação social, o socialismo, o direito de greve e a sindicalização, que interferiam no natural processo de competitividade, isto é, de luta pela vida, desperdiçando o dinheiro dos contribuintes. Spencer dirigia ásperas críticas contra o viés socializante que a transição para

---

10 SILVA, Eduardo. *Quintino Bocaiuva: um republicano em busca da República*. In: BOCAIUVA, Quintino. *Ideias políticas de Quintino Bocaiuva*. Rio de Janeiro: Fundação Casa de Rui Barbosa, 1986, vol. 1, p. 63.

11 DEBES, Célio. *Campos Sales: perfil de um estadista*. São Paulo: Instituto Histórico e Geográfico de São Paulo, 1977, vol. 1, p. 156.

a democracia adquirira nos países centrais, advertindo para o perigo que, para a liberdade e a civilização, representava um Estado atuante no plano social e interventor no plano econômico.[12] O spencerianismo continuava forte nos Estados Unidos, onde servia de sustentáculo intelectual para as decisões da Suprema Corte, bastião oligárquico que, por meio de um ativismo conservador, anulava como inconstitucionais algumas das mais significativas leis aprovadas por pressão progressista, como aquelas de proteção social aos trabalhadores e que criava o imposto sobre a renda.[13]

No Brasil, o principal doutrinário do republicanismo paulista, Alberto Sales – irmão de Campos Sales –, era partidário radical das teses spencerianas, soterrando, em sua análise sobre os destinos do futuro Brasil republicano, toda e qualquer noção mais substantiva de igualdade, para além da jurídica, valendo-se de determinismos geográficos, étnicos ou hereditários dos indivíduos em luta pela vida, alçados à condição de fatores determinantes das explicações.[14] Para Sales e o republicanismo paulista, o Estado brasileiro deveria se retirar da cena econômica e social, adotando-se o federalismo, a separação entre a Igreja e o Estado, a liberdade de ensino e a mais absoluta liberdade comercial e industrial. Além disso, emergia o "direito natural" da aristocracia rural paulista de dispor dos dinheiros públicos provinciais como bem lhe aprouvesse, bem como o seu direito a dirigir a futura República: as elites nordestinas e fluminenses eram dotadas de formação racial inferior, razão pela qual haviam se revelado decadentes e gerencialmente incompetentes.[15] O âmbito da República defendida pelo republicanismo agrário coincidia, pois,

---

12   SPENCER, Herbert. *El indivíduo contra El Estado*. Tradução de Gomes Pinilla. Madri: Jucar, 1977.

13   NIEMAN, Donald G. *The constitution, law and american life: critical aspects of the nineteenth century experience*. Athens, Georgia: University of Georgia Press, 1992; HALL, Kermit (ed.). *The Oxford Companion to the Supreme Court of the United States*. Nova York: Oxford University Press, 1992; RODRIGUES, Leda Boechat. *A Corte Suprema e o direito constitucional americano*. 2ª ed. Rio de Janeiro: Civilização Brasileira, 1992.

14   SALES, Alberto. *A pátria paulista*. Brasília: EdUnB, 1983, p. 102.

15   VITA, Luís Washington. *Alberto Sales: ideólogo da República*. São Paulo: Companhia Editora Nacional, 1965, p. 175.

com aquele da "nação" do parlamentarismo oligárquico de Saraiva – um espaço público restrito aos proprietários de terras, aos profissionais liberais e aos altos funcionários do Estado. Instaurada a República, o cenário não sofreu variação. Era como explicava um senador governista em aparte a um adversário político, que em 1904 reclamava um regime mais plural: "A República não é a que o nobre senador quer que seja – uma democracia pura. Nós temos uma democracia autoritária, copiada da americana. O nobre senador é radical e eu sou conservador".[16] Maior clareza, impossível.

Neste sentido, é preciso relativizar a afirmação tradicional de que a Primeira República não possuía correntes políticas de âmbito nacional. Embora o modelo federativo oligárquico triunfante dos conservadores, conhecido por *política dos governadores*, viesse a inviabilizar durante a maior parte do regime uma existência de partidos nacionais formais, o fato é que persistiu durante todo o tempo a oposição entre duas interpretações do regime – uma conservadora, outra liberal. Os liberais, fora da situação desde Floriano, tendiam ao unionismo, ao judiciarismo, à defesa da liberdade contra a autoridade, da verdade eleitoral. Os conservadores, ao contrário, estavam identificados à situação consolidada por Floriano, e tendiam ao ultrafederalismo, ao presidencialismo, à defesa do princípio da autoridade contra a "licença", negando ou justificando a fraude eleitoral. Logo em 1892, o quadro político-partidário da nova república já adquiria os contornos que com o tempo só se fariam acentuar, conforme percebia o senador Amaro Cavalcanti:

> Há no Parlamento brasileiro, como lá fora, na nação, uma parcialidade política que tudo confia e espera do poder central, isto é, do Poder Executivo, para consolidar a República, engrandecê-la, elevá-la. Há também uma outra que, receando os excessos do poder, prefere a ação da liberdade, no centro e nas esferas de toda a federação (...). Os primeiros chamam-se presidenciais, autoritários, conservadores ou republicanos. Nós outros temos nome certo: seremos os democratas, os liberais, se quiserem; preferimos o povo, estaremos com o povo, dispostos a tudo fazer e empreender para bem da República, mas pelos meios da liberdade.

---

16 ANAIS do Senado Federal. Sessão de 16 de agosto de 1904.

Conforme referido, todavia, o modelo oligárquico da *política dos governadores* tinha por finalidade esvaziar a esfera federal do conflito político, remetendo as questões partidárias para a esfera estadual. Foi esse modelo que impossibilitava o surgimento dos dois partidos políticos formais no Congresso: o liberal e o conservador. A falta de partidos formais, porém, não nos deve enganar. Ao se articularem no Parlamento para formarem em coalizão uma grande frente governista, em torno de um discurso conservador mais ou menos homogêneo, as bancadas estaduais acabavam funcionando como uma espécie de partido conservador da república. Sua principal figura era Pinheiro Machado, tendo por outros importantes próceres Quintino Bocaiuva, Campos Sales, João Pinheiro, Carlos Peixoto, Francisco Glicério, Davi Campista, Raul Soares, João Luís Alves, Antônio Azeredo, Artur Bernardes. Estes eram secundados por políticos menos importantes, alguns dos quais intelectuais, como Alcindo Guanabara, Gilberto Amado, Francisco Campos e Azevedo Amaral, e magistrados, como Muniz Barreto, Coelho e Campos, Viveiros de Castro. A hegemonia acachapante desse "partido conservador republicano", surgido da articulação dos governadores em torno do presidente da República, na forma de grandes coalizões formadas pelas bancadas estaduais do Congresso, não foi pacífica todo o tempo. Ela comportou tensões diversas, muitas vezes na forma de rupturas quando de alguns episódios de sucessão presidencial, ocasião em que os inconformados se articularam com os setores excluídos e adotaram o discurso liberal para atacar os antigos aliados. De uma maneira geral, porém, o "presidencialismo de coalizão" oligárquico, formado pelas bancadas estaduais coligadas, funcionou de forma competente a maior parte do tempo, dando sustentação ao regime.

Por outro lado, os excluídos do arranjo oligárquico, permanentes ou episódicos, eram mais fragmentados e tendiam a se organizar na forma de uma opinião liberal, cujo principal porta-voz nacional era Rui Barbosa. Depois que Rui rompeu definitivamente com o sistema, em 1909, pedindo a revisão da Constituição para desalojar o modelo oligárquico, a oposição liberal passou a ter mais visibilidade, perdurando e se projetando como partido nacional (o Partido Republicano Liberal) no breve período em que a política dos governadores foi suspensa (1910-1914). Para além de Rui, inegavelmente a figura mais representativa, ao grupo podem ser arrolados políticos como Assis Brasil, Júlio de Mesquita, Pedro Moacir, Antunes Maciel, Venceslau Escobar e Raul Pilla, Maurício de Lacerda, Irineu Machado, João Mangabeira; jornalistas como José Eduardo Macedo Soares, Edmundo Bittencourt, Irineu Marinho e Assis Chateaubriand; magistrados como Guimarães Natal, Pedro Lessa, Sebastião de Lacerda, e Enéas Galvão. Durante as crises oligárquicas de 1910, 1922 e 1930, a oposição acabava engrossada pelos setores oligárquicos dissidentes, assumindo os contornos de uma grande frente que lançava candidatos alternativos às sucessões presidenciais. Nessas ocasiões, o projeto liberal voltava a adquirir contornos formais. Assim, em 1910, a oposição foi engrossada pelo situacionismo paulista e baiano (Rui Barbosa à frente); em 1922, pelo situacionismo fluminense, baiano e pernambucano (Nilo Peçanha à frente); e por fim, em 1930, pelo situacionismo mineiro. mineiro e gaúcho (a "Aliança Liberal"). No final do regime, quando a política dos governadores já estava em vias de ser superada pelo autoritarismo presidencial, os núcleos liberais gaúcho, paulista e carioca já estavam devidamente articulado num partido nacional: o Partido Democrático Nacional (PDN).

Essa dicotomia política, decorrente do monopólio do poder exercido pelas oligarquias paulista, mineira e gaúcha, entronizadas por Floriano Peixoto, e projetado na esfera federal, se projetou ideologicamente na forma de de duas propostas diferentes de República, que por sua vez remontavam a dois diferentes modos de se interpretar a prática constitucional norte-americana.

Desde a fundação da República, o liberal Rui Barbosa se reportava às orientações posteriores à guerra civil estadunidense, época marcada pelo evidente fortalecimento da União em face dos estados. No Governo Provisório, Rui buscara conscientemente desempenhar, na República brasileira nascente, o papel de defensor político e econômico da União que havia sido exercido por Hamilton nos primórdios da República norte-americana. Por isso, ele e os demais liberais apoiaram projetos que visavam a regulamentar o instituto da intervenção federal, a fim de que a União pudesse arbitrar as querelas oligárquicas intraestaduais, assim como uma interpretação restritiva do estado de sítio, visando a torná-lo menos frequente e menos danoso às garantias constitucionais. Vinte anos depois, quando se organizaram em partido, os liberais deixaram em programa e em manifesto registrado o seu empenho para que "a nossa Constituição e as nossas leis recebam a interpretação que mais restrinja os abusos do poder, mais favoreça a liberdade civil e política, no indivíduo e na associação, mais estimule a vida local nos municípios, mais assegure a autonomia constitucional nos Estados". Com efeito, principal redator da Constituição, Rui sem dúvida tivera em mente um regime mais aberto e plural, isto é, moralizado e democrático, do que aquele que veio efetivamente a triunfar por obra da ala conservadora, monopolístico e fraudulento. Para ele, o direito era o fundamento da ordem legítima, que limitava a esfera política em benefício da liberdade individual. Essa concepção das relações entre o direito e a política se refletia no respeito quase religioso às formalidades jurídicas, na supressão do poder pessoal e discricionário, na defesa da divisão dos poderes políticos e na valorização do Poder Judiciário. A defesa republicana da lei como imperativo ético de liberdade, necessária para que o bem (o direito) prevaleça sobre o mal (a violência da política), levou Rui a também elaborar, por contraste, um tipo ideal do mau governo, onde a imoralidade, associada à injustiça, à opressão e ao desprezo do direito resultavam num governo arbitrário, patrimonial e militarista.

Não poderiam agradar a Rui, portanto, os caracteres mais visíveis da corrente conservadora, cujo representante por excelência era Campos Sales. No Senado, Sales refutava a interpretação conferida por Rui às práticas institucionais norte-americanas, defendendo em seu lugar as doutrinas já anacrônicas que haviam prevalecido antes da guerra civil daquele país (1861-1865). Ele falava como Jefferson ao defender "a soberania dos estados" dominados pela oligarquia agrária, protestando contra a invasão indevida da União em esferas de atribuição que não lhe competiam. Se a centralização monárquica fora a tutela do político sobre o econômico, da União sobre os estados, do governo sobre a sociedade, o ultrafederalismo defendido por eles significava o oposto de tudo isso: submeter o político ao econômico, a União aos estados e o governo à sociedade. Assim declarava no Congresso Constituinte o deputado gaúcho Ramiro Barcelos: "Dentro do regime republicano, a questão que há de prevalecer será a questão econômica. Porque os Estados precisam de desenvolvimento, de autonomia. Porque a República se formou para conquistar a federação". Três dias depois, ele complementava: "Nós fundamos a República para fazer tábula rasa de todos os excessos da monarquia [...] O Estado não deve ser fazendeiro, não deve ser dono de casa. O Estado deve vender as propriedades nacionais [...] O Estado não é negociante, não é plantador de café".[17] Eram doutrinas que conferiam independência quase absoluta aos estados-membros, mais próprias a uma confederação que a uma federação. Uma vez no poder, os conservadores cedo se contentaram em reconhecer a natureza oligárquica do regime, alegando, ou que todos os governos, mesmo os democráticos, eram oligárquicos, como queriam Ostrogorski e Michels, ou que o povo brasileiro ainda não tinha condições de dispensar o governo de suas elites, incumbidas de garantir a ordem, condição do progresso contra seus "anárquicos" opositores.

Essa defesa do *establishment* oligárquico levava os conservadores a advogar uma prática institucional contrária àquela proposta por seus adversários, e que era a que efetivamente prevalecia. Quando se organizaram em nível nacional, eles compreensivelmente declararam que seu objetivo era manter o *status quo*, o que se conseguiria pela "defesa da Constituição de 24 de fevereiro de 1891, reconhecida como prematura e inoportuna qualquer revisão dos seus textos, cuja fiel execução basta para assegurar à República a realização de todas as suas aspirações de ordem, de progresso, de liberdade e de justiça".[18] Eles se opunham também às propostas liberais de regulamentar a intervenção federal e cercear o estado de sítio; deste modo, os conservadores garantiam os situacionismos estaduais contra a alternância no poder vinda do alto, isto é, do governo federal, além de conferir a este, que lhes servia de guardião, os adequados instrumentos de repressão aos excluídos, federais e estaduais, que viessem a recorrer às armas contra o seu monopólio do poder.[19]

A despeito de suas divergências, todavia, liberais e conservadores republicanos estavam de acordo num ponto: enquanto valor, a *liberdade* estava acima da *igualdade*; por conseguinte, o *liberalismo*, entendido agora no sentido amplo, era mais importante do que a *democracia*. Ou seja, a despeito do dissenso acerca da negatividade ou positividade da ordem oligárquica – isto é, das fraudes e depurações eleitorais que, segundo os liberais, falseavam o sistema representativo republicano –, um consenso atravessava o espectro

---

17 ANAIS do Congresso Constituinte. Sessão de 16 de dezembro de 1890.

18 CHACON, Vamireh. *História dos partidos brasileiros: discurso e práxis dos seus programas.* 2ª ed. rev. e aum. Brasília: EdUnB, 1985, p. 275.

19 ANAIS do Senado Federal. Sessão de 9 de julho de 1894.

político: aquele atinente à necessidade de se produzirem governos de excelência, qualidade que só poderia ser assegurada pela circunscrição da participação àqueles dotados de ilustração.

A democracia que os republicanos brasileiros tinham em mente não era aquela dos radicais franceses, dos progressistas estadunidenses ou dos novos liberais britânicos; ainda era aquela de Stuart Mill e Lastarria – cuja *Política positiva*, *magnum opus* da oligarquização chilena, servira de "catecismo" aos constituintes republicanos brasileiros.[20] Por isso, nenhum dos principais republicanos brasileiros, depois de 1891, propugnou pela ampliação do eleitorado ou demonstrou simpatia pelos discursos progressistas dos países centrais. O próprio Rui jamais advogou a ampliação do sufrágio antes de 1914/1919: até então, todo o seu combate político foi movido pelo desejo de ver efetivamente praticado o sistema representativo consagrado pela Constituição de 1891. O que lhe parecia necessário não era que mais gente votasse, mas que a vontade de quem formalmente já votava ganhasse o mundo da vida para além do texto da lei – era isso que, para Rui, significava *combater as oligarquias*. Por isso mesmo, sempre que o regime se viu ameaçado de fora por forças que ameaçaram destruí-lo, falassem ou não em nome da democracia, Rui se disse conservador e votou pelo sítio proposto pelo governo:

> Tenho no espírito o culto instintivo e fervoroso da ordem. Na subversão das leis normais, abomino os elementos que operam e os fenômenos que a acompanham: a insegurança, a vulgaridade, a grosseria, a fermentação das paixões cínicas e violentas. A minha natureza é e sempre foi essencialmente conservadora. Advogando a liberdade, sempre a encarei como o primeiro elemento da organização, evolução e conservação nas sociedades humanas. Nunca admiti as revoluções, senão como atos sociais de legítima defesa, isto é, reações conservadoras da lei contra as desordens do despotismo, não menos fatais que as outras, porque, nas fermentações servis da inércia resignada à tirania, e apodrecida no cativeiro, a anarquia

---

20 MAXIMILIANO, Carlos. *Comentários à Constituição Brasileira de 1891*. Rio de Janeiro: Jacinto Ribeiro dos Santos, 1918, p. 394.

não é violenta, mas cancera no organismo social as fontes de vida, acabando por miná-la de incomparáveis desordens."[21]

A concepção aristocrática de governo compartilhada pelas elites políticas brasileiras da Primeira República refletia-se nos autores políticos dos países centrais cuja autoridade eles invocavam em seus escritos públicos e privados: Spencer, Renan, Taine, Faguet, Leroy-Beaulieu, Guyot. Ministro da Fazenda, Rui concitava o operariado a não dar ouvidos àqueles "que pretendam desencadear-vos sobre a sociedade como um oceano agitado e tempestuoso; confiai antes naqueles que souberem dirigir a vossa atividade pela educação da vossa inteligência".[22] Cinco anos depois, ao apresentar o Judiciário estadunidense como modelo de resistência às ilegalidades e abusos do Executivo, ele citava como exemplo a ser seguido a nulificação, pela Suprema Corte, das leis editadas por pressão dos progressistas – como a do imposto de renda, qualificada pelo autor de *Cartas de Inglaterra* como um "artifício socialista".[23] Seus maiores elogios eram dirigidos exatamente aos juízes que os progressistas reputavam como os mais reacionários do tribunal: Stephen Field e David Brewer.[24] O

---

21 ANAIS do Senado Federal. Sessão de 16 de novembro de 1904.

22 BARBOSA, Rui. *A Constituição de 1891*. Rio de Janeiro: Ministério da Educação e Saúde, 1946, p. 365-368 (Obras Completas de Rui Barbosa, vol. 17, 1890, t. 1).

23 BARBOSA, Rui. Os atos inconstitucionais do Congresso e do Executivo. In: *Trabalhos jurídicos*. Rio de Janeiro: Casa de Rui Barbosa, 1962, p. 133-144 (Obras Seletas de Rui Barbosa).

24 RODRIGUES, Leda Boechat. *A Corte Suprema e o direito constitucional norte-americano*. 2ª ed. Rio de Janeiro: Civilização Brasileira, 1992, p. 63-64. O movimento progressista chegaria à Suprema Corte em 1902 com o juiz Oliver Wendell Holmes. Defendendo uma jurisprudência sociológica, baseada numa hermenêutica constitucional histórico--evolutiva, Holmes debochava da obra daquele que seus colegas conservadores viam como autoridade máxima para preservarem no manejo de uma hermenêutica individualista e privatista. Ao dissentir da decisão da maioria que julgava inconstitucional uma lei trabalhista do estado de Nova York, Holmes lembrava que a constituição estadunidense não consagrava a *"Estática Social* do Sr. Herbert Spencer". Noutro lugar, lembrava que "nenhuma proposição concreta é evidente por si mesma, não importa o quão preparados estejamos para aceitá-la – nem mesmo a do Sr. Herbert Spencer"

spenceriano Campos Sales, por seu turno, em sua primeira temporada europeia como senador (1892-1893), frequentara em Paris os cursos de economia política ministrados por Leroy-Beaulieu e Yves Guyot. Relatando o aprendizado em *Cartas da Europa*, Sales amaldiçoava o "socialismo de Estado", por ele equiparado à "revolução comunista" que, "apoiada sobre o coletivismo, que é a sua base fundamental, [...] aspira à desorganização social, pela destruição total de todos os princípios de moral, de direito, de ordem e de justiça".[25] Eleito presidente da República, decidido a "dar à política um caráter nacional, conforme a índole essencialmente conservadora das classes preponderantes do país",[26] Campos Sales escolheu para a pasta da Fazenda um notório spenceriano, Joaquim Murtinho; ao chegar a Paris para negociar a dívida, ele obteve de Gyout entusiástico apoio ao seu plano de saneamento financeiro. Palmas mereceram, em particular, as intenções de privatizar as estradas de ferro construídas pelo governo imperial: "A personalidade do Sr. Yves Guyot é das mais simpáticas em França. Inimigo acérrimo do socialismo [...], o notável publicista, discípulo de Spencer, entende muito bem ser impossível combater o socialismo sem propagar os princípios do individualismo".[27]

Ou seja, o liberalismo conservador que exalava o seu último suspiro na Europa democrática e sofria pesado bombardeio nos Estados Unidos servia de ideologia oficial da República brasileira. Antes da Primeira Grande Guerra,

---

(HOLMES, Oliver Wendell. O caminho do direito. In: MORRIS, Clarence (org.). *Os grandes filósofos do direito*. São Paulo: Martins Fontes, 2002, p. 431).

25 SALES JR., A. C. de. *O idealismo republicano de Campos Sales*. Rio de Janeiro: Zélio Valverde, 1944, p. 102, 105.

26 SALES, Manuel Ferraz de Campos. *Da propaganda à presidência*. Brasília: EdUnB, 1983, p. 117.

27 MONTEIRO, Tobias. *O presidente Campos Sales na Europa*. Belo Horizonte: Itatiaia, 1993, p. 72-73. Do mesmo modo, o prestígio de Leroy-Beaulieu era tamanho que Lima Barreto o incluía entre as referências obrigatórias dos "financeiros" da República (BARRETO, Afonso Henriques de Lima. *Os Bruzundangas: sátira*. São Paulo: Brasiliense, 1956, p. 40). Da onipresença de Leroy-Beaulieu se lembraria também um velho conservador, 50 anos depois, que em suas memórias aludiria agora desdenhosamente à sua obra como "compêndio da República Velha" (AMADO, Gilberto. *Presença na política*. Rio de Janeiro: J. Olympio, 1958, p. 47).

as poucas obras afinadas com o movimento democrático dos países centrais simplesmente caíram no vazio. Quase ninguém politicamente relevante lia ou discutia livros como o de Manuel Bonfim – *América Latina: males de origem* –, que criticavam abertamente aquele cânone intelectual para, ao contrário, conforme o espírito reinante naqueles países, defender a instrução em massa.[28] Todos os avanços da democracia na Europa e nos Estados Unidos, com as reivindicações operárias, as leis trabalhistas, eram vistas com desconfiança e receio de que no Brasil fatos idênticos começassem a se reproduzir.

---

28 A repercussão ao livro de Bonfim limitou-se praticamente à violenta crítica de caráter conservador, que lhe foi dirigida por Sílvio Romero. Nela, Romero reafirmava a validade do cânone científico da República, reabilitando figuras como a do "ilustre Le Bon, figura respeitável como fisiologista e sociólogo", autor de "livros excelentes" (ROMERO, Sílvio. *A América Latina: análise do livro de igual título do Dr. M. Bonfim*. Porto, Livraria Chardron, 1906, p. 16).

5

O CAMINHO PARA WASHINGTON PASSA POR BUENOS AIRES: A PRÁTICA OLIGÁRQUICA DA REPRESENTAÇÃO REPUBLICANA BRASILEIRA

O exemplo norte-americano mediado pelo argentino

A despeito da admiração pelo senso prático dos ingleses e do patriotismo francês, a grande referência político-institucional dos republicanos brasileiros eram mesmo os Estados Unidos. Já se viu, porém, que aquilo que eles pretendiam com o seu *americanismo* não era o alargamento das franquias, mas o progresso material desbragado que, com o mínimo de concessões democráticas poderia trazer a liberação dos interesses privados da tutela monárquica e unitária, por meio do federalismo centrífugo, do dinamismo econômico e da imigração em massa. O que eles admiravam nos Estados Unidos era a estupenda expansão econômica por eles vivenciada no curso do século XIX, que multiplicara a riqueza daquele país por várias e várias vezes, permitindo-lhes agregar e conquistar territórios até o Pacífico. Numa época em que se avaliava o progresso de um país pela sua rede ferroviária, os Estados Unidos já contavam com 272 mil quilômetros de estradas de ferro em 1890.[1] A expansão industrial fora sustentada por uma política imigratória que naqueles últimos vinte anos já atraíra quase 15 milhões de pessoas,[2] boa parte dos quais, levados por estradas de ferro estalando de novas, iam colonizar territórios desertos que, ao

---

1   MILLER, William. *Nova história dos Estados Unidos*. Tradução de Thomas Newlands Neto. Belo Horizonte: Itatiaia, 1962, p. 243.

2   KARNAL, Leandro; PURDY, Sean; FERNANDES, Luiz Estevam; MORAIS, Marcus Vinícius. *História dos Estados Unidos: das origens ao século XXI*. São Paulo: Contexto, 2007, p. 153.

cabo de poucos anos de trabalho árduo, se convertiam em prósperas lavouras e populosas cidades.

No entanto, o modelo norte-americano dificilmente teria sido adotado sem uma prévia garantia de que ele pudesse, de fato, gerar desenvolvimento econômico no degradado ambiente ibero-americano. Até então, os experimentos federalistas nas Repúblicas hispânicas haviam redundado em caudilhismo e guerra civil. Foi o extraordinário salto econômico vivenciado pela Argentina, durante a década de 1880, que convenceu parte significativa das elites brasileiras de que o modelo oligárquico estadunidense, à moda de Tavares Bastos, poderia de fato funcionar no Brasil. A erradicação das populações autóctones pela "Campanha do Deserto", bem como a chegada de milhões de imigrantes europeus, permitira à República platina expandir por várias vezes a sua fronteira agropecuária, desencadeando um crescimento exponencial e contínuo do seu Produto Interno Bruto. Essa experiência americanista bem sucedida no mais importante de nossos vizinhos acabou por convencer a parte mais valiosa da aristocracia brasileira de que era possível se organizar de modo a dispensar o imperador e o unitarismo, sem que necessariamente a política resvalasse para os extremos da tirania ou da demagogia. Foi pelo espelho oligárquico da República platina, portanto, que a nossa oligarquia rural pôde enxergar a possibilidade de uma democracia ianque.

Contudo, até aquela época, a história do Estado nacional argentino havia sido uma *não história*: ao contrário do Chile e do Brasil, onde a institucionalização do Estado havia sido precoce e bem sucedida, na Argentina o comando do processo de construção nacional fora desde o começo do século disputado entre a província de Buenos Aires, a principal do país, e todas as outras reunidas. A pretensão de Buenos Aires era a de impor a sua hegemonia por meio de uma República unitária que tivesse por centro governativo sua capital homônima. Resistindo a tal pretensão, em nome da liberdade e do federalismo, estavam os caudilhos das demais províncias. Por conta do relativo equilíbrio de forças, o país passou meio século em estado endêmico de guerra civil, resolvendo seus impasses por meio de batalhas e assassinatos políticos.[3]

---

3 HALPERÍN DONGHI, Túlio. *Una nación para el desierto argentino*. Prólogo de Roy Hora. Buenos Aires: Prometeo Libros, 2005.

Em 1852, com a derrota de Buenos Aires, ressurgiu a possibilidade de um governo nacional e, com ele, de uma Constituição que pudesse unificar o país.[4] Elaborada por liberais retornados do exílio em Santiago do Chile, como Domingo Faustino Sarmiento e Juan Baptista Alberdi, a Constituição argentina de 1853 exprimia o ideal de uma aristocracia rural que pretendia, pelo incentivo incessante do progresso econômico e da imigração, erigir um país europeizado e civilizado, onde o imperativo de liberdade civil e de descentralização política se conciliasse com aquele de ordem e fortalecimento da autoridade.

No que diz respeito ao sistema representativo, a nova Constituição fizera por adotar as mesmas técnicas de filtragem previstas na Constituição dos Estados Unidos: eleições diretas para deputados e indiretas para senadores e presidente da República. Os primeiros seriam escolhidos pelas assembleias legislativas, e o segundo, por um colégio eleitoral.

Essa necessidade de se desincumbir simultaneamente de tarefas sucessivas e opostas, como eram as de unificar o espaço nacional e permitir o pluralismo oligárquico, explica a ambiguidade que atravessa o pensamento de Alberdi, autor de uma obra que influenciou decisivamente a convenção constituinte – as *Bases e pontos de partida para a organização política da República argentina*. Escapando à dicotomia entre liberalismo federalista e conservadorismo unitarista, então largamente difundida na América Ibérica, Alberdi forjou um arcabouço institucional misto, cujo corpo liberal federativo norte-americano era sustentado por um esqueleto conservador unitário de tintas francesas. O publicista de Tucumã não ignorava que havia um nexo indissolúvel entre o desempenho das instituições e as sociedades para as quais elas eram desenhadas. Nos Estados Unidos, a dispersão de poderes na União e nos estados se justificava em razão do alto padrão cívico das sociedades de matriz anglo-saxã, dispersão esta que lamentavelmente resultava em demagogia, anarquia e fragmentação na atrasada sociedade ibérico-americana do Rio da Prata. Assim, se, de um lado, o regime republicano e certa descentralização política eram imperativos que decorriam da independência e da necessidade de um arranjo que reunisse as províncias do país, de outro, não era possível esquecer que as nações

---

4   ROCK, David. *La construcción del Estado y los movimientos políticos en la Argentina, 1860-1916*. Buenos Aires: Prometeo Libros, 2006.

novas careciam de concentrar o poder num centro. No caso da Argentina, um governo nacional forte era essencial para remodelar e modernizar a sociedade pela europeização, promovendo a imigração, reprimindo a caudilhagem, proporcionando a infraestrutura necessária para o progresso material. Até que a sociedade se elevasse pela via desse transplante cultural, haveria e deveria forçosamente haver um interlúdio marcado pela forte disparidade entre a roupagem liberal democrática e a prática social oligárquica, interlúdio este durante o qual a Constituição respaldaria o primado centrípeto e aristocrático do governo federal e, dentro dele, do Poder Executivo, verdadeiro coração das novas instituições.[5]

Por isso, a despeito das características americanistas das novas instituições, Alberdi timbrava em negar que elas devessem funcionar como nos Estados Unidos – isto é, de modo *democrático*, no que tange ao sistema representativo; *centrífugo*, no que toca à forma de Estado; e *compartilhado*, no que concerne à tripartição de poderes. Para ele, a prática das formas americanas não dispensariam uma interpretação constitucional *oligáquica, centrípeta e autoritária*. Os elogios de Alberdi se dirigiam, ao contrário, à monárquica constituição chilena, que para ele teria resolvido o problema da construção da ordem,

> sem dinastias e sem ditadura militar, por meio de uma constituição monárquica no fundo e republicana na forma: lei que prende à tradição da vida passada a cadeia da vida moderna. A República não pode ter outra forma quando sucede à monarquia; é preciso que o novo regime contenha algo do antigo; não se percorrem de um salto as idades extremas de um povo.[6]

Além de agente privilegiado das transformações socioeconômicas à americana, caberia ao presidente da República preservar a ordem oligárquica contra

---

5 ALBERDI, Juan Baptista. *Bases e pontos de partida para a organização política da República Argentina*. Tradução de Paulo de Medeiros. Prefácio de Afrânio de Melo Franco. Rio de Janeiro: Ministério das Relações Exteriores, 1941, p. 93-94.

6 ALBERDI, Juan Baptista. *Estudios sobre la Constitución Argentina de 1853*. Buenos Aires: El Ateneo, 1929, p. 63, 89, 94.

os inevitáveis movimentos insurrecionais, lançando mão de mecanismos de exceção como a intervenção federal e o estado de sítio:

> O Chile fez ver que entre a falta absoluta de governo e o governo ditatorial há um governo regular possível, e é o de um presidente constitucional que possa assumir as faculdades de um rei no instante em que a anarquia o desobedece como presidente republicano.[7]

Dessa justaposição de instituições estadunidenses e chilenas, resultava, logicamente, uma sobreposição de oligarquia e monarquia, espécie de edifício cujas fachadas eram oligárquico-representativas, mas cujas fundações e alicerces eram monárquicos. Tratava-se de um inteligente artifício que, segundo Alberdi, permitiria à Argentina "pular" diretamente da anarquia à oligarquia, compensando o atraso na consecução preliminar de etapa monárquica que, àquela altura do século, careceria assumir contornos autoritários e conservadores. Estes, além de servirem de objetos de crítica e contestação, afastariam os imigrantes e os investidores estrangeiros de que o país carecia para se modernizar.[8] Ou seja, o que havia de substantivamente americano no projeto alberdiano era tão somente a liberação dos interesses pela liberdade comercial, pela imigração europeia, pela atração dos capitais estrangeiros, pelo progresso ferroviário e marítimo. Do ponto de vista político, era à Constituição chilena que Alberdi pedia subsídios para elaborar uma moldura institucional que permitisse à Argentina liberar os interesses particulares, sem recair na anarquia e na guerra civil. O caminho mais seguro entre Buenos Aires e Washington passava, assim, por Santiago do Chile.

Embora a Constituição de que fora o principal artífice tenha entrado em vigor em 1853, por quase trinta anos o sonho nacional de Alberdi seria adiado pela resistência de Buenos Aires a aderir ao pacto constitucional. Se, durante sua acidentada presidência (1862-1868), o bonaerense Bartolomeu Mitre

---

7   ALBERDI, Juan Baptista. *Bases e pontos de partida para a organização política da República Argentina*. Tradução de Paulo de Medeiros. Prefácio de Afrânio de Melo Franco. Rio de Janeiro: Ministério das Relações Exteriores, 1941, p. 179-180.

8   BOTANA, Natalio. *El orden conservador: la política argentina entre 1880 y 1916*. 5ª ed. Buenos Aires: Editorial Sudamericana, 1998, p. 44-50.

em vão tentaria expandir seus tentáculos pelo interior do país, o sanjuanino Domingo Sarmiento promoveria a repressão aos últimos caudilhos enfrentando a má vontade da província de Buenos Aires, cuja capital *hospedava* o governo nacional (1868-1874). Seu sucessor, Nicolas Avellañeda, equilibrou-se na Presidência porque incluiu na sua chapa um ex-governador de Buenos Aires como vice-presidente, aproveitando o expediente para profissionalizar o Exército nacional (1874-1880). Ao final do seu período presidencial, a província de Buenos Aires pegou em armas contra a vitória do General Júlio Roca (1880-1886), candidato oficial apoiado por todos os demais governadores do país. A rebelião permitiu a Avellañeda testar o seu novo dispositivo militar, que se revelou bem sucedido.

O esmagamento de Buenos Aires pelo exército federal, seguido pela federalização de sua capital (a sede do governo provincial foi removida para La Plata), encerrou o impasse político que se arrastava desde a independência. O pacto oligárquico de governadores comandado por Roca reuniu seus acólitos provinciais num partido conservador, o Autonomista Nacional (PAN), que serviu de cimento para a consolidação do Estado argentino, apoiando as decretações de estados de sítio e intervenções federais determinadas até 1880 pelo governo nacional. O sistema representativo deveria antes tutelar do que espelhar a vontade do eleitorado, assegurando, pela compressão e pela fraude, a reprodução da oligarquia no poder, até o dia em que o progresso houvesse transformado a sociedade argentina. A despeito do que constava do texto constitucional, na prática o poder político deveria se concentrar na União Federal e, nela, nas mãos autoritárias, mas não despóticas, do presidente da República. Segundo o próprio Alberdi, era essa a "República possível":[9]

> Bem podem nossas constituições atuais satisfazer por suas formas e prescrições perfeitíssimas as necessidades ideais da opinião desta época; seu destino real e verdadeiro, seu destino prático por muitos anos na América do Sul, não será outro, todavia, que procurar aos nossos povos, pela melhora e aumento da população, pelo desenvolvimento da riqueza e o progresso da instrução, a capacidade

---

9   BOTANA, Natalio. *El orden conservador: la política argentina entre 1880 y 1916*. 5ª ed. Buenos Aires: Editorial Sudamericana, 1998, p. 53.

de que hoje carecem para realizar a forma de governo que se deram e não poderiam deixar de dar-se. Porque essa anomalia forma o rasgo distintivo da situação política da América do Sul: não está ao seu alcance realizar a República representativa, nem tampouco abandoná-la por outra forma. Ela quer, na constituição escrita, o ideal do governo representativo, embora na vida prática o realize apenas como permite a sua capacidade nascente. As constituições escritas são os títulos de propriedade para um tesouro de que só poderão entrar pouco a pouco em possessão.[10]

Em 1889, presidia a Argentina o cunhado de Roca, Miguel Juarez Celman (1886-1890), que, eleito num pleito escandalosamente fraudado, trouxe à Casa Rosada a "paixão impetuosa pelo progresso material" que revelara quando governador de Córdoba. Atualizando o liberalismo realista de Alberdi por meio do cientificismo de Spencer, Celman aprofundou a via materialista e administrativista de seu cunhado e antecessor ao pregar a subordinação do político ao econômico.[11] Enquanto isso, desde a entrada em vigência da Constituição, havia um quarto de século, o governo federal já havia decretado 17 vezes o estado de sítio e 39 vezes a intervenção federal nas províncias. Quanto às liberdades eleitorais, as fraudes e a compressão eleitoral eram técnicas corriqueiras que completavam o baixo comparecimento eleitoral – que, em 1880, havia sido de 6,5%.[12] No entanto, a produção de trigo e milho aumentara oito vezes em menos de duas décadas; em dez anos, a rede ferroviária havia sido multiplicada

10   ALBERDI, Juan Baptista. *Estudios sobre la Constitución Argentina de 1853*. Buenos Aires: El Ateneo, 1929, p. 99-100.

11   ROCK, David. *La construcción del Estado y los movimientos políticos en la Argentina, 1860-1916*. Buenos Aires: Prometeo Libros, 2006, p. 193-194; GALLO, Ezequiel; CORTÈS CONDE, Roberto. *Argentina: la república conservadora*. 2ª ed. Buenos Aires: Paidós, 2005, p. 80; BOTANA, Natalio; GALLO, Ezequiel. *De la república possible a la república verdadera (1880-1916)*. Buenos Aires: Ariel Historia, 1997, p. 218.

12   VÍTOLO, Alfredo. *Emergencias constitucionales*. Vol. 1: *Estado de sítio*. Buenos Aires: Ciudad Argentina, 2004; VÍTOLO, Alfredo. *Emergencias constitucionales*. Vol. 3: *Intervención federal*. Buenos Aires: Ciudad Argentina, 2007; ROCK, David. A Argentina de 1914 a 1930. In: BETHELL, Leslie (org.). *História da América Latina*. São Paulo: Edusp, 2002, vol. 5.

por cinco; e dois moderníssimos portos foram construídos para escoar a produção do próspero país.¹³ Ao fim e ao cabo, era isso o que contava.

Foi nesse exemplo que *americanistas* como os principais republicanos brasileiros, Quintino Bocaiuva e Campos Sales, foram buscar subsídios para o regime que vinham de implantar depois do golpe de 1889. Filho de mãe argentina e com família naquele país, Quintino redigiu seus primeiros escritos em espanhol e pronunciou diversas conferências sobre "as instituições e o povo do Rio da Prata". Ministro das Relações Exteriores do Governo Provisório da República, Quintino negociou com a Argentina um tratado de limites que abria mão de parte do território nacional e foi rejeitado pelo Congresso Nacional, gerando um escândalo que levou à sua demissão. Campos Sales, por sua vez, já no tempo da monarquia, era grande admirador do desenvolvimento econômico daquele país e, em particular, da obra política de Júlio Roca. Em seus discursos, como deputado provincial, Sales demonstrava tão perfeito conhecimento da evolução política daquele país e fazia uma defesa tão intransigente da adoção de seu modelo político que chegou a receber correspondência congratulatória do ex-presidente e senador, o general Bartolomé Mitre.¹⁴ Dez anos depois, na presidência da República, Sales adotou medidas muito parecidas com aquelas adotadas por Roca em seu primeiro mandato, também apelando ao congraçamento, à despolitização e à retórica administrativa (basta dizer que o lema da presidência Roca havia sido "paz e administração"). O apogeu do intercâmbio oligárquico ocorreu em 1899-1900, quando o presidente convidou Júlio Roca, então em seu segundo quadriênio presidencial, para visitar oficialmente o Rio de Janeiro, empenhando-se na ocasião "em tributar-lhe as mais efusivas homenagens".¹⁵ Encantado, Sales resolveu retribuir-lhe a visita, partindo em seguida para Buenos Aires na companhia, claro, de Quintino, que foi saudado por Roca como "o infatigável amigo da República Argentina" e que,

---

13 FAUSTO, Boris; DEVOTO, Fernando. *Brasil e Argentina: um ensaio de história comparada*. São Paulo: Ed. 34, 2004, p. 140.

14 SALES JR., A. C. de. *O idealismo republicano de Campos Sales*. Rio de Janeiro: Z. Valverde, 1944, p. 79.

15 DEBES, Célio. *Campos Sales: perfil de um estadista*. São Paulo: Instituto Histórico e Geográfico de São Paulo, 1977, vol. 2, p. 514.

diante da iminência do retorno ao Brasil, afirmou aos jornais locais que deixava o coração em Buenos Aires.[16] Dez anos depois, o agora senador Campos Sales retornaria a Buenos Aires como embaixador plenipotenciário.

A simpatia do republicanismo brasileiro pelo modelo platino refletiu-se na recepção das instituições argentinas na Constituição de 1891. Elevados à condição de ministros das Relações Exteriores e da Justiça do Governo Provisório, Quintino Bocaiuva e Campos Sales nomearam uma comissão de notáveis encarregados de elaborar um anteprojeto constitucional que, a partir da experiência argentina, extraísse do modelo norte-americano o que ele possuísse de melhor. O resultado foi um projeto que era basicamente decalcado da Constituição platina de 1853/1860.

As importantes modificações efetuadas posteriormente por Rui Barbosa, em sentido mais sofisticado e liberal, não obviam o fato de que também ele também tinha em mente o texto da Constituição argentina como modelo de adaptação do ideário norte-americano. Antes mesmo de se bandear formalmente para o lado dos republicanos, Rui Barbosa já deitava elogios à república platina idealizada por Alberdi, que lhe parecia "uma democracia honesta e liberal, pacífica e comunicativa, modelada no governo sincero do povo pelo povo e no horror à ditadura".[17] O maior mérito dos argentinos residia justamente no fato de não terem pretendido fazer obra original, cingindo-se à adaptação pontual do modelo estadunidense. Em sua futura reorganização em sentido federalista, Rui afirmava que o Brasil deveria aproveitar o tipo do Senado argentino[18] Ministro da Fazenda do Governo Provisório da República, Rui levou às últimas consequências seu intento original. O resultado foi a Constituição provisória de 22 de junho de 1890 (decreto nº 510), complementada pelo Decreto nº 848, que organizou a Justiça Federal e determinou que, ao exemplo

---

16 SILVA, Ciro. *Quintino Bocaiuva, o patriarca da República*. Brasília: EdUnB, 1983, p. 77.

17 BARBOSA, Rui. *Queda do Império: "Diário de Notícias"*, t. II. Rio de Janeiro: Livraria Castilho, 1921, p. 544.

18 BARBOSA, Rui. *Queda do Império: "Diário de Notícias"*, t. II. Rio de Janeiro: Livraria Castilho, 1921, p. 35.

da Argentina, também no Brasil a jurisprudência constitucional norte-americana tivesse força vinculante para os tribunais.[19]

A constituição argentina de 1853 criou a nacionalidade admiravelmente próspera e soberbamente estruturada, em serenidade e força (...). É que os fundadores dessa constituição eram inteligências ilustradas e, ao mesmo tempo, corações simples, imunes a toda eiva de espírito de seita (...). Não quiseram eles, pois, inventar novos modelos de república, desprezando a lição dos grandes modelos existentes, para brilhar em originalidade, translumbrando o mundo com espécimes pretensiosos de formas virgens na história da idéia republicana. Para uma república instituída neste século e neste continente (...), os constituintes argentinos viram claramente que o padrão normativo estava aqui mesmo, perto de nós, na direção do nosso meridiano, sob a Constituição dos Estados Unidos da América do Norte. Esses criadores de uma nação, que se poderá dizer obra de sabedoria de sua carta constitucional, tiveram por toda livraria os escritos de Alberdi, substancialmente imbuídos no espírito dos publicistas anglo-americanos (...). O resultado é essa constituição de 1853, nada nova, mas, por isso mesmo, excelente, moldada na constituição americana de 1787, inspirada nas doutrinas de Hamilton, Madison e Jay.[20]

Com algumas alterações impostas pelo grupo ultra-federalista, o Congresso Constituinte da República chancelou em três meses o anteprojeto do governo, promulgando-o a 24 de fevereiro de 1891. Os constituintes em nenhum momento demonstraram inconsciência da influência platina no anteprojeto encaminhado pelo Governo: "O projeto não é original", comentava o deputado Amaro Cavalcanti. "É uma mistura das Constituições

---

19 Artigo 387 do decreto n° 848, de 11 de outubro de 1890: "Os estatutos dos povos cultos, e especialmente os que regem as relações jurídicas na República dos Estados Unidos da América do Norte, os casos de *common law* e de *equity*, serão também subsidiários da jurisprudência e processo federais".

20 BARBOSA, Rui. *Queda do Império: "Diário de Notícias"*, t. 11. Rio de Janeiro: Livraria Castilho, 1921, p. 53/56.

americana, suíça e argentina".[21] Duas semanas depois o deputado Justiniano de Serpa também comentaria que, embora "o intuito dos autores do projeto" fosse reproduzir "as disposições da "grande Confederação dos Estados Unidos da América do Norte", a verdade era que, "em mais de um ponto", eles as haviam deixado de lado "para seguir o estabelecido pela Constituição da República Argentina".[22]

Por fim, a simpatia do republicanismo brasileiro pelo modelo platino espelhou-se também nas práticas institucionais conservadoras. De volta de sua primeira viagem ao Prata, provavelmente a conselho de Roca, Sales adotou a mesma fórmula de que o líder tucumano lançara mão, 15 anos antes, para garantir a operacionalidade da política oligárquica platina – o

21 ANAIS do Congresso Constituinte. Sessão de 13 de dezembro de 1890.

22 ANAIS do Congresso Constituinte. Sessão de 31 de dezembro de 1890. A primeira interessada no anteprojeto constitucional enviado pelo governo, que era a bancada paulista, despistou, porém, o quanto pôde a sua influência platina durante o Congresso Constituinte de 1890. É que, desde julho daquele ano, a Argentina enfrentava uma crise econômica sem precedentes que, somada a um escândalo político e uma revolução radical (a *Revolução do Parque*), levou à renúncia do governo de Juarez Celmán e sua substituição pelo vice-presidente, Carlos Pellegrini. Por esse motivo, os constituintes que apoiavam o Governo Provisório da República acharam de melhor alvitre saudar apenas o americanismo do anteprojeto elaborado pela comissão de notáveis e revisto por Rui Barbosa, ou seja, destacar somente a sua fonte mediata, que era a Constituição dos Estados Unidos. Essa estratégia não impediu os adversários do anteprojeto, especialmente aqueles que queriam um federalismo ainda mais centrífugo, quase confederativo, de atribuírem aquela "timidez" descentralizadora à influência do modelo platino, que lhes parecia centrípeta. Era do que se queixava o constituinte goiano Leopoldo de Bulhões, que atribuía a grave crise argentina à suposta deformação do ideal federativo naquele país: "Se a República Argentina fosse fiel ao princípio federativo, se tivesse sabido resolver o seu problema político, como os americanos o souberam, a República Argentina teria evitado grande parte das desgraças que a têm abatido" (*Ibidem*. Sessão de 5 de janeiro de 1891). Ao contrário do que sustentava Bulhões, o federalismo consagrado no anteprojeto brasileiro, ainda mais alargado pela Constituinte, não era centrípeto como o argentino; era, ao contrário, centrífugo – embora não tanto como queriam radicais como Júlio de Castilhos e Leopoldo de Bulhões (e, pessoalmente, Campos Sales), que beiravam o confederalismo.

pacto ou política dos governadores – que, como na Argentina, preservou no Brasil os situacionismos estaduais, assegurou legislativos governistas e inviabilizou o pluralismo político. Também a exemplo da Argentina, os estados de sítio e as intervenções federais se incorporaram à rotina da República brasileira como instrumentos de governo destinados a preservar o situacionismo pela repressão violenta dos seus opositores. Banido da prática institucional brasileira havia quase meio século (1842), a República fez do estado de sítio instrumento ordinário de governo. Decretou-o onze vezes até a queda do regime (1891, 1892, 1893, 1897, 1904, 1910, 1914, 1917/1918, 1922/1923, 1924/1926, 1930). Além disso, houve pelo menos 15 intervenções federais oficiais ou oficiosas. Em todos esses casos, os conservadores se referiam aos precedentes e jurisconsultos argentinos – como Amâncio Alcorta y Palácios[23] – para justificar a decretação das medidas excepcionais que suspendiam as garantias públicas. Contra os liberais que buscavam os precedentes norte-americanos, Quintino Bocaiuva declarava: "As práticas da República Argentina têm para nós grande valor, porque as disposições constitucionais sobre o assunto são idênticas aqui e lá".[24] Para o Patriarca da República, a referência à experiência da Argentina lhe parecia fundamental porque "lá, mais do que entre nós, mais do que em parte alguma, as sucessivas lutas intestinas têm tornado frequente o emprego dessa medida excepcional em diferentes circunscrições da República".[25] Para Campos Sales também, em matéria de estado de sítio, a Constituição argentina era "a verdadeira fonte da questão, porque adaptamos as nossas disposições a respeito".[26]

Em 1889, a República argentina tornou-se o modelo que permitia aos republicanos brasileiros serem modernos à americana, com o progresso material desmedido, mas mantendo o poder firme a golpes de estado de sítio, nas mãos da elite dirigente. Assim, se aos argentinos o caminho para Washington

---

23 ALCORTA Y PALACIOS, Amancio. *Las garantias constitucionales.* Buenos Aires: F. Lajouane, 1881.

24 ANAIS do Senado Federal. Sessão de 9 de julho de 1894.

25 ANAIS do Senado Federal. Sessão de 7 de julho de 1894.

26 ANAIS do Congresso Constituinte. Sessão de 15 de junho de 1892.

passava por Santiago do Chile, aos conservadores brasileiros pareceu mais seguro fazer escala em Buenos Aires.

A extensão do voto

A dimensão oligárquica da representação republicana estampou-se logo na restrita ampliação do sufrágio promovida pelo novo regime. Os republicanos se limitaram a instaurar por decreto, e em dimensão mais modesta, a reforma já prevista pelo último gabinete do Império, chefiado pelo liberal Visconde de Ouro Preto: enquanto os monarquistas previam "alargar o eleitorado e estimular a difusão do ensino primário", suprimindo o censo pecuniário e reforçando as garantias do voto secreto,[27] o Governo Provisório republicano tornou eleitores "todos os cidadãos brasileiros, no gozo dos seus direitos civis e políticos, que souberem ler e escrever", sem garantir, porém, nem o sigilo do voto, nem a instrução primária.[28] Uma vez que a taxa de analfabetismo era de quase 83% (1890), as medidas propostas pelos chefes republicanos permitem entrever que eles planejavam ampliar o sistema representativo para, no máximo, 8,5% da população, índice inferior àquele dos países centrais e que nem de longe seria alcançado no meio século seguinte, sendo ultrapassado apenas em 1945.

27 AFONSO CELSO, Afonso Celso de Assis Figueiredo Júnior, Conde de. *Visconde de Ouro Preto: excertos biográficos*. Porto Alegre: Globo, 1935, p. 45.
28 BONAVIDES, Paulo. *História constitucional do Brasil*. São Paulo: Paz e Terra, 1991, p. 647.

Tabela 3: Analfabetismo, urbanização e participação política (1890)[29]

	Analfabetismo	Urbanização	Participação política
Grã-Bretanha	8%	80%	14%
França	8%	50%	16%
Estados Unidos	13,3%	40%[31]	19%
Argentina	48%	40%	11,5%
Chile	71%[32]	41%[33]	5,5%
Brasil	82,6%	10%	2,2%[34]

É certo que, um ano depois do golpe militar de 15 de novembro, os constituintes reduziram de 25 para 21 anos a idade mínima para o exercício do voto. No entanto, a medida era de alcance reduzido, pois a Constituição de 1824 já concedia o direito de voto aos que àquela idade já fossem casados. Por isso mesmo, a maioria do Congresso Constituinte decidiu excluir os mendigos, consagrou o censo literário e deixou de fora as mulheres, os praças-de-pré e os religiosos (art. 70). A maioria dos constituintes pensava como o deputado Justiniano de Serpa: "No Brasil, como em toda parte, qualquer que seja o sis-

---

29 Fontes: RAMOS, Alberto Guerreiro. *A crise do poder no Brasil: problemas da revolução nacional brasileira*. Rio de Janeiro: Zahar, 1961; ROCK, David. A Argentina de 1914 a 1930. In: BETHELL, Leslie (org.). *História da América Latina*. São Paulo: Edusp, 2002, vol. 5; SAN FRANCISCO, Alejandro. *La Guerra Civil de 1891: la irrupción política de los militares en Chile*. Santiago: Centro de Estudios Bicentenário, 2007, t. I; RALLINGS, Colin; TRASHER, Michael (eds.). *British Electoral Facts 1832-1999*. Londres: Ashgate, 2000; HOBSBAWN, Eric. *La era del Império*. 5ª ed. Buenos Aires: Crítica, 2006; U.S. Department of Commerce, Bureau of the Census, Historical Statistics of the United States, Colonial Times to 1970; and Current Population Reports, Series P-23, Ancestry and Language in the United States: November 1979.

30 Dados de 1900.

31 Dados de 1885.

32 Dado de 1885.

33 Dados de 1894.

tema preferido, quem governa não é a maioria da Nação, é a classe superior da sociedade, é uma porção mais adiantada, e, conseguintemente, mais forte da comunhão nacional".[34] Contra os positivistas, que queriam incorporar o iletrado, a maioria argumentou:

> No Brasil a classe dos analfabetos é imensa; adicionem aos que já existem em condições desfavoráveis, socialmente falando, e que constituem a massa eleitoral, os novos cidadãos que criou a lei da abolição, trazendo a cultura intelectual e moral adquirida nas senzalas das fazendas e nas humilhações do cativeiro, e vereis que o sufrágio universal precisa ser bem meditado. Necessariamente esta enorme massa de eleitores viria aumentar o elemento de passividade que já abunda no nosso eleitorado e que já convinha ser depurado.[35]

Embora alguns deputados tentassem consagrar o voto feminino, ainda que com restrições referentes ao seu estado civil e à sua capacidade intelectual, a maioria dos constituintes entendeu que a medida corromperia a "fonte preciosa de moralidade e de sociabilidade que a família mais diretamente representa". Os mesmos positivistas que queriam que o analfabeto e o mendigo votassem se opunham, porém, ao voto feminino, que fomentaria "uma democracia anárquica, revolucionária, metafísica e irrefletida".[36] O resultado foi que, dentre os seis países estudados aqui — três centrais (Grã-Bretanha, França e Estados Unidos), três periféricos (Argentina, Brasil e Chile) —, a novíssima República brasileira era, em fins do século XIX, aquela na qual a participação política era mais circunscrita. Não por acaso, para um dos deputados que em vão se esforçara por ampliar o sufrágio, a República lhe parecia "o governo de um eleitorado limitado, aristocrático; é uma mentira convencional".[37]

---

34 ANAIS do Congresso Constituinte. Sessão de 31 de dezembro de 1890.
35 ROURE, Agenor. *A Constituinte Republicana*. Brasília: Senado Federal, 1979, vol. 2, p. 266.
36 ROURE, Agenor. *A Constituinte Republicana*. Brasília: Senado Federal, 1979, vol. 2, p. 281-282.
37 ANAIS do Congresso Constituinte. Sessão de 27 de janeiro de 1891.

O sistema eleitoral

O triunfo definitivo da circunscrição distrital uninominal sobre a provincial/estadual em regime de eleição direta durante o Império (1881) assinalou a vitória do princípio oligárquico sobre o monárquico. O arremate se daria com a proclamação da República federativa, oito anos depois. Durante os quarenta anos do novo regime, três sistemas majoritários regularam o sistema eleitoral federal (pois que, com a República, passaram ao âmbito dos estados as eleições estaduais).

A primeira legislação eleitoral da República – o "Regulamento Alvim" (1890) – foi decretada pelo Governo Provisório com a finalidade deliberada de comprimir os monarquistas e opositores e deixá-los de fora do congresso constituinte, o que de um modo geral se conseguiu.[38] Para tal fim, adotaram, coerentemente, o mesmo sistema "monárquico" de que os saquaremas tinham se valido no passado para favorecer o governo nacional – o majoritário simples com circunscrição provincial, permitindo aos governos provisórios estaduais, afinados com o Rio de Janeiro, garantir a vitória das próprias chapas. Depois de consagradas na Constituição de 1891 as instituições republicanas federativas desejadas pelo americanismo hegemônico, foi possível retomar o fio do processo de oligarquização pela via do sistema eleitoral. Esse passo foi dado já no ano seguinte, quando adotou-se uma lei eleitoral que instituiu um sistema majoritário distrital trinominal de voto incompleto. Sem deixar o governo federal inteiramente desarmado, a nova lei devolvia parte do poder eleitoral às oligarquias locais, que passavam agora a ser responsáveis pelo alistamento. A maioria pensava conforme a lógica do deputado baiano Augusto de Freitas, que preferia depender eleitoralmente dos oligarcas locais que da boa vontade do governo federal.[39]

Diante do monopólio exercido em toda a parte pela situação a partir da *política dos governadores*, em 1904 tentou-se pela última vez dar satisfação às minorias arrochadas por meio da Lei Rosa e Silva. A alegada preocupação com a representação das minorias, expressa na preservação do sistema majoritário

---

38 ABRANCHES, Dunshee de. *Atas e atos do governo provisório*. Introdução de Octaciano Nogueira. Ed. fac-similar. Brasília: Senado Federal, 1998, p. 124.

39 ANAIS da Câmara dos Deputados. Sessão de 20 de outubro de 1891.

pentanominal com voto cumulativo, não ia de par com a de lisura eleitoral, traduzida na adoção do voto a descoberto, que facilitava o controle dos eleitores pelos chefes políticos.[40] Nos estados maiores e mais urbanizados, houve deputados oposicionistas eleitos; entretanto, onde era menor o dinamismo econômico e maior o peso do campo – como no Norte e no Nordeste –, as oligarquias situacionistas descumpriram a lei, elegendo a chapa completa dos seus candidatos. Em respeito à *política dos governadores*, a União Federal fez vista grossa ao descumprimento da lei.[41] Apenas dois entes federativos demonstrariam regularidade no reconhecimento de candidatos oposicionistas: o Distrito Federal, que sediava a metrópole nacional, e o Rio Grande do Sul, onde a minoria era aguerrida e podia, a qualquer gesto de maior autocracia da situação, deflagrar uma nova guerra civil.

Assim, a despeito de alguma pouca melhoria, a lei Rosa e Silva não quebrou o domínio monolítico das situações estaduais sobre os resultados eleitorais: as minorias continuaram a depender da boa vontade das maiorias em cumpri-la ou não. Ainda que a representação das minorias fosse princípio constitucional (art. 28), depois de 1904 esmoreceram todos os esforços pelo aprimoramento da lei eleitoral, como o projeto de 1914 – que postulava a substituição do sistema majoritário pelo proporcional – e o projeto de 1916 – que reintroduzia o majoritário uninominal.[42] De nada adiantaram as críticas crescentes ao sistema porque, estabilizadas as instituições pela *política dos governadores*, as situações estaduais não dispunham mais de incentivo para aperfeiçoar o sistema. Caíram no vazio mesmo os apelos de um senador conservador da estatura de Francisco Glicério, republicano histórico inadaptado à oligarquia de seu estado, São Paulo. Saudoso da Lei Saraiva, Glicério propunha sua restauração como único meio de restaurar a competitividade intraoligárquica.[43] "A nossa organização constitucional e política é perfeitamente risível diante da

---

40 NICOLAU, Jairo. *História do voto no Brasil*. Rio de Janeiro: Zahar, 2004, p. 32.

41 FRANCO, Afonso Arinos de Melo. *Rodrigues Alves: apogeu e declínio do presidencialismo*. 2ª ed. Brasília: Senado Federal, 2001, vol. 2, p. 87-90.

42 HOLANDA, Cristina Buarque de. *Modos de representação política: o experimento da Primeira República*. Belo Horizonte: Editora UFMG. Rio de Janeiro. Editora Iuperj, 2009.

43 ANAIS do Senado Federal. Sessão de 19 de junho de 1903.

organização constitucional da República Argentina e do Chile", queixava-se ele em 1912. "Estamos colocados numa posição de sombra, em uma posição menos decorosa no concerto das nações sul-americanas".⁴⁴

Até a queda do regime, em 1930, foram 26 anos de vigor inefetivo da Lei Rosa e Silva, com pequenas e pontuais alterações quase sempre em sentido reacionário. Ao contrário do regime monárquico, que precisava se legitimar perante a opinião pública oligárquica, aperfeiçoando o sistema representativo, a República "democrática" de 1891 já representava o domínio oligárquico, podendo assim ser mais conservadora do que a monarquia. Daí que, até o final do regime, o *establishment* tenha sido indiferente aos reclamos da classe média urbana. Era o que, em 1895, explicava o senador Coelho Rodrigues:

> A República será conservadora, ou não será. Porque, Senhor Presidente, as monarquias podem e devem ser governos liberais. São governos de privilégios, são governos de exceção, e só se tolera uma exceção quando ela é bastante larga ou ao menos um pouco frouxa. Mas a República é um governo igual para todos, sem preferências nem privilégios, e tem, portanto, obrigação de ser um governo conservador, tendo por base a lei suprema, que é a do respeito a todas as leis⁴⁵

A fraude e a compressão das minorias

A falsificação do sistema representativo republicano foi logo denunciada e reconhecida por todos os políticos, fossem da situação ou da oposição. Era o caso do próprio porta-voz oficioso da oligarquia nacional, o jornalista Alcindo Guanabara: "O que se passa nas seções eleitorais é mera comédia para aparentar que se observa a lei: o que vale, o que vai servir perante o poder verificador, é o que se faz depois, são as atas que se lavram mais tarde, em casa dos chefetes eleitorais, ao sabor de suas conveniências". ⁴⁶ Quase 30 anos depois, um dos mais perigosos inimigos do regime, o subversivo tenente Juarez Távora, de seu exílio portenho, esmiuçava os métodos de "mistificação do voto". Segundo

---

44 *Ibidem*. Sessão de 20 de maio de 1912.
45 *Ibidem*. Sessão de 31 de maio de 1895.
46 GUANABARA, Alcindo. *A presidência Campos Sales*. Brasília: EdUnB, 1983, p. 62-63.

Távora, a manipulação dos resultados ocorria em três fases do procedimento eleitoral: o alistamento, levado a cabo pelos juízes; a contagem dos votos, efetuada pela mesa seccional; e a verificação dos poderes, de que se encarregava o poder legislativo.

Esse falseamento do voto, que se renova em todos os pleitos, assume modalidades diversas, em cada uma das fases do processo eleitoral. Inicia-se na operação do alistamento. Aí, os juízes políticos [...] deformam a opinião nacional, pelos alistamentos unilaterais. Consiste, essencialmente, essa primeira burla, em facilitar a expedição do título de eleitor aos correligionários do governo, enquanto, aos adversários, criam-se entraves, muitas vezes insuperáveis, para a obtenção desse passaporte cívico. Tal é a medida preventiva, com que os governos procuram evitar a formação dos eleitorados oposicionistas [...] Diante desse escolho inicial, desiludem-se os espíritos mais timoratos, entregando-se ao indiferentismo dos descrentes. Outros levam adiante o seu dever de cidadãos e ousam entrar na refrega dos pleitos eleitorais. Aí se desenha em toda a sua perspectiva carregada o quadro sombrio da nossa degradação política [...] Senhoras de mesas unânimes ou, pelo menos, da maioria dos mesários, as situações locais, ou forjicam votações fantásticas, em eleições a bico de pena, ou compelem a oposição a acordos leoninos, onde lhe usurpam 50% ou mais do eleitorado! A violência é o argumento supremo, com que se impedem as vitórias da minoria, se esta não se submete ao embuste dos acordos [...] Não fecham, porém, ainda, o ciclo das decepções. Há que vingar-se, depois de tudo isso, a encosta íngreme e escorregadia dos reconhecimentos de poderes. E, aí, desde as juntas apuradoras – cujo critério tem sido variável, com as circunstâncias especiais de votação dos candidatos oficiais – até o seio das assembleias – cuja função verificadora desceu desairosamente, do terreno dos exames justos do pleito, para o critério maleável das injunções políticas –, tudo são óbices, que conspiram contra os pouquíssimos representantes da opinião independente do país.[47]

---

47 TÁVORA, Juarez. *À guisa de depoimento sobre a Revolução Brasileira de 1924*. Rio de Janeiro: Mendonça, Machado & Cia., 1928, vol. 3, p. 211-214.

O emprego de técnicas de fraude e compressão pelo poder não importava, porém, em "perversão" das práticas liberais, pois estava implícito nas práticas de todos os países pré-democráticos. Uma vez que eleições limpas ameaçavam o *status quo*, a fraude consistia num importante mecanismo para preservá-lo, sendo inerente ao sistema representativo oligárquico. As fraudes eleitorais provavelmente não eram maiores no Brasil de Campos Sales, no Chile de Jorge Montt ou na Argentina de Júlio Roca do que, no século anterior, haviam sido na Inglaterra de Jorge III, na França de Luís Felipe ou nos Estados Unidos de James Monroe. As fraudes só se tornavam um problema magno quando, pelo desenvolvimento econômico e pela irrupção de novos atores sociais, a coordenação dos poderios oligárquicos começava a falhar na geração do consenso – ou seja, quando começam as pressões pela transição da oligarquia à democracia, oriundas geralmente das classes médias.

Ora, desde o início, a porção hegemônica do republicanismo, conservadora e agrária, tivera a oligarquia como *telos*; por isso mesmo, eles não viam a fraude como problema, mas como expediente necessário à ordem estabelecida. A grande questão do sistema representativo republicano, pois, não era a fraude em si mesma, ou a exclusão popular, que era calculada, mas a representação das minorias, isto é, das oligarquias excluídas do poder nos planos estadual e federal, que poderiam se revoltar e constituir agentes de desordem. Mesmo assim, consolidada a *política dos governadores*, a representação das minorias passou a ocupar um lugar secundário na agenda política.

Senado Federal

Do ponto de vista institucional, houve algumas mudanças operadas no Senado em relação ao quadro imperial anterior. Em primeiro lugar, a redução em cinco anos da idade senatorial (art. 30); em segundo, o mandato deixou de ser vitalício para durar três legislaturas, ou seja, nove anos (art. 31); em terceiro, foi alterada a forma de escolha do senador. O anteprojeto do Governo Provisório adotara a eleição indireta pelas assembleias estaduais, critério adotado pela Constituição dos Estados Unidos e copiado por Alberdi para a Argentina. A Constituinte brasileira preferiu, todavia, que o eleitorado de cada estado escolhesse os seus senadores em regime de eleição majoritária. Em quarto lugar, o critério de distribuição das cadeiras foi ajustado para se adequar à forma federativa clássica de Estado. Durante a monarquia, regime unitário, o critério de composição do Senado havia sido o mesmo da Câmara dos Deputados – o proporcional, com a diferença de que o número de senadores de cada província deveria corresponder à metade daquele de deputados. Assim, por exemplo, Minas Gerais, que sob o Império tinha, na câmara baixa, uma bancada de vinte deputados, tinha dez senadores na câmara alta. Já o Amazonas, que tinha apenas dois deputados, tinha direito a apenas um senador. Com a introdução do federalismo, o critério proporcional foi substituído pelo paritário: cada estado da federação daria três senadores cada, independentemente de sua população (art. 30).

A câmara alta republicana se inseria numa linha tanto de continuidade quanto de ruptura em relação à imperial. No plano de continuidade, esperava-se dela que continuasse a servir de elemento moderador ou conservador do aparelho político; nela continuariam a ter assento as principais lideranças do país. Na linha de ruptura, esperava-se dos senadores republicanos que mantivessem uma relação mais estreita com as oligarquias estaduais do que durante o regime imperial, quando os governadores eram nomeados pelo governo nacional. Em 1824, a vitaliciedade do mandato e a nomeação pelo Imperador haviam sido pensadas como meios de afrouxar os laços dos senadores em relação às suas bases provinciais, ação necessária para formar uma elite política nacional autônoma, identificada com a monarquia. Não por acaso, aquelas duas características estiveram sempre na frente da linha de tiro dos liberais, republicanos e federalistas, agentes promotores da transição da monarquia à oligarquia, que queriam o senado eletivo e temporário. Com a República federativa, os chefes oligárquicos passaram a se alternar entre o Senado federal e o Palácio do Governo do estado. Era o que se passava no São Paulo de Bernardino de Campos e Rodrigues Alves; nas Minas Gerais de Silviano Brandão e Venceslau Brás; na Bahia de Severino Vieira e Luís Viana. Houve, porém, casos em que, reelegendo-se indefinidamente o mesmo governador, havia um único senador que o "representava" também indefinidamente na capital federal – era o caso do Rio Grande do Sul de Borges de Medeiros, representado no Rio de Janeiro por Pinheiro Machado. Mas houve também um caso oposto: aquele do oligarca supremo ocupar o Senado e governar o seu estado de longe, por meio de testas de ferro: era o de Pernambuco de Rosa e Silva. O

Senado era agora o foro de representação "diplomática" das oligarquias, onde os "embaixadores dos estados" se encontravam para pensar a política nacional como um produto da interação dos interesses locais, em que o todo não deveria prejudicar as partes. Era como descrevia o próprio Rui Barbosa:

> O Senado é uma espécie de dieta federal, onde cada estado mantém, digamos assim, a sua embaixada permanente; de modo que, entre nós, como nos Estados Unidos da América, o caráter do mandatário popular, comum a toda a representação nacional, recebe, na função senatoria, o selo especial de delegação dos estados, acentuando-lhe assim a inviolabilidade representativa [...] O senador é a personificação eletiva do estado.[48]

Daí que a câmara alta republicana não compusesse exatamente uma oligarquia nacional, como havia sido a imperial, mas um colegiado de representantes das oligarquias estaduais. Quando, por conta disso, Rui acusou o Senado republicano de se ter convertido num "remanso oligárquico", o guardião nacional do *establishment* (o senador Pinheiro Machado) preocupou-se antes em destacar a positividade daquele caráter: "Oligarquia, sim, mas oligarquia de homens conscientes, livres, independentes, norteados pela sua consciência e pela razão".[49]

Câmara dos Deputados

A câmara baixa republicana continuou a se compor a partir do critério proporcional, com modificações, todavia, que alteraram sensivelmente a representação das bancadas das antigas províncias. Ao final do Império parlamentar, tinham assento na câmara baixa 125 deputados eleitos para mandatos de quatro anos sujeitos à dissolução decretada pelo Poder Moderador. Com a República presidencial, os mandatos foram reduzidos para três anos, sem possibilidade de dissolução. Determinando a Constituição que houvesse um deputado para cada 70 mil habitantes (art. 28 p. 1º), o número de representantes federais subiu para

---

48 BARBOSA, Rui. *O Partido Republicano Conservador: documentos de uma tentativa baldada*. Rio de Janeiro: Ministério da Saúde, 1957, p. 32.

49 PORTO, José Costa. *Pinheiro Machado e seu tempo*. Porto Alegre: L & PM, 1985, p. 348.

212. Para evitar demasiada assimetria, porém, decidiu-se que nenhum estado daria menos de quatro deputados. A maior bancada continuou a ser a de Minas Gerais, com 37 deputados. São Paulo e Bahia ficaram em segundo lugar, com 22 deputados cada; e em terceiro, Pernambuco, Rio de Janeiro e Rio Grande do Sul, os dois primeiros com 17, e o segundo com 16.

O resultado refletiu o realinhamento das forças políticas no contexto da nova federação. Foram prejudicadas as bancadas do Maranhão, Piauí, Ceará, Pernambuco, Alagoas, Paraíba, Sergipe e Rio de Janeiro, que mantiveram o mesmo número de deputados de que já dispunham sob a monarquia, ou cujo aumento nominal foi inferior ao geral. A República apequenou as bancadas de todos os estados do Nordeste que haviam gozado de alguma consideração durante o período imperial. As grandes, como Bahia e Pernambuco, passaram a médias; as médias, como Ceará, Alagoas, Paraíba e Sergipe, tornaram-se pequenas. A importância política do Nordeste decresceu ainda mais depois de 1910: se até 1911 seus estados ocuparam 49% das presidências das principais comissões (obras públicas, finanças, credenciais e justiça), aquele percentual caiu no período subsequente para 22%. Em compensação, foram favorecidas as bancadas dos menores estados, em virtude da regra do piso mínimo de quatro deputados (Amazonas, Rio Grande do Norte, Espírito Santo, Paraná, Santa Catarina, Goiás e Mato Grosso). Na verdade, os grandes beneficiados pela redivisão do poder foram justamente Rio Grande do Sul e São Paulo, onde o movimento federalista e republicano havia sido mais virulento e cujos deputados constituintes haviam lutado por um federalismo centrífugo, ameaçando com o separatismo caso na assembleia prevalecesse outro formato.[50]

No entanto, o tamanho das bancadas federais, previsto pelas regras da Constituição, nem sempre correspondeu à efetiva força parlamentar do estado no cotidiano legislativo. Uma vez que não havia partidos nacionais (ao menos formalmente), as bancadas refletiam a força que os grupos estaduais tinham ou não de monopolizar o poder no âmbito de seus respectivos territórios. Assim, por exemplo, Bahia e São Paulo tinham representação parlamentar igualmente numerosa. Todavia, a atuação baiana era prejudicada pela fragmentação de sua

50 LEVINE, Robert. *A velha usina: Pernambuco na federação brasileira*. Rio de Janeiro: Paz e Terra, 1980, p. 187.

bancada, o que refletia a divisão da elite dirigente entre diversos caciques antagônicos – Luís Viana, Severino Vieira, José Marcelino, José Joaquim Seabra. A bancada paulista, ao contrário, operava de modo disciplinado, refletindo a capacidade que tinha o Partido Republicano Paulista de superar as crises ocasionadas pela emergência de dissidências (salvo a última, em 1927). Ao contrário do que se passava na Bahia, em São Paulo os diversos chefes políticos – Rodrigues Alves, Campos Sales, Bernardino de Campos, Francisco Glicério – resolviam suas diferenças, pondo o interesse do estado acima de suas disputas pessoais.

O mesmo fenômeno de coesão se passava no Rio Grande do Sul, cuja bancada era ligeiramente inferior à do Rio de Janeiro e à de Pernambuco, mas cujo poder de fogo era superior. Os percalços da política interna fluminense e pernambucana, divididas entre os diversos caciques, se refletiam na atuação dispersa de suas bancadas federais e sujeitavam seus estados a intervenções federais em favor deste ou daquele grupo. No Rio Grande, o domínio incontrastável de um único chefe – Júlio de Castilhos, depois Borges de Medeiros – levava a bancada a agir em bloco, e a permitir-se mesmo ao luxo de tolerar a minoria liberal. O resultado foi que, enquanto as oligarquias de São Paulo, Minas Gerais e Rio Grande do Sul conseguiram evitar a intervenção federal, Rio de Janeiro, Bahia e Pernambuco sofreram, cada um, três delas no decorrer do período. Em suma, o novo regime republicano contaria com Minas, São Paulo e Rio Grande do Sul como seus protagonistas, Rio de Janeiro, Bahia e Pernambuco como seus coadjuvantes, e as bancadas dos demais estados como figurantes.

Tabela 4: Variação das bancadas estaduais na Câmara Federal do Império à República[51]

	1889	Participação	1916	Participação	Variação
Região Norte	8	6,4%	11	5,2%	- 18,75%
Amazonas	2	1,6%	4	1,9%	+ 18,75%
Pará	6	4,8%	7	3,3%	- 31,25%
Região Nordeste	60	48%	79	37%	- 23%
Maranhão	6	4,8%	7	3,3%	- 31,25%
Piauí	3	2,4%	4	1,8%	- 25%
Ceará	8	6,4%	10	4,7%	- 26,6%
Rio Grande do Norte	2	1,6%	4	1,9%	+ 18,75%
Bahia	14	11,2%	22	10,3%	- 8,1%
Pernambuco	13	10,4%	17	8%	- 23%
Alagoas	5	4%	6	2,8%	- 30%
Paraíba	5	4%	5	2,3%	- 42,5%
Bahia	14	11,2%	22	10,3%	- 8,1%
Região Sudeste	43	34,4%	90	42,45%	+ 23,4
Espírito Santo	2	1,6%	4	1,9%	+ 18,75%
Rio de Janeiro	12	9,6%	17	8%	- 16,7%
São Paulo	9	7,2%	22	10,4%	+ 44,4%
Minas Gerais	20	16%	37	17,5%	+ 9,3%

51 Fonte: MAXIMILIANO, Carlos. *Comentários à Constituição Brasileira de 1891*. Rio de Janeiro: Jacinto Ribeiro dos Santos, 1918, p. 323-324 (dados brutos).

Distrito Federal[49]	–	–	10	4,7%	–
Região Sul	10	8%	24	11,3%	+ 41,25
Paraná	2	1,6%	4	1,9%	+ 18,75%
Santa Catarina	2	1,6%	4	1,9%	+ 18,75%
Rio Grande do Sul	6	4,8%	16	7,5%	+ 56,25%
Região Centro-Oeste	4	3,2%	8	3,8%	+ 18,75%
Goiás	2	1,6%	4	1,9%	+ 18,75%
Mato Grosso	2	1,6%	4	1,9%	+ 18,75%
Total	125	100 %	212	100 %	–

Apesar do fim do parlamentarismo, enquanto a *política dos governadores* não foi implantada, a Câmara permaneceu um órgão autônomo atuante, essencial para a governabilidade. Na presidência da República, o Marechal Deodoro da Fonseca apoiara a elevação, aos governos estaduais, de grupos políticos diversos daqueles que compunham a maioria do Congresso Nacional, levando-o a sofrer uma oposição legislativa feroz. Deodoro tentou então fechar o Congresso para, num segundo momento, eleger deputados afinados com as situações estaduais sustentadas pelo governo federal. O fracasso do golpe militar por ele promovido levou-o porém a renunciar. A lógica impunha ao Marechal Floriano Peixoto, o vice-presidente em exercício, que fizesse o contrário de Deodoro, ou seja, que derrubasse todas as situações estaduais que haviam apoiado o golpe do antecessor, a fim de granjear o apoio da maioria congressual. Este tornou-se incondicional depois que os políticos decaídos – deodoristas, liberais, monarquistas – se uniram para desestabilizar Floriano, que violava a Constituição ao deixar de convocar novas eleições, para completar o mandato de Deodoro. Quando Floriano deixou a presidência, três

---

52 O Distrito Federal não tinha representação própria durante o Império, quando era Corte.

anos depois, a frente parlamentar que o apoiara se transformou num partido, o Republicano Federal, que se propôs a sustentar e controlar o governo seguinte, de Prudente de Morais, mas que atravessou o quadriênio dilacerado pela oposição entre suas duas alas – a conservadora, governista, e a jacobina, oposicionista.

A chegada de Campos Sales ao Catete, em 1898, acabou com a efervescência política da Câmara dos Deputados, por ele associada à desordem e à politicagem. A *política dos governadores*, modelo oligárquico de funcionamento da constituição, era uma espécie de "conciliação" extraparlamentar promovida pelo presidente da República com os governadores, destinada a preservar os situacionismos estaduais e a despartidarizar a política do Congresso em proveito da administração federal. Com a exceção única do quadriênio Hermes da Fonseca (1910-1914), aquele modelo foi adotado como base de apoio por todos os presidentes subsequentes. Assim, o presidente eleito Rodrigues Alves anunciava a Campos Sales:

> O acordo de vista com os governadores, que você adotou como regra para congregar em torno de si as representações dos Estados, sem atenção a antigas rivalidades e divisões políticas, parece-me boa norma, que não deve ser abandonada, porque disso depende o apoio forte para o conjunto de providências de ordem administrativa e financeira, de que carece o país para vencer as dificuldades que ainda subsistem.[53]

Por isso mesmo, a Câmara dos Deputados praticamente emasculou-se em obediência aos governos estaduais alinhados ao federal, reduzido o cargo de deputado à condição de sinecura controlada pelos governadores. Inteiramente dependentes da vontade dos governantes de seus estados, os mesmos nomes perpetuavam-se nos cargos de deputado. Na câmara imperial, apenas 6% deles conseguiam três mandatos consecutivos, percentual que, na República, subiu mais que o sêxtuplo (38%).[54] A situação era mais gritante no Nordeste, cujas

---

53 SALES, Campos. *Da propaganda à presidência*, 2ª ed. Brasília: EdUnB, 1983, p. 193.

54 SANTOS, Wanderley Guilherme dos. O sistema oligárquico representativo da Primeira República. *Revista Dados*, 2013, vol.56, no.1, p.9-37.

oligarquias contavam em suas bancadas com artistas e intelectuais eminentes, como Gilberto Amado, Coelho Neto, Sílvio Romero, Medeiros e Albuquerque e Humberto de Campos. Eram eles, porém, os primeiros a reconhecer a inutilidade da Câmara. Em 1909, um deputado alagoano já confessava: "Não somos nada [...] Se houvesse neste país um movimento livre [...], expulsavam-nos daqui. Corriam-nos a chicote".[55] Treze anos depois, era o próprio ideólogo do situacionismo, o deputado sergipano Gilberto Amado, quem reconhecia a improficuidade de sua função: "A bancada é a expressão do governador dos respectivos estados. O deputado ou senador não tem função". Daí o triste dilema: "Ou faço discursos acadêmicos que terão ecos literários; ou trago para aqui contribuições de boa vontade, mas que, afinal, me cansarão e cansarão aos outros [...] ou terei de acabar no silêncio, no desânimo em que modorram tantos deputados".[56] Como explicava o deputado maranhense Humberto de Campos, a prática institucional invertia a constitucional: "Ao contrário do que manda a Constituição, a Câmara dos Deputados se limita à sanção, sem direito de veto, daquilo que o Presidente 'vota'".[57] Entretanto, ao saber que o presidente Washington Luís renunciara frente à Revolução triunfante, a preocupação de Campos foi justamente com o ganha-pão perdido: "A esta hora não sou mais deputado, tenho 22 mil-réis no bolso e devo mais de 70 contos!"[58]

As eleições presidenciais

Depois de estabilizado pela *política dos governadores*, em torno de 1900, o sistema oligárquico da Primeira República funcionava à semelhança de uma confederação de Estados soberanos, compreendido como uma liga de defesa recíproca: qualquer ataque ao domínio de um deles pressupunha o auxílio dos demais, que no futuro poderiam ter também a sua hegemonia ameaçada. Por outro lado, sempre que o seu domínio sobre o estado fosse ameaçado pelo governo federal, a oligarquia periclitante tendia a ignorar as formalidades

---

55 VIEIRA, José. *A cadeia velha*. Brasília: Senado Federal, 1980, p. 54.
56 ANAIS da Câmara dos Deputados. Sessão de 7 de dezembro de 1922.
57 CAMPOS, Humberto de. *Diário secreto*. O Cruzeiro, Rio de Janeiro, vol. 1, p. 87, 1954.
58 CAMPOS, Humberto de. *Diário secreto*. O Cruzeiro, Rio de Janeiro, vol. 2, p. 90, 1954.

jurídicas, para lançar mão da violência, retaliar os opositores e tentar sobreviver. Havia o permanente risco de que a generalização da violência para além dos limites estaduais contaminasse as demais situações oligárquicas. Por esse motivo, o presidente Campos Sales reconheceu que a única maneira de garantir o sistema passava por negociar com as diversas oligarquias estaduais, representadas por seus governadores, as questões federativas mais candentes, de modo a forjar tanto quanto possível soluções consensuais. Obedecia-se, assim à regra de ouro do sistema oligárquico:

> O princípio decisório se rege pelo princípio do mínimo divisor comum, aquele que reduz as divergências ao máximo que elas podem assumir para que o sistema continue a funcionar. O mínimo é também, com frequência, o máximo divisor produtivo, isto é, corresponde àquelas circunstâncias em que qualquer outra divergência acima do tolerável vira razão suficiente para que a decisão seja sabotada pelos descontentes.[59]

Conforme a mesma regra de ouro, todo e qualquer alvitre que produzisse efeitos para todos só poderia ser introduzido com a aquiescência do conjunto do colégio oligárquico. Era essa a lógica que guiava o presidente da República, em face dos pedidos de intervenção federal nos estados: concedia-os quando se tratava de auxiliar uma oligarquia aliada, situacionista, negando-os, quando oriundos de uma oligarquia adversária, oposicionista. Esse pressuposto de igual dignidade entre forças estaduais autônomas, dotadas de igual poder coativo – ainda que faticamente desigual –[60] é que inviabilizava, na prática, a efetividade de um processo decisório nacional calcado no princípio majoritário eletivo inscrito na Constituição.[61] Todas as oligarquias partilhavam

---

59 SANTOS, Wanderley Guilherme dos. O sistema oligárquico representativo da Primeira República. *Revista Dados*, 2013, vol.56, nº 1, p. 9-37.

60 VISCARDI, Cláudia Maria Ribeiro. *O teatro das oligarquias: uma revisão da política do café-com-leite*. Belo Horizonte: C/Arte, 2001, p. 51.

61 Por isso mesmo, Wanderley Guilherme dos Santos define os sistemas oligárquicos como "aqueles em que nenhum membro ou reduzido grupo deles é capaz de produzir um bem coletivo, ainda que o deseje, sem a cooperação de todos os demais; em

do pressuposto de que, afastado o risco de uma intervenção exógena ao seu domínio, de iniciativa federal, os custos da coerção dos adversários estaduais seriam sempre inferiores aos custos de tolerá-los. Para as oligarquias resguardadas pelo pacto de defesa e ataque mútuos no plano nacional, a repressão aos insubordinados locais era menos gravosa do que tolerá-los ou incorporá-los à situação política.

Tais reflexões são essenciais para compreender tanto a natureza do processo decisório da Primeira República quanto a lógica dos resultados eleitorais e o processo de escolha daqueles que, a cada quadriênio, haveriam de presidir os destinos da União Federal. No Brasil republicano, ao menos entre 1898 e 1922, esperava-se que, na condição de sentinela ou árbitro do condomínio oligárquico, armado do estado de sítio, o futuro presidente se preocupasse menos com política do que com administração, sendo conservador, conciliador, apartidário, imparcial – em síntese, uma espécie de Poder Moderador das oligarquias situacionistas. Por isso, conforme declarava Campos Sales, a eleição presidencial era "o grande eixo da política nacional".[62]

Se a marca por excelência da fase monárquica é a autonomia do modo de investidura do governante em relação à oligarquia, durante a etapa seguinte, são os próprios setores oligárquicos que cuidadosamente zelam pela escolha de um delegado de sua confiança. O presidente da República não podia "impor ao país" o seu sucessor porque sua independência diante da oligarquia, restabelecendo os caracteres da Monarquia, poria em perigo os situacionismos estaduais. As indicações unilaterais de sucessores efetuadas por Prudente de Morais e de Campos Sales só foram toleradas pelos demais estados quando, ainda ameaçado, o regime precisava entrar na sua rotina. Depois de 1905, o fato não mais se repetiria. Em 1908, por exemplo, o presidente Afonso Pena tentou emplacar a candidatura do próprio Ministro da Fazenda, Davi Campista, alegando que: "Ninguém poderá sustentar de boa-fé que não seja lícito ao primeiro

---

contraste, pequeno subgrupo de oligarcas é capaz de impedir a produção de um bem coletivo, não obstante a cooperação, entre si, de todos os demais". SANTOS, Wanderley Guilherme dos. O sistema oligárquico representativo da Primeira República. *Revista Dados*, 2013, vol.56, nº 1, p. 9-37.

62 SALES, Manuel Ferraz de Campos. *Da propaganda à presidência*. 2ª ed. Brasília: EdUnB, 1983, p. 183.

magistrado político da nação ter opinião a respeito de fato capital político do período governamental, como é o da escolha de seu sucessor".[63] A classe política republicana, porém, resistiu a Pena. Em carta de 18 de dezembro de 1908, o senador Rui Barbosa declinava as razões daquela resistência:

> Nenhum cidadão se deve considerar candidato, enquanto não for designado por um movimento da opinião pública [...] O atual Presidente da República ocupa esta cadeira, não tanto como expressão do seu valor pessoal, aliás incontestável, quanto como expressão de um princípio, em cujo nome erguemos e graças a qual se tornou vitoriosa a sua candidatura: o princípio que recusa ao chefe de Estado o direito da iniciativa ou deliberação na escolha do seu sucessor.[64]

Em suma: no regime oligárquico republicano, o chefe do Estado só poderia "encaminhar" o processo quando as articulações interestaduais falhassem. Era o que explicava o chefe da política nacional, o senador gaúcho Pinheiro Machado:

> Se o chefe do Poder Executivo não tem a atribuição de impor seu sucessor, nem por isso deixa de ter o direito, como brasileiro, como patriota, e com mais responsabilidade que qualquer de nós, pela alta posição de que se acha investido, de colaborar com os seus concidadãos, auscultando o pensamento nacional, procurando estudar as correntes políticas, a fim de ver de que lado se inclina a vontade nacional.[65]

Eis por que Minas Gerais e Rio Grande do Sul, com suas consociadas, resistiram às pretensões de Rodrigues Alves (1905), Afonso Pena (1909) e Washington Luís (1930) de emplacarem seus sucessores. Foi esse receio de retorno da "monarquia", encarnada agora num militar apoiado pelo Exército, que levou São Paulo a apoiar, em 1909, a candidatura de Rui Barbosa contra a do

---

63 LACOMBE, Américo Jacobina. *Afonso Pena e sua época*. Rio de Janeiro: José Olympio, 1972, p. 415.

64 BARBOSA, Rui. *Correspondência*. São Paulo: Livraria Acadêmica, 1932, p. 192-193.

65 ANAIS do Senado Federal. Sessão de 24 de maio de 1909.

Marechal Hermes da Fonseca. Mas também era o receio mineiro e gaúcho de uma "monarquia" paulista que os levava a combater a tendência dos oligarcas de São Paulo de se perpetuarem no poder. Era o que registrava o vice-presidente Afonso Pena em carta ao presidente Rodrigues Alves, em 1905:

> Reputo profundamente impolítica, por prejudicial à boa memória e harmonia brasileira, a pretensão dos chefes paulistas de monopolizarem para seu Estado a presidência da República. Iludem-se profundamente se pensam que esse fato é indiferente aos outros Estados: consideram-no ofensivo de seu legítimo amor próprio. É essa a linguagem que se ouve por toda a parte nas rodas políticas e particulares.⁶⁶

Assim era que a lógica oligárquica e o receio que tinham de serem alijadas por uma presidência forte exercida por uma delas levava as oligarquias dos três principais estados a eventualmente se atritarem. Desconfiados de todos, os paulistas preferiam monopolizar a presidência para assegurar a autonomia de seu estado, ao passo que, com o mesmíssimo receio, as oligarquias mineiras e gaúchas tenderam, sob a coordenação de Pinheiro Machado, a se coligarem entre si e com os estados médios e pequenos para evitar a hegemonia de São Paulo. A irritação mineira contra a oligarquia paulista transparecia em carta de Davi Campista a Afonso Pena, quando o primeiro era Ministro da Fazenda, e o segundo, presidente da República. A seguinte passagem ilustra como já na época prevalecia uma visão da política paulista como bairrista e *blasé*, tomando os interesses nacionais como extensões dos seus:

> Creio que a União teria tudo a ganhar se fosse buscar os seus homens no Estado, apesar do detestável bairrismo paulista, que tanto lá como aqui, entende que os homens e as coisas de São Paulo são as únicas que ainda valem alguma coisa no nosso país. Mesmo nas mais elevadas posições o paulista é mais paulista que brasileiro. Eleva São Paulo e sorri do resto. Tenho visto e ouvido muito disto – o que não deixa de ser irritante [...] É uma coisa que se pode

---

66 LACOMBE, Américo Jacobina. *Afonso Pena e sua época*. Rio de Janeiro: José Olympio, 1972, p. 258.

dificilmente suportar a sangue frio – ouvir o desdém com que falam de outros Estados, das iniciativas e progressos materiais que empreendem e isso da parte mesmo dos que têm o rigoroso dever de serem antes de tudo brasileiros.[67]

Marcada pela tentativa frustrada de impor seu candidato, seguida por uma candidatura militar e pela cisão entre São Paulo e Minas Gerais, a sucessão de Afonso Pena deflagrou a primeira crise oligárquica do regime. Ela suspendeu a *política dos governadores*, elegeu como presidente um marechal (Hermes da Fonseca) e subverteu o sistema federativo durante os quatro anos seguintes, desencadeando intervenções federais, oficiais ou oficiosas (as "salvações"), em quase todos os estados pequenos e médios do país. Dali por diante, a fim de prevenir crises semelhantes, São Paulo e Minas Gerais passaram a se entender pela chamada *política do café-com-leite*, destinada a garantir o rodízio dos dois estados na presidência da República. O *café-com-leite* conferiu maior previsibilidade às sucessões presidenciais, impedindo que as contingências do processo sucessório pusessem novamente em risco o modelo oligárquico sustentado pela *política dos governadores*. Os chefes de Estado passaram a pensar duas vezes, antes de impor os seus sucessores à classe política. Assim, por exemplo, o presidente Epitácio Pessoa se absteve de interferir no processo de sua sucessão, em 1922:

> Estava resolvido a não ter candidato e conservar-me dentro do que me parecia ser o meu papel constitucional [...] A mim se afigurara sempre um desvirtuamento do sistema o intervir o Presidente da República, com todo o peso da sua imensa autoridade, na indicação ou na escolha de um candidato à sua sucessão.[68]

Por perfeita coerência, esse veto oligárquico a fórmulas "monárquicas" de autonomização da figura do presidente da República estendia-se a eventuais

---

67 LACOMBE, Américo Jacobina. *Afonso Pena e sua época*. Rio de Janeiro: José Olympio, 1972, p. 380.

68 GAGLIA, Laurita Pessoa Raja. *Epitácio Pessoa (1865-1942)*. Ed. ilustrada. Rio de Janeiro: José Olympio, 1951, vol. 2, p. 479.

fórmulas "democráticas", que pretendessem ampliar o círculos dos tomadores de decisão. Se o regime oligárquico vedava a fórmula "monárquica" da imposição presidencial do sucessor, também proibia, com maior razão, a possibilidade "democrática" de uma eleição competitiva. Para os conservadores, os partidos oligárquicos que dominavam as situações estaduais eram os únicos legitimados a participar do processo eleitoral. Os estados eventualmente vencidos nas negociações destinadas a escolher o candidato oficial deveriam se resignar, a fim de que a sucessão se resolvesse pelo lançamento de uma candidatura única. A pretensão dos vencidos de não se conformarem, lançando candidatos de oposição, era condenada pelos vencedores como revolucionária, antipatriótica e minoritária. Os candidatos não-oficiais eram vilipendiados pelos conservadores como masorqueiros, que "excitavam as turbas", incitando "desordens" e "agitações estéreis". O ataque às "satrapias estaduais" eternizadas pela *política dos governadores* por parte dos candidatos alternativos – liberais – era interpretada pelas situações estaduais como uma confissão de que os adversários estavam em minoria na "opinião do país"; que eles haviam sido abandonados "pela disciplina dos partidos organizados".[69]

Para o situacionismo, havia procedimentos legítimos não-escritos para a escolha do presidente da República. O candidato deveria sair da articulação entre os três grandes estados (São Paulo, Minas Gerais e Rio Grande do Sul), que angariavam o apoio dos estados médios (Bahia, Pernambuco e Rio de Janeiro). As oligarquias dos estados pequenos, esperava-se, viriam a reboque. As negociações começavam no terceiro ano do mandato presidencial anterior: caso as "correntes políticas" não conseguissem se entender em torno de um nome aceitável, o presidente cujo mandato se encerrava poderia servir de árbitro das articulações, "encaminhando" a própria sucessão. Decidido o candidato, reunia-se, como nos Estados Unidos de cem anos antes, o cáucus congressual, etiquetado como "Convenção Nacional", que se limitava a chancelar o nome acordado pelos chefes. O indicado promovia um banquete no Clube dos Diários, na Rua do Passeio, onde lia sua plataforma. Se o cáucus chancelava a escolha dos oligarcas, a eleição presidencial deveria chancelar a chancela

---

69 LIMA, Augusto de. *A plataforma política do marechal Hermes da Fonseca: editoriais do Diário de Minas*. Belo Horizonte: Tip. do Diário de Minas, 1910, p. 7-10.

do cáucus, providenciando os governadores a vitória do candidato oficial. Por fim, fechando o círculo, o próprio Congresso (antes, "Convenção Nacional") reconhecia como eleito o nome que, como cáucus, havia meses antes indicado como candidato. Durante os quarenta anos do regime, foram doze as eleições presidenciais. Nenhuma pode ser considerada competitiva para os padrões atuais. Entretanto, tais padrões não podem nos servir de referência, devendo-se, ao contrário, levar em consideração o que se poderia reputar como eleitoralmente competitivo num país onde, durante quarenta anos, a taxa de participação oscilou entre 1,5% e 5% do conjunto da população. Feitas tais considerações, pode-se afirmar que um terço das eleições foi consensual, o outro, quase consensual, ficando a competitividade por conta do último terço.

Tabela 5: Participação e competitividade eleitoral (1891-1930)[70]

Ano	Candidato Oficial	Votos	Situação	Candidato Oposicionista	Votos	Oposição	Participação eleitoral
1891	Deodoro da Fonseca	55%	–	Prudente de Morais	41%	–	–
1894	Prudente de Morais	84%	SP, RS, RJ, BA, PE	Afonso Pena	11,5%	MG	2,21%
1898	Campos Sales	91%	SP, RS, RJ, BA, PE	Lauro Sodré	8,5%	PA, RS	2,70%
1902	Rodrigues Alves	92%	SP, MG, RS, BA, PE	Quintino Bocaiuva	6,7%	RJ	3,44%
1906	Afonso Pena	98%	Todos	–	–	–	1,44%
1910	Hermes da Fonseca	57%	MG, RS, RJ, PE	Rui Barbosa	35%	SP, BA	3,19%

---

70 Fontes: RAMOS, Alberto Guerreiro. *A crise do poder no Brasil: problemas da revolução nacional brasileira*. Rio de Janeiro: Zahar, 1961; PORTO, Walter Costa. *O voto no Brasil*. 2ª ed. Rio de Janeiro: Topbooks, 2002 (dados brutos).

1914	Venceslau Brás	91%	Todos	–	–	–	2,40%
1918	Rodrigues Alves	99%	Todos	–	–	–	1,48%
1919	Epitácio Pessoa	71%	Todos	Rui Barbosa	28%	–	1,50%
1922	Artur Bernardes	56%	SP, MG	Nilo Peçanha	40%	RS, BA, PE, RJ	2,92%
1926	Washington Luís	98%	Todos	–	–	–	2,27%
1930	Júlio Prestes	58%	SP, RJ, BA, PE	Getúlio Vargas	41%	MG, RS, PB	5,65%

Das 12 eleições presidenciais, oito foram marcadas pelo completo consenso: um único candidato contou com o apoio de todas as oligarquias dos vinte estados brasileiros. Assim foram as eleições de Afonso Pena (1906), Venceslau Brás (1914), Rodrigues Alves (1918) e Washington Luís (1926). Compreensivelmente, também foram estas as eleições que menos atraíram o eleitorado e obtiveram os maiores percentuais de aprovação – mais de 90% dos votos. Afonso Pena, Rodrigues Alves II e Washington Luís foram eleitos com mais de 98%. Venceslau Brás recebeu "apenas" 91% porque o restante dos votos foi direcionado a Rui Barbosa, que se lançara candidato pelo Partido Liberal, desistindo, todavia, depois que o *café-com-leite* preferira reeditar a conciliatória *política dos governadores*. Outras quatro eleições foram marcadas pelo quase consenso oligárquico, tendo o candidato situacionista enfrentado a oposição simbólica de um anticandidato: Prudente de Morais *versus* Afonso Pena (1894); Campos Sales *versus* Lauro Sodré (1898); Rodrigues Alves *versus* Quintino Bocaiuva (1902); e Epitácio Pessoa *versus* Rui Barbosa (1919). Evidencia a falta de real competitividade eleitoral, mesmo no âmbito oligárquico, o fato de terem os vencedores batido seus oponentes com mais de 84% dos votos. O ponto fora da curva foi a eleição de Epitácio Pessoa, cuja candidatura era apoiada por todo o colégio oligárquico, mas que enfrentou a solitária oposição do político mais respeitado: Rui Barbosa. Sozinho, sem apoio de nenhuma máquina estadual, ele ainda amealhou quase um terço dos votos.

Apenas quatro eleições foram verdadeiramente competitivas para os padrões da época: Deodoro da Fonseca *versus* Prudente de Morais (1891); Hermes da Fonseca *versus* Rui Barbosa (1910); Artur Bernardes *versus* Nilo Peçanha (1922); e Júlio Prestes *versus* Getúlio Vargas (1930). A competitividade dessas eleições decorreu de graves dissensos oligárquicos, que impediram o lançamento de candidaturas consensuais ou quase consensuais. Nas quatro, os percentuais de votos obtidos pelos concorrentes oscilaram entre 35% e 41%.

Nas quatro ocasiões, os vitoriosos tiveram a vitória questionada pelos vencidos, que a atribuíram à interferência de fatores ilegítimos, como a pressão militar ou à fraude pura e simples.

A primeira eleição foi decidida pelo Congresso em virtude de determinação constitucional.[71] À época, com a presença ativa do Exército no cenário político, ainda não houvera tempo nem condições de se estabilizar um arranjo oligárquico estável. A preferência recaía na pessoa de Prudente de Morais, ex--presidente da Constituinte. No entanto, com receio de sofrer um novo golpe militar, caso Prudente fosse eleito, a maioria do Congresso se viu obrigada a engolir o Marechal Deodoro, que encabeçava o governo provisório da República e queria ser eleito presidente constitucional. A eleição ficou longe, porém, de ser unânime. Prudente acabou como o vencedor moral, com mais de 40% dos votos; além disso, Deodoro não conseguiu eleger seu candidato a vice-presidente de sua chapa, o almirante Wandenkolk, que perdeu para o candidato de Prudente, que era o Marechal Floriano.

Em 1909, o nome de Marechal Hermes da Fonseca foi lançado como candidato antissistema pelos militares para romper com a *política dos governadores*. Por isso mesmo, ela mobilizou imediatamente as oligarquias estaduais de Minas Gerais e do Rio Grande do Sul, que a encamparam numa estratégia de contenção. O movimento, no entanto, não contou com o apoio de São Paulo e da Bahia, que lançaram Rui Barbosa como candidato alternativo. O descalabro do quadriênio Hermes, o restabelecimento de um sistema bipartidário nacional competitivo entre liberais e conservadores e a perspectiva de que aquela polarização se prolongasse pelo quadriênio seguinte, permitindo a entrada em

---

71 O Congresso Nacional elegeu os primeiros presidente e vice-presidente da República, conforme disposto no art. 1º das disposições transitórias da Constituição de 1891.

cena de novos atores políticos e ameaçando as oligarquias dos grandes estados, levou Minas Gerais e São Paulo a se conciliarem no Pacto de Ouro Fino (1913). O chamado *café-com-leite* decorrente daquele pacto, por que ambos os estados se revezariam no poder, desmobilizou os partidos nacionais e inviabilizou as candidaturas em curso (a conservadora, de Pinheiro Machado, e a liberal, de Rui Barbosa), restaurando a *política dos governadores* e o sistema de candidatura única.

A crise oligárquica seguinte teve lugar em 1922, quando o Rio Grande do Sul e os três estados médios – Bahia, Pernambuco e Rio de Janeiro, logrados em suas pretensões de indicarem o candidato oficial a vice-presidente – se rebelaram contra o ungido do *café-com-leite*, o mineiro Artur Bernardes, e lançaram a candidatura alternativa do fluminense Nilo Peçanha, no movimento que foi conhecido como *Reação Republicana*. Por fim, ocorreu em 1930 o oposto de 1909: violando duas regras básicas do sistema vigente (a que vedava a "monarquia" e a que preconizava o "café-com-leite"), o presidente da República indicado por São Paulo, Washington Luís, lançou à própria sucessão o nome de outro paulista, Júlio Prestes. Desfeiteada, Minas pela primeira vez recusou-se a apoiar o candidato oficial, preferindo apoiar, juntamente com o Rio Grande do Sul e a Paraíba, a candidatura do gaúcho Getúlio Vargas, no bojo da chamada *Aliança Liberal*. A vitória do candidato oficial e a depuração da bancada de Minas na Câmara dos Deputados, ordenada por Washington Luís como represália pelo apoio daquele estado ao candidato de oposição, levaram à eclosão de um movimento revolucionário cujo desfecho foi o fim do regime oligárquico.

6

AS ESTRATÉGIAS DE REPRESENTAÇÃO DAS MINORIAS: AS DUPLICATAS ELEITORAIS, AS INTERVENÇÕES FEDERAIS E OS *HABEAS CORPUS*

Nem a Constituição do Império nem seus atores políticos haviam confiado na espontaneidade ou na produtividade do conflito, prevendo por isso mecanismos de tutela e arbitragem para que o sistema representativo não fosse um empecilho à construção nacional. Graças à centralização política e à arbitragem promovida pelo Poder Moderador, no início do reinado de Dom Pedro II, o sistema representativo foi organizado de cima para baixo e estruturado em torno de dois partidos: o liberal e o conservador. Metade das elites políticas estava assim periodicamente, ou na oposição, ou na situação. A Coroa sustentava uma situação partidária enquanto seus sucessivos gabinetes se revelassem capazes de governar apoiados por uma maioria parlamentar sólida. Quando o partido no poder não conseguia mais assegurar uma maioria dentro do próprio partido, revelando o desgaste da própria situação, a Coroa chamava a oposição para formar novo gabinete, que dissolvia a Câmara, nomeava governadores seus e elegia suas chapas de candidatos. A inversão da situação partidária nacional num regime de Executivo unitário acarretava também a inversão de todas as situações provinciais em benefício do partido convocado pelo imperador.

A Constituição da República e os atores políticos do novo regime, porém, espelhando a confiança dos constituintes na espontaneidade e produtividade do conflito, não apenas emancipou os estados face à União, por meio do federalismo, como deixou de fornecer os meios de arbitrar os conflitos decorrentes dessa multiplicação de novas instâncias autônomas de poder. Com o advento da federação, a competência para a legislação eleitoral no âmbito estadual foi transferida aos próprios entes federativos. Além disso, pensado como natural sucedâneo do Poder Moderador, o Supremo Tribunal Federal tinha a sua atuação limitada à esfera jurídica, que se supunha à época distinta da política. O Judiciário não podia, por conseguinte, decidir em matéria eleitoral, assunto que, na esfera federal, pertencia ao Congresso Nacional. Assim, se no Império houvera um sistema representativo nacional coordenado por um único pivô, na República havia vinte sistemas representativos estaduais ao lado do federal, sem qualquer mecanismo que pudesse coordená-los. A maioria dos políticos acreditava que as instituições produziriam seus benefícios por obra de sua simples prática continuada ao longo do tempo, como se as diversas facções das oligarquias pudessem chegar espontaneamente a um *modus vivendi*. Mas isso não aconteceu: quem estava no poder queria se perpetuar e para tanto usava a polícia para reprimir os adversários.

Órfãs do Poder Moderador, que garantia a alternância partidária pelo alto, as minorias atravessaram quatro décadas buscando o seu substituto. O deputado Espírito Santo se dizia partidário, para o Rio Grande do Sul conflagrado pela Revolução Federalista, de um "poder interventor que se destina unicamente a ser um medianeiro imparcial".[1] Já o deputado César Zama destacava que, para resolver o problema das duplicatas de governadores e assembleias na Bahia, era preciso "um poder que, sem estar sob a impressão das paixões e interesses que agitam a todos os interessados, possa resolver com justiça e circunspecção a quem cabe o direito".[2] Alguns meses antes, o deputado Leovigildo Filgueiras declarara que, diante de uma situação de despotismo oligárquico nas províncias, conhecia apenas dois remédios: "Intervenção de um poder estranho às paixões políticas locais, ou a explosão do desespero popular pelas armas".[3]

Diante do arrocho imposto pelas situações estaduais, as minorias inventaram o expediente das *duplicatas* de poderes políticos, por que tentavam resistir à depuração de seus direitos cívicos. Na falta da justiça eleitoral, que ainda

---

1   ANAIS da Câmara dos Deputados. Sessão de 26 de maio de 1893.
2   ANAIS da Câmara dos Deputados. Sessão de 21 de setembro de 1895.
3   ANAIS da Câmara dos Deputados. Sessão de 1º de julho de 1895.

não existia, o reconhecimento dos eleitos era efetuado pelas comissões de verificação de poderes das assembleias, compostas por deputados da legislatura em vias de se encerrar. Na prática, os membros da comissão estavam comprometidos em reconhecer a chapa da situação, a que pertenciam e que havia sido adrede elaborada no palácio do governador. Incapaz de enfrentar a polícia que cercava a assembleia, a minoria em vias de ser *degolada* só podia recorrer à intervenção de algum dos poderes da União. Esta, no entanto, só podia ser requisitada por um dos poderes estaduais. Alegando desrespeito ao regimento interno da assembleia pela maioria, a minoria oposicionista organizava uma comissão de verificação de poderes paralela, que, depurando os candidatos do governo, declarava eleitos os da oposição e os empossava. Ela passava assim a reivindicar a condição de "verdadeira" para a "sua" assembleia estadual, que era uma duplicata da original, dominada pelos governistas. Nesta qualidade, alegando sofrer coação do governador, que a impediria de funcionar legalmente, a assembleia duplicada requeria à União a intervenção federal. O fundamento estava no art. 6, inciso II da Constituição de 1891: violação, por parte do governador, da "forma republicana federativa".

Já na primeira década republicana, as oposições parlamentares tentaram regulamentar a intervenção para torná-la, na falta de melhor mecanismo, um instrumento idôneo por intermédio do qual a União pudesse garantir a alternância do poder nos governos dos estados. Ao interpretarem a expressão "forma republicana federativa", as minorias faziam uma interpretação substantiva do conceito de República que a tornava sinônimo de democracia, elevando a compressão e a fraude praticadas pelo governo estadual à condição de causas eficientes para a decretação da intervenção federal pela União: "Os elaboradores da nossa Constituição, ocupando-se em assegurar aos estados brasileiros um governo de forma republicana, tinham em mente, não a triplicidade na distribuição de poderes, mas a origem democrática dos dois, a um dos quais incumba a feitura das leis, e ao outro a sua execução".[4] Daí por que, segundo Martins Jr., da minoria pernambucana, "os governadores ou presidentes de

---

4 BARBOSA, Rui. *O Art. 6° da Constituição e a Intervenção de 1920 na Bahia*. Rio de Janeiro: Ministério da Educação e Cultura, 1975, p. 48 (Obras Completas de Rui Barbosa, vol. 47, 1920, t. 3).

Estados não podem abroquelar-se na autonomia local para constituírem-se em árbitros discricionários e absolutos da sorte de seus concidadãos". Para ele, a regulamentação da intervenção federal constituiria o "fecho, cúpula, chave de abóbada do nosso edifício político".[5]

De fato, em três de suas quatro mensagens presidenciais, o presidente Prudente de Morais pediu ao Congresso que regulasse o instituto da intervenção federal. Orientado pelo seu Ministro da Justiça, Amaro Cavalcanti, pensando ainda conforme os estilos do Império, o presidente da República supunha que a União fosse a coordenadora natural dos novos entes federativos. Eis por que, em mensagem remetida ao Congresso, o presidente sustentasse que a regulamentação da intervenção federal lhe parecesse indispensável "para o funcionamento regular do regime federativo; ela é tão mais necessária quanto é certo que ficaram sem solução as colisões de assembleias legislativas e de governadores que se deram em alguns estados, sendo possível que ocorram novos fatos da mesma espécie".[6]

Como era de se esperar, as oligarquias instaladas por Floriano Peixoto nos estados reagiram ferozmente àquela pretensão presidencial. Antecipando os pressupostos mais tarde consagrados pela *política dos governadores*, os conservadores entendiam que, estabelecida uma situação oligárquica num determinado estado, a União não poderia intervir a pretexto de fraude ou compressão eleitoral. Este seria um problema interno dos estados, que cabia a eles mesmos regular. Este sentido profundo do federalismo conservador foi sintetizado pelo deputado gaúcho Ramiro Barcelos, representante da oligarquia castilhista na Câmara: "Desde que o povo se subordine a um governo estabelecido, não deve ter intervenção".[7] A regulamentação proposta por Prudente de Morais representaria "um violento atentado contra a Constituição da República", porque, ao colocar União como instância de apelo da política estadual, restauraria o unitarismo contra o qual o Império fora derrubado. A "anulação da soberania dos estados" pela regulamentação da intervenção federal por lei ordinária,

---

5 ANAIS da Câmara dos Deputados. Sessão de 27 de junho de 1894.

6 BRASIL. Presidente. *Mensagens presidenciais, 1890-1910*. Brasília: Câmara dos Deputados, 1978, p. 136.

7 ANAIS do Senado Federal. Sessão de 17 de agosto de 1895.

segundo o senador Campos Sales, anularia a razão por que a República havia sido instaurada, dando bons motivos para que os estados logrados, como São Paulo, se separarem do Brasil.[8]

Ao contrário dos liberais oposicionistas, que interpretavam substantivamente a expressão "forma republicana federativa", tornando-a sinônima de democracia real, os conservadores entendiam que ela deveria ser compreendida numa chave puramente formal. Por conseguinte, para o deputado sergipano Felisbelo Freire, ela queria dizer simplesmente o contrário de "forma monárquica unitária". Assim, para que os estados evitassem a intervenção federal por desrespeito àquela norma, bastava que suas constituições se eximissem de designar governadores hereditários. Nenhum outro ato praticado pelos governos estaduais facultaria à União intervir a título de salvaguardar a forma republicana federativa. Admitir interpretações constitucionais extensivas, como aquelas com que acenavam os deputados vinculados às oposições estaduais, seria abrir a porta para se produzirem "abalos e atritos, comoções e alterações da ordem, aquilo justamente que o legislador quis privar com a intervenção do governo federal".[9] Trinta anos depois, se verificaria uma pequena mudança na interpretação conservadora: para o presidente Epitácio Pessoa, a forma republicana federativa estaria observada, desde que as constituições estaduais consagrassem os três poderes políticos e que houvesse deputados estaduais, governador e desembargadores em exercício, independentemente da honestidade ou desonestidade das eleições.[10] Tendo em vista que nenhuma constituição estadual deixara de mencionar genericamente a existência de três poderes políticos, de acordo com a hermeunêutica de Epitácio, todas as oligarquias situacionistas estavam protegidas legalmente contra a intervenção...

O segundo expediente para o qual as minorias apelaram contra o arrocho sofrido nas mãos das situações estaduais foi para a Justiça Federal, transferindo-lhe, depois da *política dos governadores*, as expectativas de que ela pudesse

---

8   ANAIS do Senado Federal. Sessão de 8 de agosto de 1895.
9   ANAIS da Câmara dos Deputados. Sessão de 4 de janeiro de 1892.
10 BARBOSA, Rui. *O Art. 6º da Constituição e a Intervenção de 1920 na Bahia*. Rio de Janeiro: Ministério da Educação e Cultura, 1975, p. 47 (Obras Completas de Rui Barbosa, vol. 47, 1920, t. 3).

servir de novo Poder Moderador, arbitrando as lutas políticas estaduais e garantindo a alternância no poder. O regime republicano presidencial e federativo instaurado em 1889-1891 transplantara para o Brasil a instituição que, aos olhos dos americanistas, constituía o "Poder Moderador das repúblicas federativas": a jurisdição constitucional. Não se tratava exatamente de uma ideia nova. Já em 1841, por exemplo, o liberal histórico Teófilo Otoni aludira a um "supremo Poder Moderador" que, detido pela Suprema Corte, teria o poder de declarar a inconstitucionalidade das normas nos Estados Unidos;[11] vinte anos depois, ele voltou a defender a tese de que Judiciário brasileiro tinha ou deveria ter a mesma função.[12] Em 1870, foi a vez de Tavares Bastos definir o Judiciário norte-americano como "o grande Poder Moderador da sociedade, preservando a arca da aliança de agressões, ou venham do governo federal ou dos governos particulares".[13] Por fim, a crer-se no depoimento do republicano Salvador de Mendonça, o próprio Dom Pedro II teria cogitado em 1889 de criar um tribunal semelhante à Suprema Corte norte-americana para lhe transferir as competências do Poder Moderador.[14]

Quando veio a República, portanto, estava pavimentado o caminho que levaria à substituição do Poder Moderador pela jurisdição constitucional. No Congresso Constituinte, houve quem se apercebesse da envergadura dessas mudanças, como o deputado Gonçalves Chaves: "O tribunal supremo é investido de um caráter eminentemente político, que dele faz o grande pilar da Constituição, uma espécie de Poder Moderador, destinado a manter o equilíbrio de todos os poderes da federação".[15] E repetiria, noutra ocasião: "É o Poder Moderador da República".[16]

---

11   OTONI, Teófilo. *Discursos Parlamentares*. Brasília: Câmara dos Deputados, 1979, p. 140.

12   OTONI, Teófilo. *Discursos Parlamentares*. Brasília: Câmara dos Deputados, 1979, p. 158.

13   TAVARES BASTOS, Aureliano. *A Província*. Brasília: Senado Federal, 1997, p. 151.

14   MENDONÇA, Carlos Sussekind. *Salvador de Mendonça: democrata do Império e da República*. Rio de Janeiro: Instituto Nacional do Livro, 1960.

15   ANAIS do Congresso Constituinte. Sessão de 6 de janeiro de 1891.

16   WITTER, João Sebastião (org.). *Idéias políticas de Francisco Glicério*. Rio de Janeiro: Fundação Casa de Rui Barbosa, 1981, p. 76.

De fato, os dois principais fundadores do regime republicano – o ministro da Fazenda do Governo Provisório e revisor do anteprojeto constitucional, o liberal Rui Barbosa, e o ministro da Justiça, Campos Sales, chefe republicano histórico de tendência conservadora – haviam pensado que o exercício da jurisdição constitucional por um Supremo Tribunal deveria servir de sucedâneo republicano do Poder Moderador da monarquia. Ambos estavam de acordo em reproduzir o arcabouço judiciário norte-americano, com um sistema de dualidade da justiça – federal e estadual – em cuja cúspide houvesse um tribunal encarregado de preservar a integridade do ordenamento constitucional. Da leitura dos primeiros escritos produzidos por ambos acerca do tema, percebe-se o relativo consenso que os unia acerca de sua natureza e dos limites da jurisdição constitucional.

Ambos destacavam, em primeiro lugar, o papel central que passava o Poder Judiciário a exercer no âmbito dos poderes políticos. Em 1890, na qualidade de ministro da Justiça, Sales destacava "o papel de alta preponderância" que o Judiciário haveria de desempenhar no novo regime. A magistratura federal não seria mais um "instrumento cego ou mero intérprete na execução dos atos do poder legislativo". Agora, antes de aplicar a lei, o juiz teria o "direito de exame, podendo dar-lhe ou recusar-lhe sanção, se ela lhe parecer conforme ou contrária à lei orgânica", isto é, à Constituição.[17] De sua parte, ao sublinhar o caráter rígido da nova Carta, em 1892, Rui Barbosa também destacava a centralidade que o Judiciário passaria a exercer. A Constituição havia se fortificado "entre suas próprias disposições, estendendo e levantando por toda a sua circunferência o poder judicial como um dique de rochas, onde não se penetra senão por certas comportas, predispostas para esse efeito e solidamente definidas contra as monções passageiras da política ou da multidão".[18] Os fundadores

---

17 SALES, Manuel Ferraz de Campos. Atos do Poder Executivo – Exposição de motivos do decreto nº 848 de 11 de outubro de 1890. In: *Poder Judiciário, Justiça Federal: legislação*. Brasília: Conselho da Justiça Federal, 1993, p. 13.

18 BARBOSA, Rui. *Os Atos Inconstitucionais do Congresso e do Executivo*. In: *Obra Seleta. Trabalhos Jurídicos*, vol. XI. Rio de Janeiro: Casa de Rui Barbosa, 1962.

da República teriam feito, do Supremo Tribunal,"o sacrário da Constituição".[19] Mais uma vez aparecia a imagem do Poder Moderador: o Supremo era agora "o mediador, o conciliador, o arbitrador"; o "centro de gravidade da República".[20] Ele exerceria o papel "de um poder neutral, arbitral, terminal, que afaste os contendores, restabelecendo o domínio da Constituição".[21]

O segundo ponto em que ambos estavam de acordo era a respeito do papel antimajoritário, isto é, de defesa dos direitos das minorias que deveria ser exercido pelo Judiciário federal. Apaixonado leitor de Spencer, Campos Sales destacava o fato de que, no mundo moderno, não era apenas a onipotência dos governos que se tornara intolerável, mas também a onipotência parlamentar: "É a vontade absoluta das assembleias legislativas que se extingue, nas sociedades modernas, como se hão extinguindo as doutrinas do arbítrio soberano do poder executivo. A função do liberalismo no passado (...) foi opor um limite ao poder violento dos reis; o dever do liberalismo na época atual é opor um limite ao poder ilimitado dos parlamentos".[22] Assim como o governo representativo acabara com o absolutismo do Executivo, cabia à jurisdição constitucional pôr fim ao absolutismo do Legislativo. Neste aspecto, Rui Barbosa não destoava. Para ele, o controle de constitucionalidade era essencial para "a realização política desse ideal das democracias limitadas pela liberdade, do número limitado pela lei, do indivíduo escudado contra a multidão, das minorias protegidas contra as maiorias".[23] Parecia-lhe que a jurisdição constitucional era ainda mais necessária no Brasil do que nos próprios Estados Unidos, haja vista

---

19   BARBOSA, Rui. *O Estado de Sítio: sua natureza, seus efeitos, seus limites.* Rio de Janeiro: Companhia Impressora, 1892, p. 58.

20   BARBOSA, Rui. *O Estado de Sítio: sua natureza, seus efeitos, seus limites.* Rio de Janeiro: Companhia Impressora, 1892, p. 142.

21   DELGADO, Luiz. *Rui Barbosa: tentativa de compreensão e síntese.* Rio de Janeiro: José Olympio, 1945, p. 141.

22   SALES, Manuel Ferraz de Campos. Atos do Poder Executivo – Exposição de motivos do decreto nº 848 de 11 de outubro de 1890. In: *Poder Judiciário, Justiça Federal: legislação.* Brasília: Conselho da Justiça Federal, 1993, p. 14.

23   BARBOSA, Rui. *Os Atos Inconstitucionais do Congresso e do Executivo.* In: *Obra Seleta. Trabalhos Jurídicos*, vol. XI. Rio de Janeiro: Casa de Rui Barbosa, 1962, p. 42.

que, ao contrário de lá, não teríamos uma tradição de defesa da liberdade, devido aos "vícios franceses de nossa disciplina intelectual", que preconizavam essa "doutrina fatal da onipotência das assembleias".[24] Rui apontava a pureza da fonte liberal onde o novo regime bebera suas doutrinas: "Os autores da nossa constituição", ele afirmava, não eram "alunos políticos de Rousseau e Mably", e sim "discípulos de Madison e Hamilton".[25]

Um terceiro ponto acerca do qual Rui e Sales estavam de acordo era com a tese de que haveria uma separação entre política e direito. A jurisdição constitucional não era absoluta. Ela deveria respeitar, como nos Estados Unidos, a esfera discricionária de decisão dos outros poderes, o Executivo e o Legislativo. Por isso, ministro da Justiça, Campos Sales lembrava que a magistratura federal "não desce jamais a imiscuir-se nas questões políticas". Evitava-se assim a politização do Judiciário, que podia deste modo "manter-se nas altas e serenas regiões de onde baixam os arestos da Justiça". Rui Barbosa também reconhecia em 1892 que "desde Marshall, no imemorável aresto em que se sagrou a jurisdição dos tribunais contra o exercício inconstitucional das faculdades do governo ou do Congresso, ficou, ao mesmo tempo, reconhecido existir no domínio desses poderes uma região impenetrável à autoridade da justiça: a região política".[26] Entre as questões exclusivamente políticas de competência do Executivo e do Legislativo, sobre cuja oportunidade ou conveniência não poderia o Judiciário adentrar, estavam, entre outras, o reconhecimento do governo legítimo nos Estados; a apreciação, nos Estados, da forma republicana exigida pela Constituição, a declaração da guerra e a celebração da paz, a declaração da existência do estado de insurreição etc. O fato de a jurisdição constitucional ser exclusivamente incidental, limitando-se a suspender a norma tachada de inconstitucional no caso concreto, sem revogá-la, fundava-se no respeito que o Judiciário deveria demonstrar face ao princípio da separação de poderes e à

24 BARBOSA, Rui. *Os Atos Inconstitucionais do Congresso e do Executivo*. In: *Obra Seleta*. *Trabalhos Jurídicos*, vol. XI. Rio de Janeiro: Casa de Rui Barbosa, 1962, p. 38.

25 BARBOSA, Rui. *Os Atos Inconstitucionais do Congresso e do Executivo*. In: *Obra Seleta*. *Trabalhos Jurídicos*, vol. XI. Rio de Janeiro: Casa de Rui Barbosa, 1962, p. 40.

26 BARBOSA, Rui. *Os Atos Inconstitucionais do Congresso e do Executivo*. In: *Obra Seleta*. *Trabalhos Jurídicos*, vol. XI. Rio de Janeiro: Casa de Rui Barbosa, 1962, p. 17.

autonomia dos poderes Legislativo e Executivo. Caso fosse possível questionar direta e abstratamente a questão da constitucionalidade, o Judiciário se transformaria "numa instância de cancelamento para as deliberações do Congresso, ou do executivo. Seria a absorção de todos os poderes no judiciário ou o conflito organizado entre os três".[27]

Entretanto, do relativo consenso em torno da jurisdição constitucional exercida pelo Supremo Tribunal Federal, na qualidade de novo Poder Moderador da República, não se deve inferir que Rui Barbosa e Campos Sales não tivessem concepções diferentes sobre o papel daquela Corte. Rui Barbosa destacava principalmente o papel do Supremo Tribunal como guardião do Estado de direito no Brasil, isto é, dos direitos fundamentais dos cidadãos, contra os eventuais excessos ou arbitrariedade que viriam a ser praticados pelo Poder Executivo e pelo Poder Legislativo. Orientados por esta interpretação liberal de Rui, além de impetrarem *habeas corpus* junto ao juiz federal seccional, para garantir a posse de governadores e o funcionamento de suas assembleias duplicadas, as minorias oposicionistas tentaram atribuir competência ao Supremo Tribunal Federal para resolver os impasses eleitorais. Ele parecia mais confiável do que o Congresso Nacional, dominado pelas situações estaduais. Conforme explicava o deputado Aristides Milton, o Congresso era "uma assembleia política, em que muitas vezes a justiça poderá ser sacrificada aos interesses partidários", ao passo que o Supremo era "um órgão político idôneo para dirimir os pleitos, mesmo de caráter político, ainda que se verifiquem no terreno dos interesses domésticos de um estado da União".[28] Para a minoria, apenas a "judicialização da política" poderia criar uma instância imparcial capaz de quebrar o monopólio das oligarquias estabelecidas e viabilizar uma ordem política competitiva.

Outra, porém, era a preocupação de Campos Sales. Para ele, a principal função do novo Poder Judiciário não era a de preservar o Estado de direito, entendido como conjunto de liberdades dos cidadãos, mas o de manter o equilíbrio federativo, defendendo as extensas prerrogativas dos Estados contra as

---

27 BARBOSA, Rui. *Os Atos Inconstitucionais do Congresso e do Executivo*. In: *Obra Seleta*. *Trabalhos Jurídicos*, vol. XI. Rio de Janeiro: Casa de Rui Barbosa, 1962, p. 99.

28 ANAIS da Câmara dos Deputados. Sessão de 31 de outubro de 1894.

eventuais investidas da União. "Nunca houve em política o que mais me apavorasse o espírito do que a centralização do poder", confessava Campos Sales.[29] A instauração de um sistema federativo centrífugo havia sido desde os tempos da propaganda republicana o supremo objetivo de Sales (maior mesmo do que a própria mudança de regime, de monárquico para republicano); uma vez consagrado na Constituição, cumpria agora investir o Supremo Tribunal da missão de preservar a autonomia das oligarquias estaduais, contra a futura investida dos unionistas:

> Não é a diversidade de legislação, como erradamente pensam os nobres representantes, que tem criado a necessidade de colocar uma autoridade forte, mas isenta de interesses, entre as duas soberanias paralelas – a do Estado e a da União –, para evitar ou resolver os conflitos entre elas, obrigando cada uma a manter-se dentro das linhas que limitam o seu domínio. Compreenderam os americanos, no momento em que fundavam a sua pátria, que para vigiar a marcha e a conduta destes dois governos, desenvolvendo a sua ação paralela e exercendo as suas funções, lado a lado, em frente um do outro, para evitar conflitos e perturbações da ordem social, política e econômica, e recíprocas invasões, quer dos Estados entre si, quer entre estes e a União, compreenderam, repito, que era necessário colocar de permeio um tribunal, precisamente para evitar que as contendas suscitadas fossem resolvidas, não á luz do direito federal, mas pelo espírito parcial ou pela força prepotente de uma das soberanias.[30]

Depois de instaladas no poder por Floriano, porém, as oligarquias situacionistas nada tinham que esperar de bom por parte do Supremo Tribunal, em cuja imparcialidade não acreditavam. Consolidadas nos governos estaduais e garantidas pelo presidente da República, dominando o Congresso Nacional, as oligarquias fizeram o possível para enfraquecer a autonomia política daquela

---

29 SALES, Manuel Ferraz de Campos. *Discursos*, vol. II: na República. Rio de Janeiro: Imprensa Nacional, 1902, p. 58.

30 SALES, Manuel Ferraz de Campos. *Discursos*, vol. II: na República. Rio de Janeiro: Imprensa Nacional, 1902, p. 31.

Corte, prevenindo-se contra a possibilidade de que ela pudesse vocalizar as demandas das oposições. Esta passou a ser a posição do próprio Campos Sales depois da experiência do governo Floriano, quando percebeu que o braço do presidente, armado de estado de estado de sítio, representava uma garantia muito mais eficaz ao federalismo centrífugo do que um tribunal fraco e simpático às catilinárias liberais das oposições. O que os conservadores passaram a esperar, pois, do Supremo, era que se abstivesse de julgar em matéria de estado de sítio, de eleições e de intervenções federais. Todas estas eram por eles consideradas questões políticas, insuscetíveis de exame por outro poder, que não o Congresso Nacional. A *judicialização da política*, alegava-se, levaria inevitavelmente à *politização do judiciário*.[31] Era o que explicava o deputado fluminense Manuel Queirós: "Prefiro sujeitar-me às violências de um poder individual, responsável, a sujeitar a autonomia dos estados à irresponsabilidade de um poder sujeito às instigações da politicagem".[32]

Durante os primeiros vinte anos do regime, a despeito de avanços tímidos (a salvaguarda das imunidades parlamentares, por exemplo), o Supremo Tribunal Federal tendeu a validar a interpretação conservadora formulada pelos governistas e deixar que os outros dois poderes dessem a última palavra acerca dos conflitos políticos. É verdade que as nomeações dos ministros do Supremo também se efetuavam conforme os critérios do jogo oligárquico. No entanto, uma vez que, em virtude da vitaliciedade, os juízes federais permaneciam em seus cargos, independentemente das mudanças políticas, as minorias oposicionistas podiam obter decisões favoráveis do Judiciário federal. Daí alguma incerteza sobre os resultados das decisões dos tribunais.[33] Por esta razão, era fundamental para o *establishment* a domesticação do Judiciário numa posição de contínua autorrestrição, o que se obtinha através da interpretação constitucional conservadora e da doutrina das "questões políticas". A autonomização do Supremo Tribunal ameaçaria o modelo político oligárquico garantido

---

31 ANAIS da Câmara dos Deputados. Sessão de 1º de dezembro de 1894.

32 ANAIS do Senado Federal. Sessão de 7 de agosto de 1895.

33 KOERNER, Andrei. *Judiciário e cidadania na Constituição da República brasileira (1841-1920)*. 2ª ed. Curitiba: Juruá, 2010, p. 172-173.

no plano federal pela cumplicidade entre Executivo e pelo Legislativo, forjada habilmente pela *política dos governadores*.[34] Opunham-se assim duas concepções acerca de quem deveria ter a palavra final sobre as questões políticas do regime republicano, depois do desaparecimento do Poder Moderador: para os conservadores, era o presidente da República, por intermédio do Congresso Nacional, representantes do "corpo político" nacional; para os liberais, era o Supremo Tribunal Federal, guardião da intangibilidade da Constituição da República.

Durante o quadriênio Hermes da Fonseca (1910-1914), porém, a suspensão da *política dos governadores*, provocada pela defecção de São Paulo e da Bahia, além do ressurgimento do Exército como ator político, conduziu a seguidas intervenções militares nos estados e a decretações de longos estados de sítio, destinados a garantir a governabilidade pela prisão dos oposicionistas e pela censura da imprensa. Rui Barbosa e outros liberais voltaram-se então para o Supremo Tribunal na tentativa de, por meio de *habeas corpus*, resistir à repressão dirigida pelo governo às oposições e romper o bloqueio governista. E o Supremo se dividiu. Apesar de suas diferenças, ministros como Pedro Mibieli, Muniz Barreto, Manuel Murtinho, Amaro Cavalcanti e Coelho Campos tendiam a apoiar as interpretações governistas, para as quais o Judiciário, "poder jurídico", deveria se calar nas hipóteses de estado de sítio, intervenção federal e eleições, que eram do domínio exclusivo dos poderes "políticos". Já ministros como Pedro Lessa, Sebastião de Lacerda, Guimarães Natal e Enéas Galvão inspiravam-se nas lições de Rui Barbosa para defender uma postura mais ativa do Supremo Tribunal, que reduzisse a discricionariedade do Executivo no manejo daqueles instrumentos que asseguravam o primado da ordem estabelecida, de modo a permitir uma política mais aberta e competitiva. Durante os julgamentos mais importantes, prevaleceu o entendimento governista; entretanto, como a minoria chegava a contar por vezes com cinco ministros, houve ocasiões em que o Supremo deu ganho de causa à oposição.

34 LYNCH, Christian Edward Cyril. O caminho para Washington passa por Buenos Aires: a recepção do conceito argentino do estado de sítio e a reprodução do modelo republicano-oligárquico no Brasil (1890-1898). *Revista Brasileira de Ciências Sociais*, São Paulo, vol. 27, nº 78, fev. 2012.

Uma dessas ocasiões foi em 1911, quando o Governo Federal interveio no reconhecimento de poderes dos vereadores da Câmara do Rio a fim de garantir a maioria governista, mas o Supremo deu ganho de causa à oposição por meio de um *habeas corpus*. Seguindo conselho de Pinheiro Machado, Hermes recusou-se a cumprir o acórdão alegando que o Supremo exorbitara sua competência ao decidir sobre questão política. O desaforo mereceu resposta do presidente do tribunal, Amaro Cavalcanti, que acusou o governo de usurpar as funções de guardião da Constituição:

> No regime de poderes instituído pela Constituição de 24 de fevereiro, quem tem a autoridade constitucional para declarar que dada matéria ou ato, por ser de natureza política, deve escapar ao conhecimento do Judiciário, é o próprio Judiciário, isto é, o Supremo Tribunal Federal, ao examinar o caso sujeito, e jamais o Executivo, ou mesmo o Legislativo.[35]

Três anos depois, desgastado, desprestigiado e enfraquecido, sentindo-se ameaçado pela oposição liberal e pelos militares inconformados com a intervenção federal no Ceará, Hermes decretou o estado de sítio para a capital federal, Niterói e Petrópolis. Foi este – o de março de 1914 – o primeiro sítio flagrantemente inconstitucional do regime: não havia qualquer comoção intestina ou ameaça que justificasse a suspensão das garantias constitucionais. A intenção do governo era apenas o de coagir a oposição a manter-se de cabeça baixa e suspender a liberdade de imprensa. Para garantir sua sobrevivência até novembro, quando seu mandato expirava, o governo prorrogou por três vezes o estado de sítio, que durou oito meses sem causa constitucional definida.

Uma chuva de *habeas corpus* desceu sobre o Supremo Tribunal. O HC 3.528 foi impetrado a 21 de abril de 1914 por um detento, Leônidas Resende, advogado e secretário do jornal oposicionista *O Imparcial*. O julgamento teve lugar a 29 de junho. O relator era o ministro Pedro Lessa, mineiro que fizera carreira

---

35 CAVALCANTI, Amaro. Declarações. In: LESSA, Pedro. *Reforma constitucional*. Prefácio do Ministro Edmundo Lins. Rio de Janeiro: Editora Brasileira, 1925, p. 240.

em São Paulo vinculado à ala liberal do PRP, chefiada por Júlio de Mesquita.³⁶ Desde o início do governo Hermes, Lessa vinha adotando posições progressistas no sentido de ampliar o escopo do *habeas corpus* para além de garantia da liberdade de ir e vir. Alinhado com o discurso oposicionista de Rui Barbosa, ele exarou um voto expressivo da indignação da minoria. Segundo Lessa, era "público e notório, e verificado a todos os instantes, que não estamos em guerra com qualquer nação estrangeira, e que não há em qualquer ponto do país a mais leve comoção intestina, casos únicos em que a Constituição permite a medida extrema do sítio".³⁷ Contra a tese governista de que o Judiciário não poderia apreciar e julgar atos da competência dos outros dois poderes, por se tratar de "questão política", Lessa respondeu ser preciso reconhecer sem subterfúgios o caráter não apenas jurídico, mas político da jurisdição constitucional. Parecia-lhe absurdo que a faculdade de declarar inconstitucionais os atos do Legislativo e do Executivo se aplicasse a todos os atos, menos àqueles relativos ao estado de sítio. Tal implicaria, na prática, no reconhecimento de que a última palavra em matéria de interpretação constitucional cabia ao Executivo, e não ao Judiciário.

> É evidente que o Supremo Tribunal Federal tem uma atribuição essencial e altamente política. O Supremo Tribunal Federal não tem só a faculdade, tem também a obrigação de impedir, por seus arestos, que produzam efeito as leis inconstitucionais e os atos do Executivo, inconstitucionais ou ilegais. Que pode haver de mais político do que declarar inconstitucional e ineficaz uma lei que o Poder Legislativo votou, porque a reputava necessária e urgente, ou do que declarar inconstitucional ou ilegal, e anulá-lo, um ato que o Executivo praticou, porque o considerara indispensável e inadiável?³⁸

---

36 KOERNER, Andrei. *Judiciário e cidadania na Constituição da República brasileira (1841-1920)*. 2ª ed. Curitiba: Juruá, 2010, p. 180.

37 BRASIL. *Documentos parlamentares: estado de sítio. Acontecimentos de março. 1914*. Rio de Janeiro: Tipografia do Jornal do Comércio, 1917, vol. 7, p. 669.

38 BRASIL. *Documentos parlamentares: estado de sítio. Acontecimentos de março. 1914*. Rio de Janeiro: Tipografia do Jornal do Comércio, 1917, vol. 7, p. 670.

Outro ponto importante foi a recusa explícita de Pedro Lessa em aceitar a autoridade da jurisprudência constitucional argentina que guiava a interpretação conservadora da Constituição desde a década de 1890, quando havia sido invocada no Senado por Campos Sales e Quintino Bocaiuva. De fato, a Argentina vivia sob o estado de sítio, empregado naquele país para diversos fins: ataque exterior, rebeliões provinciais, remédio preventivo, revolução nacional e restabelecimento da ordem pública.[39] Do alto de sua cadeira de ministro do Supremo Tribunal, Pedro Lessa ressaltou a necessidade de que o Brasil seguisse somente a liberal jurisprudência norte-americana, país onde a suspensão do *habeas corpus* teria sido decretada uma única vez, durante a Guerra de Secessão.[40]

> Investigando a jurisprudência que pode interessar ao caso está claro que não havia de deter-se no que se tem feito nas repúblicas da América Latina, bisonhas na prática do direito público federal, com suas incoercíveis tendências para o caudilhismo e o despotismo. Basta recordar que na mais adiantada dessas repúblicas, a Argentina, em menos de meio século já decretou o estado de sítio mais de trinta vezes (...). Ou aplica-se a Constituição tal como foi ideada, e tem sido praticada pelo povo que engendrou essa combinação política [os EUA], o que é aplicá-la de acordo com as prementes necessidades do país, ou se há de ir caindo de erro em erro, de crime em crime, de miséria em miséria política, até se eliminar um regime que, bem praticado, pode levar um país à grandeza dos norte-americanos, mas que, mutilado, desrespeitado, sofismado pelo caudilhismo americano e pelas mesquinhas ambições e profunda ignorância dos politiqueiros, é uma praga insuportável.[41]

---

39 VÍTOLO, Alfredo. *Emergencias Constitucionales*, vol. 1: Estado de sítio. Buenos Aires: Ciudad Argentina, 2004, p. 133.

40 Na verdade, a suspensão do *habeas corpus* já havia sido decretada anteriormente nos Estados Unidos (embora, evidentemente, com frequência muito inferior à da Argentina). Talvez Pedro Lessa se referisse ao fato ter sido o caso Milligam o único apreciado pela Suprema Corte.

41 BRASIL. *Documentos parlamentares: estado de sítio. Acontecimentos de março. 1914*. Rio de Janeiro: Tipografia do Jornal do Comércio, 1917, vol. 7, p. 663-664.

Entretanto, Pedro Lessa ficou vencido. A maioria do plenário ratificou a tese governista de que não cabia "ao Judiciário julgar dos motivos e razões que teve o Presidente da República para decretar o estado de sítio e tomar as medidas de segurança que a Constituição autoriza". O relator designado, Amaro Cavalcanti, não negava que o Supremo era "o intérprete final da legalidade ou constitucionalidade dos atos dos dois outros poderes públicos". Mas este fato não lhe parecia suficiente para daí concluir que não haveria nenhum ato ou fato por eles praticado, que escapasse ao exame e julgamento do Judiciário. Ou seja, ainda que reconhecesse que, diferentemente do que pensavam o Executivo e o Legislativo, o Supremo era a única autoridade para decidir quais fossem umas e outras, Cavalcanti não abandonava a doutrina das questões políticas. Caso o Tribunal abandonasse a posição de autorrestrição para adotar outra, de natureza ativista, ele acabaria por "desconhecer a igual independência dos outros poderes".[42]

Na verdade, Cavalcanti temia reações violentas por parte do Marechal e de Pinheiro Machado e de seus aliados, que vociferavam em alto e bom tom contra a ameaça de uma "República judiciária". Conforme reclamava um deputado, em 1916, "o Supremo Tribunal Federal já faz hoje conselhos municipais, senadores e deputados estaduais, governadores; não é de estranhar, portanto, que amanhã venha eleger por via de *habeas corpus* a senadores, deputados federais e o próprio Presidente da República".[43] Contrário à tentativa das minorias liberais de depositar "no Supremo Tribunal Federal um poder moderador até então desconhecido na República",[44] em detrimento do papel de sentinela das oligarquias estaduais, atribuído ao presidente, o *establishment* conservador passou a nomear para aquela Corte ministros claramente afinados partidária e ideologicamente com ela, como o foram Coelho Campos, Muniz Barreto e Pedro Mibieli, que conseguiram bloquear o avanço do ativismo progressista. O Judiciário deveria se comportar conforme preconizava em 1925 o político

---

42 BRASIL. *Documentos parlamentares: estado de sítio. Acontecimentos de março. 1914.* Rio de Janeiro: Tipografia do Jornal do Comércio, 1917, vol. 7, p. 661.

43 ANAIS da Câmara dos Deputados. Sessão de 27 de junho de 1916.

44 CAVALCANTI, Pedro. *A presidência Venceslau Brás (1914-1918).* Introdução de Félix Pacheco. Brasília: EdUnB, 1983, p. 28.

e jurista conservador (embora moderado), o baiano Aurelino Leal: "O Poder Judiciário deve sempre – é preciso mesmo dizer, sem exceção – eximir-se de indagações relativas a origens de governo. É assunto que lhe é vedado... Se as lutas partidárias dependessem da decisão do Judiciário, este correria o risco de desmoralizar-se".[45]

Em 1926, a maré montante do autoritarismo situacionista de Artur Bernardes reformou afinal a Constituição num sentido centralizador, presidencialista e antijudiciarista, proibindo o Judiciário de conceder *habeas corpus* em questões políticas, ou seja, durante o estado de sítio e em sede de intervenção federal. Foram assim fulminadas as veleidades dos liberais de fazerem, do Supremo, um verdadeiro Poder Moderador, ou seja, um instrumento de liberalização do regime.[46]

---

45 LEAL, Aurelino. *Teoria e prática da Constituição Federal brasileira*. Rio de Janeiro: F. Briguiet & Cia. Editores, 1925, p. 67.

46 RODRIGUES, Leda Boechat. *História do Supremo Tribunal Federal*, vol. 3: doutrina brasileira do *habeas corpus*. Rio de Janeiro: Civilização Brasileira, 1991; COSTA, Emília Viotti. *O Supremo Tribunal Federal e a construção da cidadania*. 2ª ed. São Paulo: Editora Unesp, 2006.

7

A SOCIOLOGIA DO IMOBILISMO CÍVICO: A RAZÃO CONSERVADORA DA RESISTÊNCIA OLIGÁRQUICA

Confrontados com o problema da deficiente representação, a tendência dos republicanos, quando o regime ainda dava os seus primeiros passos, foi a de atribuir o problema à "herança maldita" da monarquia, cuja deletéria cultura de manipulação eleitoral se prolongava República adentro. Como argumentava o deputado conservador Augusto de Lima, as "anomalias políticas e sociais" apontadas pelos liberais seriam "puros resultados da má educação nacional e de hábitos ainda não afeitos à prática do novo regime".[1] Além disso, asseguravam os republicanos, o novo regime ainda era muito recente. Tão logo os atores políticos se habituassem a praticá-lo e a República entrasse nos costumes, o sistema representativo passaria a produzir os seus frutos. Os partidos nacionais surgiriam e, com eles, a alternância de poder em nível estadual. Não havia necessidade de recriar qualquer mecanismo regulador do rodízio eleitoral, tal como no Império; com a prática continuada do sistema, a competição partidária se tornaria autorregulável. O deputado Costa Machado complementava o raciocínio: "Isto é uma questão de tempo. Nas democracias, a opinião pública é o poder moderador".[2]

A rotina republicana, porém, não trouxe o céu da representação, parecendo, ao revés, que os males por ela provocados no sistema eleitoral eram

---

1   LIMA, Augusto de. *A plataforma política do marechal Hermes da Fonseca: editoriais do Diário de Minas*. Belo Horizonte: Tip. do Diário de Minas, 1910, p. 14.

2   ANAIS da Câmara dos Deputados. Sessão de 16 de janeiro de 1892.

iguais ou mais graves que aqueles vivenciados sob a monarquia. Quando o mundo político dividiu-se claramente entre revisionistas e antirrevisionistas, isto é, liberais (que queriam reformar a Constituição num sentido mais unionista, judiciarista e honesto, para permitir a competição intra-oligárquica) e conservadores (que, sob pena de que a mudança pudesse produzir "desordem", queriam que tudo ficasse como estava), estes últimos passaram a argumentar que a causa dos problemas não estava nas instituições, mas nas pessoas, que não sabiam manejá-las. O povo tinha deficiente educação, ao passo que os costumes cívicos das elites estavam em decadência – tanto assim, que formavam partidos e oposições... Em 1902, o porta-voz oficioso do regime, o deputado e jornalista conservador Alcindo Guanabara, ao reconhecer a realidade das fraudes eleitorais, defendia a inevitabilidade de outro procedimento e mesmo a necessidade de que as coisas assim permanecessem:

> A eleição entre nós está profundamente afetada de vícios e fraudes que nascem, de um lado, de deficiências e falhas da lei, de outro, do quase nenhum preparo intelectual da massa popular e da incompleta educação cívica de muitos dos que pertencem às classes dirigentes. País vasto, de população escassa, disseminada, a que falta até a instrução primária, não oferece outra base para o regime representativo, senão a da influência que em cada região possam ter os poucos homens que por condições de educação ou de fortuna exerçam sobre esses povos uma influência que lhes é ordinariamente benéfica e a que eles se submetem sem querer, nem poder analisá-la nas suas consequências e efeitos.[3]

Três anos depois, o sucessor de Alcindo Guanabara no posto de ideólogo do regime, o deputado Gilberto Amado, repetia o mesmo argumento de tolerância com a fraude e a compressão eleitoral praticadas pelo situacionismo oligárquico: "Povo propriamente não o temos. Sem contar o das cidades que não se pode dizer seja uma população culta, a população politicamente não tem existência". Por isso mesmo, o papel de povo deveria, como outrora, continuar a ser exercido exclusivamente pelas

---

3   GUANABARA, Alcindo. *A presidência Campos Sales*. Brasília: EdUnB, 1983, p. 62-63.

trezentas ou quatrocentas mil pessoas pertencentes às famílias proprietárias de escravos, os fazendeiros, os senhores de engenho de onde saíam os advogados, os médicos, os engenheiros, os altos funcionários, os diplomatas, os chefes de empresas, únicas pessoas que sabiam ler, tinham alguma noção positiva do mundo e das coisas e podiam compreender, dentro da sua educação, o que vinha a ser monarquia, república, sistema representativo, direito de voto, governo etc.[4]

Quanto às reformas preconizadas pelos liberais ou pelos nacional-reformistas, Amado acenava criticamente com sua sociologia do imobilismo: era primeiro preciso educar o povo; antes disso, de nada adiantariam mudanças institucionais, nem para tornar as eleições honestas, nem para questionar a ordem existente. Daí a necessidade de que os verdadeiros republicanos fugissem à demagogia liberal, constituindo uma elite serena, altiva e conservadora, que consultasse unicamente a sua consciência. Assim, por exemplo, o posicionamento de Pinheiro Machado:

> Nunca cultivei, Senhor Presidente, a popularidade [...] A minha vida e a minha conduta foram baseadas no cumprimento sereno do dever cívico, preferindo sempre para juiz de minhas ações a minha consciência. Até hoje não provoquei aclamações das multidões. Nunca pratiquei um ato público com o fito de conquistar aplausos.[5]

Embora condenasse as oligarquias nordestinas, cujas famílias se eternizavam no poder, Pinheiro entendia que tal fato decorria de antigos costumes que se deveriam modificar lentamente. Tentar golpeá-los seria um mal maior. Por isso aconselhara o presidente Afonso Pena a "ir pouco a pouco modificando esses hábitos inveterados, que indiscutivelmente enfeavam o regime".[6] A grande justificativa era a de que havia enorme progresso material, que em longo prazo traria o moral. Assim, enquanto os republicanos históricos, tornados

---

4   ANAIS da Câmara dos Deputados. Sessão de 11 de dezembro de 1916.
5   ANAIS do Senado Federal. Sessão de 2 de dezembro de 1910.
6   ANAIS do Senado Federal. Sessão de 20 de dezembro de 1913.

conservadores, se encarregavam, como elite patriótica, de promover o progresso material, o povo deveria, para o seu próprio bem, aguentar os governos oligárquico. Quanto à ideia de que o desenvolvimento econômico compensava o governo oligárquico, é digno de nota o aparte cínico do senador João Luís Alves ao discurso de um colega capixaba que, em 1913, associava a ânsia exclusiva de progresso material aos governos tirânicos: "É o caso de se desejar governos tirânicos".[7] Também para o político e jurista Carlos Maximiliano, de pouco valia a liberdade civil e política sem o progresso material. E dava o exemplo do Segundo Reinado: "A liberdade ganhou terreno como em nenhum país do mundo, porém o progresso afirmava-se a passo de tartaruga [...] Se era ampla a liberdade, a ponto de pregarem, nos comícios, a revolta geral e a queda da realeza, lento avançava o progresso, perturbado, embaraçado, tolhido a cada passo".[8] Para este admirador de Le Bon, a liberdade era um bem menor num ambiente em que o estadista estava "incumbido de velar pela ordem, saúde, cultura intelectual e justiça, pelo aperfeiçoamento de uma raça eternamente oscilante entre o entusiasmo pelos arroubos demagógicos e o fanatismo pela energia dominadora".[9]

Depois de 1922, ao invés de descomprimir o sistema eleitoral pela ampliação do sufrágio, tal como ocorrera na Argentina – ou justamente por conta de seu resultado, que foi o fim do domínio conservador –, o conservadorismo oligárquico brasileiro respondeu às crescentes demandas das oposições pela lisura eleitoral fechando-se em copas e apelando à repressão cada vez mais brutal. Presidentes da República como Artur Bernardes e Washington Luís deixaram de se comportar como sentinelas (Campos Sales) ou árbitros (Venceslau Brás) das oligarquias, para se portarem como seus autocratas. Essa autocracia presidencial passava a ser exercida com o consentimento das próprias oligarquias, para que, por meio dela, o presidente pudesse mais prontamente esmagar as ameaças à ordem vigente representadas pelas

---

7   ANAIS do Senado Federal. Sessão de 25 de agosto de 1913.

8   MAXIMILIANO, Carlos. *Comentários à Constituição Brasileira de 1891*. Rio de Janeiro: Jacinto Ribeiro dos Santos, 1918, p. 54.

9   MAXIMILIANO, Carlos. *Comentários à Constituição Brasileira de 1891*. Rio de Janeiro: Jacinto Ribeiro dos Santos, 1918, p. 74.

oposições liberais e socialistas urbanas, mas também pelos militares insurretos. Essa mudança de orientação política em sentido autoritário e aristocrático, de que Amado se fez o principal porta-voz nos anos 1910, foi endossada na década seguinte por outros jovens ideólogos do *establishment*, como o jurista mineiro Francisco Campos, o jornalista carioca Azevedo Amaral e o sociólogo pernambucano Gilberto Freire.[10] Era uma tentativa de resistir à transição para a democracia, mantendo o regime oligárquico pelo abandono do liberalismo político e pelo abraço franco do autoritarismo.

10   É equivocada a tese de que o pensamento autoritário da década de 1930 em geral e do Estado Novo em particular se construiu contra o regime da Primeira República. Futuros defensores do Estado Novo, como Francisco Campos e Azevedo Amaral, já faziam a defesa do *establishment* da Primeira República e aproveitaram a crise ideológica do liberalismo, depois da Grande Guerra de 1914-1918, para justificar uma guinada autoritária do regime. Francisco Campos havia sido líder do governo Artur Bernardes na assembleia de Minas Gerais. Com a elevação de Bernardes à presidência da República, Campos veio para a Câmara Federal defender doutrinariamente os estados de sítio e as intervenções federais decretadas pelo chefe. Na mesma época, Azevedo Amaral já escrevia em periódicos governistas como *O País*, apoiando os candidatos oficiais (como Bernardes, Washington Luís e Júlio Prestes) e criticando o caráter demagógico e ultrapassado do liberalismo oposicionista. Já Gilberto Freire era secretário do governador de Pernambuco, Estácio Coimbra, publicando nos jornais do Recife artigos em que ridicularizava Rui Barbosa e o regime democrático e fazia a apologia dos modernos reacionários da *Action Française*.

EPÍLOGO:
A CAMPANHA CIVILISTA E A DECADÊNCIA
DA REPÚBLICA OLIGÁRQUICA

Assim como a etapa monárquica da construção do Estado, deflagrada pelo "regresso saquarema", abriu ensejo ao questionamento do modelo político por parte das oligarquias, durante o período imperial, a consumação do processo de oligarquização da política brasileira, pela *política dos governadores*, originou as primeiras contestações à prática do regime, por parte das oligarquias preteridas e da classe média emergente, durante a campanha presidencial de 1909.

A *Campanha Civilista* foi o divisor de águas do regime republicano, exercendo o papel que, no Segundo Reinado, havia sido cumprida pela queda do terceiro gabinete Zacarias de Góis em 1868. Nessa trajetória de contestação ao caráter oligárquico e desvirtuado do regime, que não mais cessaria, o grande personagem foi mesmo Rui Barbosa, que lançou um estilo antioligárquico de discurso e de campanha que veio a tornar-se um padrão para todos os adversários do regime, na tribuna ou no palanque. Dali por diante, a palavra "liberal" foi apropriada por todos aqueles que pertenciam às minorias alijadas, ao passo que "conservadores" se reconheceriam todos aqueles que, em nome da autoridade e do progresso material, estavam comprometidos com a situação.

Do lado esquerdo do ringue, lutando no Partido Republicano Liberal de Rui Barbosa (1913), na Reação Republicana de Nilo Peçanha (1922) ou na Aliança Liberal de Getúlio Vargas e Assis Brasil (1930), estavam deputados, advogados e jornalistas como Irineu Machado, Pedro Moacir, Maurício de Lacerda, João Mangabeira e Levi Carneiro, para quem a República havia sido traída, desviada e sofismada pelos políticos – "os politiquinhos e politicotes, os politiquilhos e os politicalhos, os politiqueiros e os politicastros".[1] Verdadeira era aquela República liberal e democrata que ideara Rui Barbosa; ao passo que a República conservadora de Campos Sales e Pinheiro Machado não passava de "corrupção do ideal republicano", "república de rótulo",[2] "república de oligarcas, mandões e caudilhos".[3] Era, pois, para os liberais, preciso dar fim ao "sindicato político que explora a República" em benefício de "oligarquias minazes, corroedoras e outras, acusadas de graves crimes de latrocínio do Tesouro dos seus Estados e atentados dos mais vergonhosos contra a liberdade e a honra dos seus cidadãos".[4]

Do lado direito do ringue, por suas vezes, estavam os "conservadores". Descendentes do republicanismo histórico, reunidos no Partido Republicano Conservador de Pinheiro Machado (1911), na coligação de Artur Bernardes (1922) ou na *Concentração Conservadora* de Júlio Prestes (1930), políticos como Alcindo Guanabara, Felisbelo Freire, Campos Sales, João Luís Alves e Gilberto Amado defendiam o *status quo* contra todas as tentativas de abertura do sistema. Dominados pelo "romantismo exagerado na declaração de direitos de 89, sem a consciência refletida, que na sociedade moderna se traduz na necessidade de uma declaração de deveres",[5] os que se intitulavam liberais não passavam, para os conservadores, de "profissionais das masorcas" que pretendiam "abalar e destruir a ordem constitucional para, embora sobre as ruínas da Pátria, sobre os destroços das instituições republicanas, assaltarem as posições e o governo".[6] Aqueles que apoiavam a oposição e suas pretensões de reformar a Constituição jamais eram a "opinião pública", mas "um conluio de valdevinos": "Isto que anda

---

1 MANGABEIRA, João. *Rui: o estadista da República*. 3ª ed. São Paulo: Martins, 1960, p. 321.

2 BARBOSA, Rui. *O Estado de Sítio: sua natureza, seus efeitos, seus limites*. Rio de Janeiro: Companhia Impressora, 1892, p. 245.

3 MANGABEIRA, João. *Rui: o estadista da República*. 3ª ed. São Paulo: Martins, 1960, p. 236.

4 ANAIS da Câmara dos Deputados. Sessão de 29 de maio de 1914.

5 LIMA, Augusto de. *A plataforma política do marechal Hermes da Fonseca: editoriais do Diário de Minas*. Belo Horizonte: Tip. do Diário de Minas, 1910, p. 14.

6 ANAIS da Câmara dos Deputados. Sessão de 7 de maio de 1914.

pelas ruas não é povo, não é nação, não é país, não é República".⁷ Essa era a opinião do próprio Pinheiro Machado: as instituições republicanas não poderiam ficar à mercê "da versatilidade demagógica das correntes populares".⁸

Em 1914, os chefes dos partidos liberal e conservador se enfrentaram no Senado, revelando as diferentes concepções de república por que cada um deles se batia. Incomodado com a contínua louvação que Rui fazia do liberalismo do Império, Pinheiro o acusava de revelar "extremos intermitentes pela sorte da República e pelo regime republicano". De fato, liberal democrata, Rui repetia não ter "predileção por nenhuma forma de governo", desde que ela garantisse "a felicidade da minha Pátria". Ele media essa felicidade com a métrica das liberdades públicas: "Quer V. Exa. comparar a República brasileira com a monarquia inglesa?". Ao relativismo liberal de Rui, o positivista ético Pinheiro Machado opunha uma verdadeira profissão de fé no regime: "Eu não sou republicano da facção de V. Exa. Sou um convencido. Acredito que a forma republicana é a única que se nos pode dar a liberdade; é a única que se afeiçoa a nobreza de sentimentos humanos; é a única que eleva os homens; é a única que pode levar uma nação ao apogeu da civilização". Todavia, como a concepção republicana de Pinheiro Machado não era liberal, para Rui ela não podia ser verdadeira: "V. Exa. é muito sincero nas suas idéias republicanas", respondeu o chefe liberal, "mas inventou e sustentou por quatro anos o governo Hermes, esse governo que arruinou o país e criou a ditadura militar. E V. Exa. quer se apresentar como mais republicano do que eu".⁹ Para que o regime se tornasse uma realidade, não bastava que ele fosse republicano. Era preciso que ele também fosse liberal e democrático:

> Ser republicano é querer uma Constituição na sua verdade, na sua realidade, na sua integralidade, não é estabelecer o governo pessoal dos monarcas debaixo da sucessão de déspotas quadrienais; não é apoderar-se de uma máquina pela qual todos os presidentes

---

7   ANAIS da Câmara dos Deputados. Sessão de 24 de dezembro de 1914.
8   ANAIS do Senado Federal. Sessão 20 de janeiro de 1915.
9   BARBOSA, Rui. *Discursos parlamentares*. Rio de Janeiro: Fundação Casa de Rui Barbosa, 1974, p. 412 (Obras Completas de Rui Barbosa, vol. 41, 1914, t. 3).

são sucessivamente subordinados de uma facção onipotente. Não. É respeitar o voto popular, é permitir que entre nós se estabeleça alguma coisa de realidade democrática, é deixar que todas essas formas tomadas à Constituição americana venham produzir aqui benefícios apreciáveis[10]

De fato, a partir de 1913/1914 verifica-se uma evolução de Rui Barbosa numa direção mais substantivamente democrática, para pleitear a ampliação do eleitorado e a resolução da questão social.[11] Cinco anos depois, ao lançar-se novamente à Presidência da República, Rui Barbosa estava mais ácido, cortante e messiânico do que nunca. Enquanto demolia a "piolharia politicalheira", a "politicorreia clorótica, enervante, desfibrativa" dos "politicastros e politicalhões avariados, ulcerosos, incuráveis, que se embeberam nos tecidos orgânicos da nação e a intoxicam mortalmente",[12] ele denunciava que só o Brasil se acastelava "na mentira de uma rotina conservadora", quando todos os países civilizados se adaptavam à realidade democrática do pós-guerra.[13] Fiel ao ideário liberal e democrata, o senador baiano negava que o Brasil fosse essa "nacionalidade fria, deliquescente, cadaverizada, que receba na testa, sem estremecer, o carimbo de uma camarilha".[14] O povo estava alheio à política, não porque fosse decaído, mas porque a classe política não lhe dirigia a palavra para educá-lo ou mobilizá-lo. Ora, despertar o povo brasileiro por meio da palavra era precisamente o

---

10   MANGABEIRA, João. *Rui: o estadista da República.* 3ª ed. São Paulo: Martins, 1960, p. 208-209.

11   BARBOSA, Rui. *Escritos e discursos seletos.* Seleção, organização e notas de Virgínia Cortes de Lacerda. Rio de Janeiro: Nova Aguilar/Fundação Casa de Rui Barbosa, 1960, p. 580-581.

12   BARBOSA, Rui. *Escritos e discursos seletos.* Seleção, organização e notas de Virgínia Cortes de Lacerda. Rio de Janeiro: Nova Aguilar/Fundação Casa de Rui Barbosa, 1960, p. 401-403.

13   BARBOSA, Rui. *Escritos e discursos seletos.* Seleção, organização e notas de Virgínia Cortes de Lacerda. Rio de Janeiro: Nova Aguilar/Fundação Casa de Rui Barbosa, 1960, p. 428.

14   BARBOSA, Rui. *Escritos e discursos seletos.* Seleção, organização e notas de Virgínia Cortes de Lacerda. Rio de Janeiro: Nova Aguilar/Fundação Casa de Rui Barbosa, 1960, p. 432.

que Rui Barbosa estava fazendo e deviam fazer todos os políticos com o mínimo de civismo.[15] Esta era uma postura muito diferente da nova geração que, em nome do realismo e da objetividade, oscilava entre pregar, como consequência da natureza decaída da população, a restrição formal da democracia, como sugeriam o nacional-reformismo de Alberto Torres[16] e o liberalismo aristocrático de Contreiras Rodrigues,[17] ou a aceitação passiva do *status quo*, como defendia Gilberto Amado com sua sociologia do imobilismo cívico.[18]

Como se percebe, os assuntos políticos e sociais relativos ao paradigma intelectual dominante posterior à guerra não eram privativos da nova geração que, em 1924, lançaria o manifesto modernista político que foi *À margem da história da República*.[19] Aos setenta anos de idade, Rui Barbosa não permaneceu estagnado no liberalismo individualista de Mill, aderindo ao ideal de uma "democracia social"[20] na qual os direitos sociais restringissem as exigências do capital pela imposição de regras gerais de equidade aos contratos de trabalho pelo Estado. Ele audaciosamente defendia a ampliação do direito de voto às mulheres, a limitação das horas de trabalho, a tutela estatal dos contratos de trabalho, a licença-maternidade, a lei de acidentes de trabalho e a extensão dos

---

15 BARBOSA, Rui. *Escritos e discursos seletos*. Seleção, organização e notas de Virgínia Cortes de Lacerda. Rio de Janeiro: Nova Aguilar/Fundação Casa de Rui Barbosa, 1960, p. 475.

16 TORRES, Alberto. *A organização nacional*. Rio de Janeiro: Imprensa Nacional, 1914.

17 RODRIGUES, Félix Contreiras. *Velhos rumos políticos: ensaio contributivo para a revisão constitucional no Brasil*. Prefaciado por uma carta de Alberto Rangel. Tours: Tip. E. Arrault e Cia., 1921.

18 AMADO, Gilberto. As instituições políticas e o meio social no Brasil. In: *Três Livros: A chave de Salomão e outros escritos; Grão de areia e estudos brasileiros; A dança sobre o abismo*. Rio de Janeiro: J. Olympio, 1963.

19 CARDOSO, Vicente Licínio (org.). *À margem da história da República: ideais, crenças e afirmações*. Rio de Janeiro: Edição do Anuário do Brasil, 1924. Este "inquérito por escritores da geração nascida com a República" era, na verdade, uma coletânea de artigos escritos, entre outros, por Gilberto Amado, Jonatas Serrano, Oliveira Viana, Pontes de Miranda, Ronald de Carvalho, Tristão de Ataíde e Vicente Licínio Cardoso.

20 BARBOSA, Rui. *Escritos e discursos seletos*. Seleção, organização e notas de Virgínia Cortes de Lacerda. Rio de Janeiro: Nova Aguilar: Fundação Casa de Rui Barbosa, 1960, p. 440.

direitos sociais ao trabalhador agrícola. Embora Rui advertisse que, garantindo a abertura do sistema, a revisão constitucional era a única forma de prevenir a revolução que destruiria o regime,[21] o *establishment* continuou surdo às suas profecias. Quando reconheceu a necessidade de uma revisão constitucional para fortalecer a União, em 1925, o situacionismo abandonou o estadualismo para adotar um modelo francamente autoritário, antijudiciarista, ultrapresidencial, encarregado de aferrolhar de vez as válvulas de oxigenação do regime contra a oposição liberal.

O resultado foi que, no penúltimo ano da vida de Rui, surgiu o *tenentismo*, espécie de oposição mais radical nos métodos e aspirações. Ao invés de campanhas parlamentares, os tenentes se exprimiam em sublevações armadas em estados como Rio de Janeiro, São Paulo, Rio Grande do Sul, Rio Grande do Norte, Amazonas – sem falar na Coluna Prestes, que atravessou boa parte do território nacional. Inicialmente, os manifestos tenentistas abraçavam os ideais de Rui Barbosa, reclamando a reforma eleitoral e judiciária. Entretanto, a maioria dos tenentes passou a questionar os próprios fundamentos do regime, a partir das críticas formuladas por nacional-reformistas Alberto Torres e Oliveira Viana, as quais condenavam o federalismo oligárquico e pediam o fortalecimento do governo federal a volta do unitarismo do Império. Assim, se em 1924 os revoltosos paulistas e amazonenses ainda pediam o voto secreto e a unificação da magistratura como forma de "emancipar a Nação brasileira do jugo aviltador de meia dúzia de tiranos encapuzados que a depauperaram, e retaliam e desonram", dois anos depois já admitiam os tenentes gaúchos que "não importa estar este ou aquele nome na Presidência da República [...] Ou a política se regenera; se torna sã e útil, ou nós a destruiremos [...] pela espada e pela metralha".[22]

Foi o que aconteceu a 3 de outubro de 1930.

---

21 BARBOSA, Rui. *Tribuna Parlamentar: República*. Rio de Janeiro: Casa de Rui Barbosa, 1956, p. 269 (Obras Seletas de Rui Barbosa, vol. 5).

22 CARONE, Edgar. *O tenentismo*. São Paulo: Difel, 1975.

PARTE II

Três estudos de pensamento político da Primeira República

I

O IMPÉRIO É QUE ERA REPÚBLICA:
A MONARQUIA REPUBLICANA DE JOAQUIM NABUCO

> Eu era monarquista porque a lógica me dizia que não se devia absolutamente aproveitar para nenhuma fundação nacional o ressentimento do escravismo; por prever que a monarquia Parlamentar só podia ter como sucessora revolucionária a Ditadura Militar, quando sua legítima sucessora evolutiva era a Democracia Civil; por pensar que a República no Brasil seria a pseudo-República que é em toda a América Latina. Eu dizia que a República não poderia funcionar como governo livre; e que, desde o dia em que ela fosse proclamada, desapareceria a confiança, que levamos tantos anos a adquirir sob a monarquia, de que a nossa liberdade dentro da lei era intangível.[1]

Introdução

O pensamento de Joaquim Nabuco pode ser compreendido grosso modo como dividido em três períodos: o abolicionista (década de 1880); o monarquista (década de 1890); e o panamericanista (década de 1900). A fase mais festejada é sem dúvida a primeira. Há vinte anos celebra-se o Nabuco de *Discursos parlamentares*, *O Abolicionismo*, a *Campanha Abolicionista do Recife* e *O erro do Imperador* como um verdadeiro herói, tendo a academia o

---

[1] NABUCO, Joaquim. *A Abolição e a República*. Organizado e apresentado por Manuel Correia de Andrade. Recife: Editora UFPE, 1999, p. 60.

elevado à justa condição de precursor do pensamento social brasileiro. Nessa celebração, Nabuco costuma ser apresentado como um social-democrata *avant la lettre*, cuja visão arguta da sociedade brasileira lhe teria permitido enxergar, num meio adverso e conservador, os males decorrentes de nossa má formação, bem como mobilizar a sociedade civil da época para forjar um país mais justo, mais solidário, mais cidadão. Em contraposição a este Nabuco da primeira fase, aquele da segunda costuma ser lido em chave diametralmente oposta. Tendo abandonado sua preocupação social-democrata, depois de 1889 Nabuco teria chafurdado num lamentável conservadorismo, opondo-se à propaganda republicana e afogando as mágoas da queda da monarquia nos braços do catolicismo militante. Ou seja, virara um reacionário. A mesma má vontade se transmite à qualificação de sua produção intelectual, como a *Resposta às mensagens de Recife e de Nazaré*, *por que continuo a ser monarquista*, *Balmaceda*, *A intervenção estrangeira na revolta de 1893*, *O dever dos monarquistas* e, finalmente, *Um estadista do Império*. A despeito dos elogios ao mérito artístico e historiográfico desta última, ou a algumas das observações de *Balmaceda*, a impressão geralmente publicada é a de que, do ponto de vista político, tais obras não passariam de propaganda sem valor, expressão de saudosismo monarquista ou despeito aristocrático. Resultado: celebra-se o Nabuco abolicionista, porque "progressista" e "moderno", e detrata-se o monarquista, porque "atrasado" e "conservador".

O que teria acontecido com Nabuco, tornado a sombra de si mesmo? Embora alguns tenham se limitado a assinalar a mudança,[2] houve quem arriscasse explicações. Para um de seus biógrafos, Luís Viana Filho, Nabuco sofria de um romantismo incurável, que o levava a um excesso de imaginação idealista.

---

2 Esta é a posição de Ricardo Salles, que traça uma das mais lúcidas interpretações sobre o processo político de passagem da monarquia à república (SALLES, Ricardo. *Nostalgia Imperial: a formação da identidade nacional do Brasil do Segundo Reinado*. Rio de Janeiro: Topbooks, 1996). Em seu artigo, porém, refere-se ao fato de que Nabuco teria abandonado a ação cidadã – começada pelo abolicionismo – para abraçar uma posição conservadora e elitista (*Idem*. Joaquim Nabuco e a frustração da nação abolicionista. *Tempo Brasileiro*, Rio de Janeiro, n° 140, jan.-mar. 2000). Em sua obra especificamente sobre Nabuco, porém, Salles privilegia mais a dimensão socio-historiográfica do que a política (*Idem*. *Joaquim Nabuco: um pensador do Império*. Rio de Janeiro: Topbooks, 2002).

Esta, na verdade, era a imagem que o pragmático conservadorismo da Primeira República tinha do liberalismo em geral e de Nabuco em particular: *tímido, ingênuo, vacilante, sentimental, iludido, idealista* são alguns dos epítetos que lhe reservam o pouco generoso biógrafo. O monarquismo de Nabuco era uma "ilusão", na qual "simultaneamente residia a fraqueza do político, que não via claro, e a força do idealista, que precisava nutrir-se de todas as quimeras".[3] Para o crítico literário Antonio Candido, por sua vez, o conservadorismo de Nabuco tinha outra origem; ele residia no seu *aristocratismo crônico*. A explicação passava agora pelo crivo marxista. Embora tivesse conseguido "sair do círculo de interesses de sua classe" para tornar-se um "radical" na década de 1880, depois de 15 de novembro teriam agido sobre Nabuco "os atavismos de classe", em razão dos quais "ele passou ao liberalismo atenuador de *Um Estadista do Império*, elaborado longe do povo, em diálogo tácito com as sombras de um passado que interferiu em suas idéias". Para piorar, ao tornar-se panamericanista, Nabuco não teria percebido "que o imperialismo norte-americano era tão grave no plano externo quanto fora a escravidão no plano interno". Nessa leitura, portanto, Nabuco não se tornou conservador, porque sempre o fora, em razão de seu vínculo com a classe aristocrática; sua participação no abolicionismo é que representara um desvio. Conclusão: Nabuco havia sido um "radical temporário", voltando depois à sua posição "conservadora".[4] Na década de 1980, o primeiro grande estudioso de seu pensamento político aventou uma hipótese mais elaborada: a de que Nabuco teria *perdido o bonde da história*. Segundo Marco Aurélio Nogueira, "alinhando-se incondicionalmente com o Império, Nabuco deixava de revelar que as mudanças em curso no país – embora sem força suficiente para romper com o caráter conservador do processo global – exigiam um reordenamento político institucional que ultrapassava a monarquia".[5]

3   VIANA FILHO, Luiz. *A vida de Joaquim Nabuco*. São Paulo: Companhia Editora Nacional, 1952, p. 185.

4   CANDIDO, Antonio. Radicalismos. In: *Vários Escritos*. 4ª ed. Rio de Janeiro: Duas Cidades, 2004, p. 200.

5   NOGUEIRA, Marco Aurélio. *As desventuras do liberalismo: Joaquim Nabuco, a monarquia e a República*. Rio de Janeiro: Paz e Terra, 1984. O posicionamento de Nogueira a esse respeito se matizou consideravelmente em seus últimos trabalhos, notadamente no

Mais recentemente, a interpretação "classista" de Antonio Candido foi retomada e atualizada por Ângela Alonso. Nabuco surge aí como um aristocrata, ligado por razões contingentes ao "reformismo" do final do Império. O elemento que explica a dedicação do deputado liberal à sorte dos escravos – e que faltava no esquema interpretativo de Candido – é a sua *vaidade*:

> Quincas consolidava sua combinação duradoura de melancolia e narcisismo. Era enamorado de si mesmo, mas vivia mal a solidão. Precisava confirmar suas qualidades por meio do afago e da recepção calorosa de um público. Esse sentimento o encaminhou para a conquista do apreço alheio, das mulheres, como dos homens, não só dos amigos, como dos adversários, dos íntimos e das multidões.[6]

Em outras palavras, Nabuco só se interessa pelos escravos por um capricho estético, pois que vê neles um instrumento de sua vanglória – numa palavra, de sua *vontade de aparecer*. Neste ponto, Alonso retoma a interpretação de Candido: a abolição da escravatura, a queda da monarquia e o advento da República teriam despertado em Nabuco "seu tradicionalismo de origem".[7] Por isso mesmo, sua obra da década de 1890 teria passado a refletir esse caráter de propaganda aristocrática contra os "arrivistas", os "democratas" que haviam tomado o poder.[8] Nabuco se tornara um *ressentido*, um *despeitado*, qualidades negativas que se refletiram na obra escrita durante a década, que não passariam de miserável propaganda monarquista.

Parece-me que diversos equívocos predominam nesses enfoques, entre os quais a falta de familiaridade com a cultura liberal oitocentista; um

---

artigo de 2000 e na introdução à segunda edição de sua obra de 1984, datada de 2010, de cuja perspectiva se aproxima o presente artigo.

6 ALONSO, Ângela. *Joaquim Nabuco: os salões e as ruas*. São Paulo: Companhia das Letras, 2007, p. 37.

7 ALONSO, Ângela. *Joaquim Nabuco: os salões e as ruas*. São Paulo: Companhia das Letras, 2007, p. 233.

8 ALONSO, Ângela. Arrivistas e decadentes: o debate político intelectual brasileiro na primeira década republicana. *Novos estudos Cebrap*, São Paulo, n° 85, 2009. *Idem*. A Década Monarquista de Joaquim Nabuco. *Revista USP*, São Paulo, n° 83.

intencionalismo mal-entendido, descontextualizado ou anacrônico; a persistência de métodos reducionistas que aprisionam seu pensamento nas malhas do psicologismo ou dos supostos vínculos de classe. Não há aqui espaço para discuti-los como convém. Basta por ora salientar que a maioria deles decorre de uma interpretação de corte evolucionista e positivista da passagem da monarquia à República, que nesses enfoques serve de pano de fundo ao exame do "segundo Nabuco". Depois de instaurado o novo regime, ela encontrou o seu primeiro modelo acabado na *História constitucional da República dos Estados Unidos do Brasil*, de Felisbelo Freire – na época o principal defensor intelectual da ditadura florianista contra os ataques a ela dirigidos por Rui Barbosa e pelo próprio Joaquim Nabuco. Essa interpretação – que pode ser inscrita na tradição "luzia", em contraposição àquela cuja denúncia anda na moda, a "saquarema"[9] – postula, em suas linhas gerais, que o Império era um bloco de instituições surgidas de circunstâncias contingentes e só subsistiu enquanto cumpria papéis compatíveis com o baixo desenvolvimento socioeconômico da sociedade brasileira, inclusive o escravismo. Como tal, a monarquia estava fadada a ser substituída por uma moldura institucional mais moderna, fatalmente republicana. A monarquia unitária é apresentada como uma continuação disfarçada do período colonial; um desvio de rota transitoriamente útil que se tornara, porém, ao cabo de certo tempo, uma pedra no progresso nacional, natural e felizmente superada pela República federativa, verdadeiro advento da modernidade no Brasil. Tanto assim que, a respeito dos acontecimentos de 15 de novembro, evita-se falar em golpe militar, preferindo-se a eufemística expressão "proclamação da República" – como se tratasse de uma mudança tão natural ou fatal quanto a transformação da lagarta em borboleta.[10]

9 Cf. MELLO, Evaldo Cabral. *A ferida de Narciso: estudos de história regional*. São Paulo: Editora Senac, 2001.

10 Além disso, persiste a ilusão de que o jacobinismo pudesse ter representado uma alternativa democrática ao desfecho oligárquico, quando se aproximava mais de um movimento de índole cesarista, sectário e autoritário – uma "direita revolucionária" antiliberal, similar ao boulangismo protofascista que, na França, ameaçava destruir a Terceira República (STERNHELL, Zeev. *La Droite Révolutionnaire – 1885-1914: les origines françaises du fascisme*. Paris, Gallimard, 1997).

Atualizada e adaptada por jacobinos, perrepistas e castilhistas, essa interpretação foi depois abraçada por parte do *mainstream* acadêmico marxista, que substituiu o evolucionismo/positivismo pelo materialismo histórico sem alteração substantiva dos traços assinalados: caráter acidental da monarquia no Brasil; relação indissociável da monarquia com a centralização política, a ascendência do Poder Moderador e a vitaliciedade do Senado; superação do Império como *telos*, em virtude de um imperativo modernizador. Essa interpretação *luzia* da passagem da monarquia à República tem dificultado sobremaneira, quando não impedido, uma avaliação serena da obra nabuqueana no período, condenada pelo evolucionismo/positivismo por ser liberal, e pelo marxismo por ser conservadora. Ela confere ao advento deste regime um caráter falso de necessidade histórica, na medida em que confunde dois objetos distintos de análise: a oligarquização ou democratização como processo histórico, isto é, conjunto de causas e consequências de um *processo de mudança social*, que teria um "sentido", e a instauração da República enquanto *modalidade de mudança*, resultante de uma dinâmica particular e acidental de ação coletiva.[11] Na verdade, nada há que indique que o processo de mudança social em curso exigisse a instauração da República, ou seja, que ele não pudesse ter-se operado sob o signo do Império reformado, federalizado, na forma de uma "república velha coroada". É de bom alvitre lembrar que, como todas as monarquias do período, inclusive a britânica, o Império reformou o seu modelo político por pelo menos três vezes (1834, 1837, 1881), e estava a ponto de operar a quarta, sob o gabinete Ouro Preto, quando foi derrubado. A história é pródiga em demonstrar que a monarquia pode se combinar indiferentemente com a democracia ou o absolutismo; o sufrágio censitário ou universal; a centralização ou o federalismo; o governo pessoal ou o parlamentarismo; o contencioso administrativo ou judiciarismo etc. Se o problema é a incompatibilidade entre o continente americano e a monarquia, o Canadá está aí para indicar o oposto; ademais, deve-se recordar que a forma monárquica de governo havia sido a

---

11   Trata-se visivelmente de um cacoete análogo àquele da historiografia marxista a respeito da Revolução francesa, denunciado por François Furet (FURET, François. *Pensando a Revolução Francesa*. Tradução de Luiz Marques e Martha Gambini. Rio de Janeiro: Paz e Terra, 1989, p. 36).

primeira opção de importantes setores de diversos países da América Ibérica, inviabilizada mais por motivos contingentes que por qualquer outro motivo.[12] Neste capítulo, gostaria de sugerir uma interpretação alternativa do pensamento de Nabuco naquele período, formulada a partir de seus próprios termos. Sua virtude está menos na originalidade do que na ênfase e na sistematização de aspectos já sublinhados, embora isoladamente, por outros estudiosos. Refiro-me expressamente à alusão de Marco Aurélio Nogueira à "tensão dialética" que caracteriza a relação de Nabuco entre o ideal e o real;[13] à afirmação de José Almino de Alencar ao pensamento de Nabuco nas décadas de 1880 e 1890 numa chave mais de continuidade do que de ruptura;[14] à leitura de Maria Alice Rezende de Carvalho do monarquismo de Nabuco como um republicanismo pelo alto;[15] à observação, por Maria Lombardi, do maior comprometimento de Nabuco com os valores republicanos, do que os próprios republicanos, como Silva Jardim;[16] e, por fim, a duas observações de Evaldo Cabral, a primeira concernente às afinidades de Nabuco com o discurso político saquarema,[17] e a segunda, à relatividade de seu suposto elitismo no contexto de um regime republicano que era tão ou mais elitista.[18] Na base da presente interpretação,

---

12 LYNCH, Christian Edward Cyril. O Pensamento Conservador Ibero-americano na Era das Independências (1808-1850). *Lua Nova*, n° 74, 2008, p. 59-92.

13 NOGUEIRA, Marco Aurélio. Das tensões, dialéticas e antinomias: o encontro de Nabuco com a política. *Tempo Brasileiro*, Rio de Janeiro, n° 140, 2000.

14 ALENCAR, José Almino de. Joaquim Nabuco: monarquista no Brasil, republicano no Chile. In: NABUCO, Joaquim. *Balmaceda*. São Paulo: Cosac Naify, 2008.

15 CARVALHO, Maria Alice Rezende de. Joaquim Nabuco e a Política. *Tempo Brasileiro*, Rio de Janeiro, n° 140, 2000.

16 FERNANDES, Maria Fernanda Lombardi. Silva Jardim e Joaquim Nabuco: uma polêmica acerca da Abolição e da República. In: XIII *Congresso Brasileiro de Sociologia: Desigualdade, Diferença e Reconhecimento*. Recife, Escola Dom Bosco de Artes e Ofícios, 2007.

17 MELLO, Evaldo Cabral. Um livro elitista? Posfácio. In: NABUCO, Joaquim. *Um estadista do Império*. Rio de Janeiro: Topbooks, 1997.

18 MELLO, Evaldo Cabral. Joaquim Nabuco. *Tempo Brasileiro*, Rio de Janeiro, n° 140 jan.--mar. 2000.

está a tese de que o segundo Nabuco se acha movido pela mesma preocupação do primeiro, diante, todavia, de uma conjuntura diferente, de substituição do regime de governo que tornara possível o abolicionismo, levando-o a perceber a instabilidade do terreno sobre o qual julgara possível instaurar a democracia no Brasil. A escalada de eventos como o recrudescimento da propaganda republicana pela adesão dos fazendeiros escravocratas, a ruptura institucional com o Estado de direito operada pelo golpe militar, a queda do padrão de vida pública acelerada pelo Encilhamento e o advento da ditadura florianista, sustentada pela violência do jacobinismo urbano, foram acontecimentos que marcaram e complexificaram a elaboração teórica de Nabuco, obrigando-o a se debruçar sobre as condições de possibilidade de uma sociedade republicana e liberal no Brasil.

Enxergando suas obras da década de 1890 à luz de seus conceitos-chave – como o de "idealismo prático" e o de "república" –, conclui-se que Nabuco permaneceu monarquista por julgar que o advento do regime republicano, nas condições propostas, viria a prejudicar e não a favorecer o advento de uma sociedade autenticamente republicana, liberal e democrática entre nós. Por outro lado, considerações de ordem estritamente prática levavam-no a ver, na monarquia preexistente, um instrumento que permitiria promover mais efetivamente o civismo, o liberalismo e a democracia, capaz de preparar a sociedade brasileira para uma república que fosse além do mero rótulo, ou seja, sem desnível entre forma e conteúdo, entre o país legal e o país real. Por fim, reforçando a hipótese do *monarquismo instrumental* de Nabuco, chamarei a atenção para o modo por que ele pensou uma eventual reorganização do novo regime republicano a partir da experiência imperial, de modo a minimizar a solução de continuidade operada, a seu ver, quando do golpe militar de 1889.

Entre o ideal e o real: o "idealismo prático" de Nabuco

Ao exemplo de outros grandes liberais do século xix, como Madame de Stäel e Benjamin Constant, o pensamento de Joaquim Nabuco é atravessado pela necessidade de orientar-se a partir de padrões ideais, marcados por forte apelo estético e moral, mas também pelo imperativo de compreender a realidade por intermédio de um agudo faro sociológico. Desde a juventude acompanhou-o a tendência a esse idealismo estetizante que associava o verdadeiro ao bom, belo, moral e eterno, e remetia o falso, por sua vez, à maldade, fealdade, à degeneração, ao efêmero. Para ele, cada ser humano poderia ser resumido ao "raio estético" existente no interior do seu pensamento, sendo a política apenas "uma refração daquele filete luminoso que todos temos no espírito".[19] Entregue apenas às próprias forças, sem nenhum artifício que a resgatasse, a vida ordinária tenderia inevitavelmente à decadência, à corrupção, à velhice. A vida terrena ou mundana, ordinária, precária e fragmentária, só fazia sentido caso orientada por aquele ideal, que poderia conferir-lhe a unidade, o sentido e a orientação de que ela carecia.[20]

O principal binômio que reflete aquela dicotomia é a distinção entre a "grande política" ou "política com P grande" e a "pequena política", ou "política com P pequeno". A primeira é "a política que é História", "onde a ação do drama contemporâneo" seria "universal", "do século", "da civilização", "intelectual", "cosmopolita". A segunda, por seu turno, era a "política pelos profissionais", "que é a local, a do país, a dos partidos", e, como tal, é "puramente doméstica". Isso significa que a política brasileira só lhe interessava na medida em que envolvesse os fatos históricos da nacionalidade, refletindo deste modo a "grande política".[21] Projetado a partir de uma estética cujo tom é conferido pela arte e pela história, esse idealismo se projeta em toda a sua visão do mundo e o acompanha num crescendo conforme amadurece e envelhece. Com efeito, conforme vive, sua preocupação sucessivamente se transporta, como que numa escalada ou numa ascensão, da política ordinária à causa social da abolição, desta ao problema do Estado de direito na América Latina e para, por fim, chegar ao plano da História e dos destinos do país no cenário internacional. Sua tão controversa "conversão" católica deve ser vista como consequência do movimento ascendente daquele idealismo estético, no plano do foro íntimo, acelerado pelas frustrações políticas. Para Nabuco, por simbolizar a unidade, a bondade, a moralidade, a eternidade que devem preponderar sobre

19 NABUCO, Joaquim. *Minha Formação*. Prefácio de Carolina Nabuco. Rio de Janeiro: W. M. Jackson Inc. Editores, p. 49.

20 NABUCO, Joaquim. *Escritos e discursos literários*. Rio de Janeiro: Garnier, 1901, p, 195.

21 NABUCO, Joaquim. *Minha Formação*. Prefácio de Carolina Nabuco. Rio de Janeiro: W. M. Jackson Inc. Editores, p. 42/43.

a fragmentação, o egoísmo, o materialismo e a efemeridade da vida terrena, Deus naturalmente figuraria em sua arquitetura intelectual e moral como a abóboda do edifício: "Toda idéia é espelho de Deus, para quem a puder polir até o infinito".[22] Civilização e barbárie, liberalismo e tirania, monarquia e república, parlamentarismo e presidencialismo, Europa e América, vida ativa e vida contemplativa, são outros tantos binômios que refletem o seu idealismo político. "A felicidade é a admiração do belo em companhia daqueles com quem estamos em harmonia".[23] Nesse sentido, é evidente a afinidade de Nabuco com a filosofia platônica, com a qual, de fato, ele começou a vida intelectual e a concluiu, dedicando-lhe quatro conferências ao sair da faculdade, e relendo-a no leito de morte, quarenta anos depois: "Que sol resplandecente Platão me está aparecendo!", exclamava Nabuco semanas antes de morrer. "Não sei se é tarde aos 60 anos para entrar para a Academia, mas é o mais conveniente preparo para a eternidade".[24]

No entanto, esse "platonismo" ou idealismo de Nabuco tinha por contrapartida, paradoxal apenas na aparência, o imperativo de interpelar a realidade o mais objetivamente possível. Neste sentido, Nabuco também seguia as intuições dos liberais franceses, que desde Constant reconheciam a necessidade de adotar "princípios intermediários" que filtrassem a verdade abstrata e universal contida nos princípios absolutos e os encadeassem e concretizassem, conforme as circunstâncias de tempo e de lugar. "A regra de conduta, em moral política, não é querer realizar um ideal absoluto, mas tê-lo diante de nós como um ponto fixo, de modo que caminhemos sempre para ele".[25] Assim, todo o verdadeiro estadista deveria se orientar na vida pública por um critério a que Nabuco denominava "idealismo prático": este se distanciava tanto do idealismo puro, que levava ao radicalismo teórico e afastava o ator do objetivo,

---

22 NABUCO, Joaquim. *Pensamentos Soltos*. Tradução de Carolina Nabuco. Rio de Janeiro: Civilização Brasileira; São Paulo: Companhia Editora Nacional, 1937, p. 17.

23 NABUCO, Joaquim. *Pensamentos Soltos*. Tradução de Carolina Nabuco. Rio de Janeiro: Civilização Brasileira; São Paulo: Companhia Editora Nacional, 1937, p. 96

24 NABUCO, Joaquim. *Diários: 1873-1910*. Prefácios e notas de Evaldo Cabral de Melo. Rio de Janeiro: Bem-Te-Vi; Recife, PE: Fundação Joaquim Nabuco, 2005, p. 470 e 473.

25 NABUCO, Joaquim. *Escritos e Discursos Literários*. Rio de Janeiro: Garnier, 1901, p. 610.

quanto do pragmatismo, em que o ator agia em função de puros interesses práticos na busca pelo poder. A fundamental qualidade do político era "adaptar os meios aos fins e não deixar periclitar o interesse social maior por causa de uma doutrina ou de uma aspiração".[26] Este ponto de vista – que, entre Platão e Maquiavel, pode ser chamado "aristotélico" – postulava a esterilidade da política puramente ideal na medida em que o desconhecimento do real a privava da possibilidade de efetivação: "É uma pura arte de construção no vácuo. A base são teses, e não fatos; o material, ideias, e não homens; a situação, o mundo, e não o país; os habitantes, as gerações futuras, e não as atuais".[27] Nabuco exigia do ator político orientado pelo ideal uma proficiência quase científica na apreciação das realidades, de tal sorte que pudesse aproximar o ideal o tanto quanto possível do real. Daí que, noutro pensamento, exprima essa hierarquia invocando os filósofos que encarnariam aquelas características: "A terra gira em torno do sol; Aristóteles em torno de Platão".[28] Era o seu jeito de afirmar que era o ideal que orientava o conhecimento do real.

Mas quais eram os ideais políticos de Nabuco? Aqui é preciso compreendê-los no interior da cultura política liberal oitocentista, relacionando-os à filosofia da história como progresso: esclarecimento, capacidade, moralidade, civismo, tolerância, abertura à democracia. E era na Inglaterra que esses ideais pareciam mais bem se materializar: dona de um império que cobria a quarta parte do mundo, terra da liberdade civil, governada por uma aristocracia ilustrada e patriótica, ninguém duvidava de sua posição na vanguarda do processo civilizatório. Além disso, Tocqueville e Mill haviam ensinado que havia um movimento histórico e social irrefreável de democratização, que levava, no plano social, à desaristocratização das sociedades e, no plano político, ao sufrágio universal. O papel do liberal autêntico seria o de encaminhar a democratização sem prejuízo da qualidade da vida pública, ou seja, dos valores cívicos e liberais da aristocracia declinante. Ora, era também a Inglaterra o país onde esse ideal *whig* de democratização dentro do liberalismo se realizava de maneira ordeira

---

26   NABUCO, Joaquim. *Escritos e Discursos Literários*. Rio de Janeiro: Garnier, 1901, p. 203.

27   NABUCO, Joaquim. *Balmaceda*. São Paulo: Progresso Editorial, 1949, p. 17.

28   NABUCO, Joaquim. *Pensamentos Soltos*. Tradução de Carolina Nabuco. Rio de Janeiro: Civilização Brasileira; São Paulo: Companhia Editora Nacional, 1937, p. 62.

e pacífica.²⁹ Por outro lado, os Estados Unidos ainda pareciam a muitos um rebento da linhagem inglesa, que se destacava antes pelo seu progresso material do que moral.³⁰ Quanto à França, era a única república entre as potências europeias, e a ninguém parecia modelo de coisa alguma com seu modelo parlamentar bastardo, sua pulverização partidária e seus governos cronicamente instáveis, atacados pelos jacobinismos de direita e de esquerda. Era, pois, natural que a monarquia parlamentar britânica servisse de referência a todos os liberais que anelavam, para além do Canal da Mancha, combinar o progresso na ordem, a liberdade com a autoridade.

Se estes eram os ideais liberais de Nabuco, qual a realidade com que eles deveriam ser contrapostos, para fins de elaboração da estratégia política a mais adequada aos atores – sempre em conformidade com o idealismo prático por ele preconizado? Essa realidade era a da sociedade latino-americana, tão diferente da europeia em geral e, em particular, da britânica. De fato, os países da região eram republicanos apenas no nome, oscilando na realidade entre a anarquia da guerra civil e a tirania do governo pessoal: "Em toda a América do Sul, há neste momento, como tem havido sempre, uma porção de revoluções à espera somente de um pretexto para rebentar".³¹

O Estado de direito possível na América do Sul: liberalismo aristocrático *versus* caudilhismo autoritário

A pergunta que serve de ponto de partida para a reflexão de Nabuco no período é, portanto, a seguinte: seria possível organizar àquela altura, na América Latina, um Estado de direito (entendendo-se por esta expressão um governo constitucional e representativo *efetivo* e não apenas *nominal*)? Montesquieu e Tocqueville haviam ensinado que a liberdade só medrava onde houvesse, no âmbito da própria sociedade organizada, obstáculos à expansão indefinida do

---

29 MITCHELL, Leslie. *The Whig World (1760-1837)*. Londres: Hambledon Continuum, 2005, p. 113/114 e 177.

30 NABUCO, Joaquim. *Minha Formação*. Prefácio de Carolina Nabuco. Rio de Janeiro: W. M. Jackson Inc. Editores, p. 175.

31 NABUCO, Joaquim. *Balmaceda*. São Paulo: Progresso Editorial, 1949, p. 124.

poder.³² Ocorre que, recém-saídas da colonização, as sociedades civis latino--americanas ainda eram desestruturadas, politicamente invertebradas, não dispondo de qualquer mecanismo que, à luz daqueles autores, pudesse impedir o livre desenvolvimento do despotismo. Dado o caráter naturalmente anárquico da cultura política subcontinental, o imperativo modernizador exigia a imediata construção da ordem nacional, não se podendo aguardar que o tempo se incumbisse de estruturá-la naturalmente. Tratava-se, assim, de uma razão de Estado a ser executada por meios extraordinários e artificiais, apelando-se a uma institucionalidade capaz de impor a paz de cima para baixo e de exercer transitoriamente determinadas funções que, segundo o figurino clássico do liberalismo, deveriam ser exercidas pela sociedade, mas de que, na região, ela ainda não era capaz de se desincumbir. Essa institucionalidade precisaria adquirir, ao menos nos primeiros tempos, um cunho aberta ou veladamente monárquico, para conseguir cimentar as fidelidades, dar liga aos fragmentos de sociabilidade existentes e combater os focos de desagregação. Servindo de contraforte às tendências anárquicas do meio, ela serviria de plataforma para estabelecer o Estado de direito e democratizar-se num futuro mais remoto. Para os realistas liberais sul-americanos, como Caravelas, Portales, Uruguai e Alberdi, a tutela monárquica, sob a forma de república ou não, serviria de estufa que permitisse aclimatar a liberdade num ambiente que lhe era estranho: individualista, apaixonado, incoeso, carente de ordem. Ainda que de forma discreta, inconfessa, eles exprimiam a ideia, repetida em meados do século por Mill e Tocqueville, de que toda comunidade política inorgânica carecia em seus primeiros tempos de um "despotismo benévolo" – até que a sociedade conseguisse caminhar com suas próprias pernas.³³

32   NABUCO, Joaquim. *Balmaceda*. São Paulo: Progresso Editorial, 1949, p. 138.

33   A respeito da América do Sul, cujas "novas nações" se agitavam havia "um quarto de século, em meio a revoluções sempre renascentes", Tocqueville escrevera: "Quando o considero (*o povo desses países*) nesse estado alternante de misérias e crimes, sou tentado a crer que para ele o despotismo seria um bem" (TOCQUEVILLE, Alexis de. *A Democracia na América: leis e costumes*. São Paulo: Martins Fontes, 2001, p. 263). Duas décadas depois, Stuart Mill escreveria que "um povo que se encontra em estado de independência selvagem (...) é praticamente incapaz de realizar qualquer progresso em civilização até ter aprendido a obedecer. Por conseguinte, a virtude indispensável

Mas de onde viria o impulso para instaurar aquela ordem, sendo a sociedade bárbara e desarticulada? Naquela etapa ainda embrionária do desenvolvimento dos países da região, era inevitável que a instauração de um Estado comprometido com os valores civilizatórios dependesse primariamente da iniciativa e êxito de elites esclarecidas, cujo liberalismo e cujo patriotismo as motivassem a limitar voluntariamente o próprio poder governamental nos limites de um governo constitucional e representativo. O advento da civilização dependia de uma sociabilidade cosmopolita que, num meio social decaído a mais de um título, só poderia ser encontrada numa diminuta parcela da população correspondente à sua aristocracia. Eis por que ela deveria se colocar à testa das iniciativas governamentais para promover a civilização do país – isto é, à defesa da ordem liberal, se opondo artificialmente às naturais tendências bárbaras, isto é, autoritárias, do meio social, mediante o seu "espírito de transação".[34] Esse governo de excelência se organizaria pelo governo parlamentar e se manteria pelo estabelecimento de regras de acesso aos cargos públicos, destinadas a selecionar pessoas educadas, ou seja, de perfil compatível com os valores liberais e republicanos para o exercício das funções governativas, evitando a ascensão de gente estranha àquela sociabilidade, contaminada pelo atomismo do meio. Naquela etapa do desenvolvimento do subcontinente, esse domínio oligárquico da "aristocracia" social na esfera política deveria ser reputado legítimo enquanto estivesse comprometido com a prática e o enraizamento do Estado de direito no ambiente que lhe era adverso. Como um *whig*, Nabuco esperava que, pelo respeito reiterado dos frágeis precedentes e práticas liberais, com o tempo os valores da civilização se sedimentassem na forma de uma cultura política.[35] Para tanto, as elites políticas não poderiam perder o tino sociológico, o espírito

---

em um governo que se estabeleça sobre povo dessa espécie é fazer-se obedecido. Para permitir que o consiga, a constituição do governo deve ser aproximadamente ou mesmo completamente despótica" (MILL, John Stuart. *O governo representativo*. Tradução de E. Jacy Monteiro. 2ª ed. São Paulo: Ibrasa, 1983, p. 28).

34 NABUCO, Joaquim. *Balmaceda*. São Paulo: Progresso Editorial, 1949, p. 124.

35 MITCHELL, Leslie. *The Whig World (1760-1837)*. Londres: Hambledon Continuum, 2005, p. 113/114 e 177.

prático, positivo, que evitasse o utopismo e, com ele, o radicalismo que punha tudo a perder; deveriam estar embebidas do seu "idealismo prático".

Nesse ponto, tem se objetado ao que parece um "aristocratismo político", uma aversão do fino Nabuco à plebeia democracia. Para Nabuco – como, depois dele, para Ostrogorski, Michels, Pareto e Weber –, todos os tipos de governo eram oligárquicos, no sentido de que era sempre uma minoria que governava; neste sentido, a democracia era o regime em que a oligarquia governava com o assentimento da maioria.[36] Além disso, Nabuco pensava que, dado o atraso das sociedades da região, não havia qualquer possibilidade em curto prazo de estabelecimento da democracia na América do Sul. Ela mesma só existia em marcha estável nos Estados Unidos e na Inglaterra, sofrendo abalos na França e apenas engatinhando na Itália. Daí que o seu liberalismo aristocrático não se opunha ao democratismo, mas a outra forma de oligarquia que lhe parecia muito pior – a tirania demagógica. A "democracia" não passava aí de pretexto risível para que os candidatos a tiranos promovessem seus pronunciamentos e instalassem regimes personalistas, autoritários, oligárquicos, antirrepublicanos. Forma política típica de governo da região, a principal característica da tirania demagógica residia na defesa da autoridade pessoal do tirano a qualquer custo. Para permanecer no poder, o déspota sacrificava, abertamente ou por sofismas, todos os preceitos do Estado de direito, fraudando eleições, censurando a imprensa, perseguindo e executando adversários – sempre em nome do povo.[37] Por essa razão, a violenta rotação do pessoal governante pela revolução nunca passava, a seu ver, de mera substituição de oligarquias para pior, na medida em que o pessoal mais tradicional, ilustrado e independente era substituído por outro, arrivista e dependente do ditador e, portanto, predisposto a chancelar toda e qualquer violência para segurar-se no poder. O resultado era que, como o Estado de direito nunca dispunha de tempo, hábitos e práticas para se sedimentar, em meio às perseguições das minorias e reiteradas

---

36 NABUCO, Joaquim. *Diários: 1873-1910*. Prefácios e notas de Evaldo Cabral de Melo. Rio de Janeiro: Bem-Te-Vi; Recife: Fundação Joaquim Nabuco, 2005, p. 221.

37 NABUCO, Joaquim. *Diários: 1873-1910*. Prefácios e notas de Evaldo Cabral de Melo. Rio de Janeiro: Bem-Te-Vi; Recife: Fundação Joaquim Nabuco, 2005, p. 77.

violações da ordem constitucional, a cultura política liberal nunca conseguia se enraizar, ficando o sonho da democracia cada vez mais distante. Assim, o aristocratismo de Nabuco não se opunha à democracia, mas à oligarquia e à tirania. Pensando, como Tocqueville e Mill, a partir de um esquema em três etapas de desenvolvimento político– primeiro a ordem, depois o liberalismo e, por fim, a democracia –, Nabuco partia da premissa de que, pelo retardo de suas desestruturadas sociedades, ainda não havia em nenhum país do continente condição de implantação de regime democrático. Oscilando entre a anarquia da guerra civil e a tirania personalista de um general, boa parte das nações sul-americanas sequer conseguia cumprir a primeira etapa, que era a de garantir a ordem pública pelo monopólio estatal da coerção legítima. Daí que, para o autor de *Balmaceda*, o dilema sul-americano ainda não se punha em termos de regime democrático ou não democrático, mas entre barbárie e civilização; governo oligárquico ou aristocrático; individualismo feroz ou sociabilidade plural; caudilhismo autoritário e liberalismo aristocrático. Enquanto oligarquias políticas, tanto a aristocracia liberal chilena como a liberal inglesa lhe pareciam governar mais no interesse do povo do que tiranos arbitrários como Rosas na Argentina, Garcia Moreno no Equador, Francia no Paraguai, Melgarejo na Bolívia, porque a aclimatação da liberdade preparava o terreno da democracia, e a tirania, não.[38] A civilização democrática só se tornaria possível quando, concomitante à diluição da hegemonia política da aristocracia, houvesse uma irradiação do seu "espírito liberal" por sobre as camadas sociais politicamente emergentes. Ao aclimatar o sentimento da coisa pública, o governo dos melhores homens e a cultura política liberal, um governo aristocrático consolidado constituía o único caminho por que o Estado de direito poderia chegar à América Latina, até que a sociedade conseguisse se estruturar e criar condições para uma evolução democrática. Sem aristocracia governante, também não seria possível cogitar das reformas sociais indispensáveis ao progresso de suas nações, reformas estas que deveriam ser promovidas em consonância com figurino *whig*: cautelosamente, sem movimentos abruptos que pusessem em perigo a estabilidade das instituições e, com ela, a

---

38   NABUCO, Joaquim. *Diários: 1873-1910*. Prefácios e notas de Evaldo Cabral de Melo. Rio de Janeiro: Bem-Te-Vi; Recife: Fundação Joaquim Nabuco, 2005, p. 80.

teia evolucionária liberal produzida ao longo do tempo. Porque respeitador de todos os direitos, o espírito de reforma conservador, burkeano, é recomendado por Nabuco como o verdadeiro espírito republicano.[39] Pintado este pano de fundo da realidade sociopolítica sul-americana, indaga-se: que modelos institucionais ou constitucionais poderiam contrapesar as insuficiências do meio social, servindo de incubadoras do Estado de direito? A monarquia agradava ao idealismo estético de Nabuco, porque refletia a imagem de Deus governando o universo e exprimia a aspiração platônica do governo belo, justo e perfeito; o ideal de uma elevada esfera de moralidade que planasse sobre as misérias da ambição humana, servindo-lhe de corretivo e inspiração.[40] Do ponto de vista mais prático, ensinavam Constant, Laboulaye e Prévost-Paradol que a monarquia parlamentar, enquanto forma de governo constitucional representativo, proporcionava uma autoridade suprapartidária na chefia do Estado, capaz de exercer um Poder Moderador e, como tal, de árbitro mantenedor do sistema constitucional; magistrado inacessível às ambições vulgares da pequena política, do reacionarismo ou do jacobinismo. O exemplo, mais uma vez, vinha da Inglaterra, país em que o privilégio dinástico aproveitava apenas "a tradição nacional mais antiga e mais gloriosa para neutralizar a primeira posição do Estado. A concepção monárquica ficava sendo esta: a do governo em que o posto mais elevado da hierarquia fica fora da competição".[41] A monarquia tinha, portanto, uma utilidade dupla: como instituição moderna, servia de fiadora do Estado de direito; enquanto tradição, ela simbolizava o uno no plural, o eterno sobre o efêmero, o justo sobre o parcial, a coisa pública sobre o interesse particular.

---

39 NABUCO, Joaquim. *Diários: 1873-1910*. Prefácios e notas de Evaldo Cabral de Melo. Rio de Janeiro: Bem-Te-Vi; Recife: Fundação Joaquim Nabuco, 2005, p. 39.

40 NABUCO, Joaquim. *Diários: 1873-1910*. Prefácios e notas de Evaldo Cabral de Melo. Rio de Janeiro: Bem-Te-Vi; Recife: Fundação Joaquim Nabuco, 2005, p. 132; NABUCO, Joaquim. *Minha Formação*. Prefácio de Carolina Nabuco. Rio de Janeiro: W. M. Jackson Inc. Editores, 1949, p. 42.

41 NABUCO, Joaquim. *Minha Formação*. Prefácio de Carolina Nabuco. Rio de Janeiro: W. M. Jackson Inc. Editores, p. 131.

Todavia, a exemplo daqueles autores, apesar de predisposto idealmente à monarquia, Nabuco não faria questão de nenhum regime de governo, desde que garantisse a liberdade; como "idealista prático", ele seria o primeiro a defender a necessidade de considerar as circunstâncias e o momento, opondo-se ao "maior erro que se pode cometer em política – o de copiar, de sociedades diferentes, instituições que cresceram".[42] A defesa da monarquia como forma de governo adequada ao Brasil só poderia ser efetuada, assim, a partir de ponderações particulares à sua realidade, entendida como formação social empírica diante da qual se punha o imperativo civilizador de construção da ordem liberal. Ora, a experiência sul-americana demonstrava que apenas o Chile e o Brasil haviam escapado ao redemoinho de infortúnios que atingira seus vizinhos. Ambos haviam apelado no começo de suas vidas independentes a institucionalidades substancialmente monárquicas que, bem-sucedidas, cedo evoluíram para o Estado de direito pelo parlamentarismo. Organizado como república monárquica, o Chile possuía um "caráter nacional" similar ao inglês, o que explicava o êxito de sua sociedade na organização de um Estado de direito estável, capaz de resistir à tirania de um Balmaceda. Este não era o caso do Brasil que, além dos males gerais da formação subcontinental, tivera o seu "caráter nacional" adicionalmente prejudicado pela sua gestação "na paz e na moleza da escravidão doméstica".[43] Ela não teria mais condições que as outras sociedades da região, pois, para oferecer qualquer obstáculo ao exercício despótico do poder – muito pelo contrário, estaria mais predisposta a ele. Muito bem: se, com uma sociedade mais predisposta que as demais ao despotismo, contra todas as expectativas, o Brasil desfrutava havia meio século de um governo parlamentar estável, semelhante ao do Chile, a Nabuco pareceu razoável atribuir a causa daquela excepcionalidade à outra – a de ser o único país na região organizado monarquicamente.

Com efeito, pareceu a Nabuco que, carecendo, como os demais países do continente, de um desenho institucional capaz de conferir ao seu Estado nacional a consistência que ele ainda não podia extrair de sua invertebrada

---

42 NABUCO, Joaquim. *Minha Formação*. Prefácio de Carolina Nabuco. Rio de Janeiro: W. M. Jackson Inc. Editores, p. 130.

43 NABUCO, Joaquim. *Balmaceda*. São Paulo: Progresso Editorial, 1949, p. 138.

sociedade, havia sido a monarquia que permitira a construção do Estado de direito no Brasil. Por um lado, ela conferia ao país a autoridade autônoma de que uma sociedade amorfa carecia para gozar de uma ordem nacional; por outro, por conta de seu caráter excepcional na América, ela se via de antemão tolhida em suas derivas autoritárias, sendo obrigada a se mostrar mais liberal do que todos os vizinhos republicanos para legitimar-se entre eles.[44] Então, justamente por seu caráter "exótico" no continente, a monarquia teria servido de muletas a uma sociedade ainda paralítica, compensando "a incapacidade do povo de combater pelos seus direitos" e proporcionando um ambiente cívico "mais favorável ao crescimento da democracia".[45] De fato, assim como servira de artifício para burlar o destino natural do país ao despotismo ou à oligarquia, estabilizando-lhe o tecido social, não era impossível que a monarquia pudesse também servir de plataforma para acelerar as transformações sociopolíticas necessárias à consolidação da futura democratização do país – ou seja, na fabricação de uma sociedade verdadeiramente republicana. Nesse ponto, na reflexão nabuqueana da década de 1890, surge aquele que é o seu tema por excelência: o da *monarquia republicana*.

A monarquia republicana contra a pseudorrepública

Para compreender o alcance da *monarquia republicana* de Nabuco, é preciso averiguar previamente os diversos sentidos do complexo conceito de república por ele mobilizado, que pode, dependendo do contexto, adquirir quatro sentidos diferentes, embora assemelhados. O primeiro deles remete à tradição clássica, designando, por república, qualquer comunidade voltada para o bem comum, pautada pela virtude cívica, pelos costumes austeros e pelo culto da lei, e possui por conceito assimétrico aquele de *coisa privada*, associada à corrupção, ao egoísmo e à relaxação. O segundo sentido do conceito de república, ao contrário do precedente, é puramente formal: refere-se ao regime republicano de governo e tem por seu contrário aquele de *monarquia*. Os dois sentidos referidos, o primeiro e o segundo, são independentes, porque um alude à *substância da coisa*, e o outro, à sua *aparência legal*, o que implica reconhecer

---
44   NABUCO, Joaquim. *Escritos e Discursos Literários*, Rio de Janeiro: Garnier, 1901, p. 60.
45   NABUCO, Joaquim. *Escritos e Discursos Literários*, Rio de Janeiro: Garnier, 1901, p. 62-63.

que o sentimento de coisa pública pode, tanto quanto a corrupção, existir no regime republicano ou no monárquico. O terceiro sentido alude à maneira de Tocqueville a uma sociedade democrática, isto é, igualitária (também chamada "democracia pura"); ao passo que o quarto e último sentido é mais abrangente, remetendo a um ideal moderno de sociedade republicana. Ela pressuporia cumulativamente uma sociedade dotada do sentimento da coisa pública (república no sentido estrito); de um governo constitucional e representativo, garantidor dos direitos do homem (o Estado de direito, elemento liberal); e, por fim, marcada pela participação do maior número nos negócios públicos (a democracia como regime igualitário). Estes três aspectos do ideal republicano moderno emergiriam sucessivamente no decorrer de um processo social, ao cabo do qual, tendo atingido a maturidade, *substantivamente republicana*, a sociedade poderia dispensar qualquer espécie de tutela e adotar o *regime republicano*, sem receio de uma desconformidade entre a república como substância (sociedade cívica e igualitária) e como forma (regime não monárquico). Este é o pano de fundo teórico sobre o qual Nabuco faz a defesa da monarquia como desenho institucional mais adequado ao desenvolvimento e estruturação da sociedade brasileira, surtindo efeitos republicanos, liberais e democráticos – nesta ordem.

A *pseudorrepública*

Embora a desafortunada experiência republicana no subcontinente fosse o principal argumento de Nabuco para se opor à sua introdução entre nós, era sempre possível sustentar, ao contrário, que tendo superado o torvelinho das guerras civis na década de 1840, o Brasil já estava maduro para a República. Nabuco duvidava, contudo, da pressuposição subjacente ao raciocínio, de que a sociedade estivesse amadurecida para dispensar a tutela benéfica de um governo autônomo e ilustrado. Por isso entendia que a República só poderia ter serventia se pudesse equivaler ou superar a monarquia enquanto governo tutelar, o que exigia em primeiro lugar averiguar o grau de idealismo, de desprendimento, de sentimento republicano entre aqueles que pretendiam substituir o imperador no comando do país.

Para Nabuco, na qualidade de dissidência liberal, o Partido Republicano havia sido fundado sob o signo do idealismo. Embora houvesse quem preferisse o republicanismo sectário e antiliberal, de matriz jacobina, no grosso do partido prevalecera o republicanismo liberal e democrático de matriz anglo-saxônia – o "bom republicanismo".[46] No entanto, ao longo do tempo, levado pelo excesso de ambição e pragmatismo, visando ao poder pelo poder, o partido perdera de vista o povo e a república, ao jogar inescrupulosamente com os desdobramentos políticos da abolição, com o propósito único de angariar o apoio dos fazendeiros escravocratas, e incitando o militarismo positivista a derrubar a monarquia pela via do golpe militar. Em suma, o Partido Republicano tornara-se classista como os partidos monárquicos, com o agravante de que, tendo atrás de si a grande propriedade rural escravista, ele passara a ter por combustível o ódio da velha oligarquia rural contra a monarquia abolicionista.[47] O exame do pessoal de que o Partido Republicano era composto confirmava aos olhos de Nabuco, portanto, o risco embutido na mudança de regime: no quadro da frágil sociedade brasileira, a aparentemente atrasada monarquia representava a possibilidade de progresso verdadeiro, ao passo que a aparentemente mais moderna república implicaria, ao revés, o retrocesso que poria em risco todas as conquistas que o Brasil conseguira forjar até então em matéria de desenvolvimento político. Antes de constituído politicamente o povo, ou seja, de estruturada a sociedade, a república só viria legitimar a opressão oligárquica que com muito mais violência sobre ele recairia: "Ainda não temos povo, e as oligarquias republicanas, em toda a América, têm mostrado ser um terrível impedimento à aparição política e social do povo".[48] Daí que Nabuco preferisse "conservar a nossa tradição monárquica a tentar com a unidade nacional uma experiência sociológica".[49]

---

46 NABUCO, Joaquim. *Minha Formação*. Prefácio de Carolina Nabuco. Rio de Janeiro: W. M. Jackson Inc. Editores, p. 53.

47 NABUCO, Joaquim. *A Abolição e a República*. Organizado e apresentado por Manuel Correia de Andrade. Recife: Editora UFPE, 1999, p. 62.

48 NABUCO, Joaquim. *Discursos Parlamentares*. São Paulo: Progresso Editorial, 1949, p. 373.

49 NABUCO, Joaquim. Artigos (última fase) no jornal *O País* (seção "Campo Neutro"). In: GOUVÊA, Fernando da Cruz. *Joaquim Nabuco entre a monarquia e a República*. Recife: Fundaj/Massangana, 1989, p. 60.

A monarquia democrática

Possuindo na cúpula do Estado uma autoridade independente e apartidária, o desenho institucional da monarquia favorecia a futura democratização do país. Embora reconhecesse que o privilégio dinástico atentava contra a democracia em tese, Nabuco argumentava que, haja vista que o povo brasileiro estava submetido a um feudalismo agrário – um privilégio oligárquico –, o privilégio dinástico, pairando sobre a oligarquia, se convertia num agente de nivelamento social, isto é, de democratização, tal qual no absolutismo europeu. Para passar da *monarquia popular* para a *democracia pura*, ou seja, para a república, seria preciso aguardar que a monarquia concluísse a obra de reparação que lhe incumbia para em seguida abolir, sem risco, o tão recriminado privilégio dinástico.[50] Era no interesse mesmo do princípio da igualdade democrática, pois, que se deveria preservar a monarquia para dobrar o poder oligárquico que avassalava o país. E, referindo-se à abolição, Nabuco anotava irônico: "O privilégio político de repente devorou, como a baleia devora sardinha, todos esses enxames de privilégios de senhor. Está aí um fato de seleção natural importante, uma grande utilidade pública, o privilégio servindo de instrumento da igualdade, exatamente como a força tem servido de iniciador do direito".[51] Por essas razões, ele também via no Império um instrumento para atingir fins democráticos: ele era "a arma com que se pode conquistar a emancipação do povo"; "a alavanca de que o liberalismo precisa para altear o proletariado nacional".[52]

Se a república fosse uma tutela capaz de proteger o povo contra o regime feudal, a monarquia poderia talvez pensar em fazer-se

---

50 NABUCO, Joaquim. Artigos (última fase) no jornal *O País* (seção "Campo Neutro"). In: GOUVÊA, Fernando da Cruz. *Joaquim Nabuco entre a monarquia e a República*. Recife: Fundaj/Massangana, 1989, p. 395.

51 NABUCO, Joaquim. Artigos (última fase) no jornal *O País* (seção "Campo Neutro"). In: GOUVÊA, Fernando da Cruz. *Joaquim Nabuco entre a monarquia e a República*. Recife: Fundaj/Massangana, 1989, p. 392-393.

52 NABUCO, Joaquim. Artigos (última fase) no jornal *O País* (seção "Campo Neutro"). In: GOUVÊA, Fernando da Cruz. *Joaquim Nabuco entre a monarquia e a República*. Recife: Fundaj/Massangana, 1989, p. 381 e 384.

substituir por ela; mas infelizmente a república principia por negar que haja semelhante regime feudal. Não é a sorte do proletariado que a incomoda, é a das classes exploradoras, e quanto ao republicanismo puro, este precisa também da proteção que somente a monarquia lhe pode dar enquanto ele cresce. Ninguém mais do que eu reconhece o que há de patriótico e levado na concepção republicana de Estado, mas não me posso iludir no caso presente: o atual movimento republicano é um puro efeito de causas acumuladas que nada têm de republicanas; é uma contra-revolução social; é a tentativa de restauração do escravismo pela servidão da gleba; é o despeito de uma classe, explorado e incensado, ao ponto de ameaçar a unidade moral e a integridade material da pátria."[53]

A monarquia republicana

Em primeiro lugar, a dissociação entre regime de governo republicano e "o sentimento de *res publica*"[54] permitia-lhe acusar a confusão em que incorriam os adversários da monarquia ao suporem que "o ideal republicano se realiza melhor sob a forma republicana da América do que sob a forma monárquica da Inglaterra".[55] A experiência demonstrara que entre as duas formas de governo havia "espaço para os piores despotismos" e que, sem democracia, a república não passava de "um verdadeiro estelionato".[56] Por isso, Nabuco se dava ao luxo de dizer-se republicano na Suíça, nos Estados Unidos e no Chile, onde a república era a tradição nacional ou a "forma psicológica" do país, e monarquista onde ela servisse de ambiente à liberdade para que ela pudesse crescer e frutificar, como na Inglaterra, em Portugal, na Espanha e na Bélgica.[57]

---

53 NABUCO, Joaquim. Artigos (última fase) no jornal *O País* (seção "Campo Neutro"). In: GOUVÊA, Fernando da Cruz. *Joaquim Nabuco entre a monarquia e a República*. Recife: Fundaj/Massangana, 1989, p. 383-384.

54 *Jornal do Brasil*, 29 de julho de 1891.

55 NABUCO, Joaquim. Artigos (última fase) no jornal *O País* (seção "Campo Neutro"). In: GOUVÊA, Fernando da Cruz. *Joaquim Nabuco entre a monarquia e a República*. Recife: Fundaj/Massangana, 1989, p. 380.

56 NABUCO, Joaquim. *Escritos e Discursos Literários*, Rio de Janeiro: Garnier, 1901, p. 63.

57 NABUCO, Joaquim. Artigos (última fase) no jornal *O País* (seção "Campo Neutro"). In: GOUVÊA, Fernando da Cruz. *Joaquim Nabuco entre a monarquia e a República*. Recife:

Uma vez que, segundo o seu idealismo prático, toda a ação política deveria ser precedida de um exame sociológico sobre o terreno sobre o qual pretendesse incidir, o critério decisivo no deslindamento da questão do regime de governo mais adequado ao Brasil passava forçosamente pela consideração de suas necessidades e circunstâncias específicas. Uma vez que o país estava habituado a um regime monárquico que lograra preservar a ordem liberal num ambiente naturalmente hostil, a Nabuco não parecia provável que o ideal republicano se favorecesse da ruptura com a tradição histórica acumulada. Ao contrário, dever-se-ia envidar esforços para que o civismo se expandisse sobre as mesmas bases, que haviam se revelado seguras. A transformação radical das instituições, substituindo a plataforma por que a ordem e o Estado de direito haviam sido erigidos, embutia o risco de desencadear uma série de efeitos regressivos, similares àqueles surtidos nos demais países do continente.

> Todo o mundo sabe o que tem sido a vida de muitos desses Estados e ao que foram eles reduzidos pela ambição do mando supremo. Que resultado chegaram a proclamar os homens mais importantes de quase todas as repúblicas, os seus mais sinceros e verdadeiros patriotas? A ditadura, somente a ditadura.[58]

Nem por isso Nabuco deixava-se enredar por uma visão idílica da vida pública do Império; ele reconhecia que ela não havia sido farta em episódios reveladores do clientelismo, do privatismo e outros vícios na atividade política. Ocorre que, consideradas em si mesmas, corrupção e civismo tinham causas mais sociais do que políticas; eram os males da nossa má formação que levavam os líderes a desconhecerem que "o governo é uma função do estado e não do indivíduo". No entanto, conforme implícito naquele raciocínio, Nabuco acreditava que a engenharia institucional pudesse contribuir para incentivar ou coibir a corrupção. Se a própria sociedade demonstrava "a mais absoluta indiferença" acerca dela, devido à "relaxação do nosso senso moral, junto

---

Fundaj/Massangana, 1989, p. 380.
58 NABUCO, Joaquim. Artigos (última fase) no jornal *O País* (seção "Campo Neutro"). In: GOUVÊA, Fernando da Cruz. *Joaquim Nabuco entre a monarquia e a República*. Recife: Fundaj/Massangana, 1989, p. 389.

à bondade da nossa índole", ele concluía que somente uma força estranha ao meio, comprometida com os valores republicanos, poderia moralizá-lo: "O nosso Cromwell tinha que nos cair do céu, e enquanto levasse a corrupção a ferro e fogo, havia de ficar no ar".[59] Segundo Nabuco, a influência mais republicana da política brasileira havia sido o próprio imperador, censurando os ministros nos seus excessos facciosos, sublinhando a importância de uma conduta ilibada, esforçando-se pela moralidade eleitoral e alternando os partidos no poder, sempre pessoalmente desinteressado. Por que duvidar, portanto, que a monarquia pudesse continuar a "reformar os costumes e criar na sociedade o senso moral que lhe falta"?[60] Por outro lado, na medida em que poria a chefia do Estado ao alcance de qualquer um, lhe parecia que, no Brasil, o advento da república provocaria o efeito oposto, potencializando as ambições e os interesses predatórios de uma sociedade que ignorava o sentido cívico da vida pública. "A república representaria a maior relaxação, exatamente porque seria a sociedade tal qual é, sem o único ponto de apoio possível para essa reação da moralidade".[61] Desaparecendo a tutela da monarquia sobre o sistema político e a sociedade informe que jazia debaixo dele, desapareceria a única fonte que ainda poderia irrigá-la, do alto, com o exemplo do desinteresse e da abnegação – ou seja, com valores republicanos. Eis por que, para o público Nabuco, "o erro fundamental dos republicanos" estava em supor que "a monarquia era um movimento ou fase contrária à aspiração republicana, quando a monarquia era o núcleo em que essa aspiração começava a consolidar-se".[62]

59 NABUCO, Joaquim. Artigos (última fase) no jornal O País (seção "Campo Neutro"). In: GOUVÊA, Fernando da Cruz. Joaquim Nabuco entre a monarquia e a República. Recife: Fundaj/Massangana, 1989, p. 397.

60 NABUCO, Joaquim. Artigos (última fase) no jornal O País (seção "Campo Neutro"). In: GOUVÊA, Fernando da Cruz. Joaquim Nabuco entre a monarquia e a República. Recife: Fundaj/Massangana, 1989, p. 399.

61 NABUCO, Joaquim. Artigos (última fase) no jornal O País (seção "Campo Neutro"). In: GOUVÊA, Fernando da Cruz. Joaquim Nabuco entre a monarquia e a República. Recife: Fundaj/Massangana, 1989, p. 398.

62 NABUCO, Joaquim. Outras ilusões republicanas (II): as raízes da monarquia. Jornal do Brasil, 4 de outubro de 1891.

A monarquia liberal

Outra desvantagem do regime republicano em países de carentes de sentimento cívico e liberal estava na falta de uma autoridade imparcial na cúpula do Estado, que como Poder Moderador tivesse por missão preservar o governo constitucional. Nabuco nada tinha a opor à eletividade da chefia do Estado em países cujas sociedades houvessem alcançado um grau de estruturação que lhes facultasse resistir à corrupção, à tirania e à oligarquia. Porém, entre países ainda faltos de "perfeita educação política", lhe parecia que aquele critério de escolha produzia efeitos extremamente negativos. Neste ponto, a impossibilidade de neutralizar o poder do chefe de Estado lhe parecia um dos principais obstáculos à estabilização da ordem política e posterior desenvolvimento das repúblicas na América Latina. Ao invés de agirem como magistrados, os presidentes latino-americanos empregavam a máquina pública em benefício das facções a que pertenciam, recorrendo às fraudes e à violência para nela se perpetuarem. Ao impedirem a alternância partidária, eles liquidavam o sistema representativo; ao privarem o país de uma autoridade arbitral, obrigando a oposição a recorrer à guerra civil para forçar a alternância do poder, eles comprometiam a ordem pública que deveriam preservar. Assim "barbarizadas", essas pobres nações só faziam recuar mais e mais de seu ideal político civilizatório, recaindo na anarquia, na oligarquia, na tirania.[63] Essas situações não ocorriam nas monarquias parlamentares, cujos chefes apartidários asseguravam, enquanto magistrados, a impessoalidade do poder e a alternância dos partidos no poder – e, com elas, o governo constitucional representativo.

Conclusão

Ainda que sucinta e incompleta, a exposição sistematizada do pensamento político produzido por Nabuco depois da Abolição acima esboçada basta para apontar o equívoco das interpretações classistas ou psicologistas que dele desdenham como reacionário, conservador, saudosista, autoritário ou aristocrático (conceitos estes que espero, noutra ocasião, poder discutir com mais

---

63 NABUCO, Joaquim. Artigos (última fase) no jornal *O País* (seção "Campo Neutro"). In: GOUVÊA, Fernando da Cruz. *Joaquim Nabuco entre a monarquia e a República*. Recife: Fundaj/Massangana, 1989, p. 395.

vagar). Ao invés de condenada de forma sumária por seu "caráter aristocrático", a sofisticada reflexão de Nabuco se destaca, entre outros aspectos, como valiosa contribuição à teoria das sequências e condições históricas de advento da democracia. O autor de *Balmaceda* está em boa companhia: é Robert Dahl quem afirma (quase um século depois...) que o advento de uma poliarquia estável é mais provável naqueles países em que a competição política restrita a uma elite de valores homogêneos precede o processo de expansão da participação política: "Tolerância e segurança mútua têm mais chances de se desenvolver no âmbito de uma pequena elite que compartilhe perspectivas semelhantes do que em meio a um largo e heterogêneo conjunto de líderes representando estratos sociais de objetivos, interesses e pontos de vista radicalmente díspares".[64] Além disso, já ficou claro que o monarquismo de Nabuco não decorria de sua oposição à democracia ou à república, mas da razão oposta – porque ele se julgava um verdadeiro público, comprometido até os cabelos com os ideais cívicos de liberdade e igualdade –, somada a um diagnóstico sociológico da sociedade brasileira. Nabuco não via nada de verdadeiramente republicano no movimento homônimo, cuja vocação privatista, autoritária e oligárquica crescia na medida em que ele se aliava ao latifúndio escravista e ao militarismo positivista, potencializando, com o seu êxito, os valores antirrepublicanos, antiliberais e antidemocráticos já presentes na sociedade. No nosso estádio inicial de formação nacional, a monarquia lhe parecia o meio por que se poderia passar com segurança à república, fomentando o civismo, o liberalismo e, portanto, preparando o povo para a democracia. O caráter instrumental de sua defesa da monarquia é patente: ele não a defende como intrinsecamente superior à república como forma de governo, mas como forma possível da república no Brasil – espécie de estufa dentro da qual poderia medrar a planta da liberdade e do civismo no terreno adverso da América Latina. Daí que ele se referisse a um de seus artigos em *O Comércio de São Paulo*, em 1896, com o slogan "*a monarquia é que era a república*".

Este ponto me parece de particular relevância na medida em que permite ver que o foco de sua análise no período não era a da monarquia em si mesma,

---

64 DAHL, Robert A. *Poliarchy: participation and opposition*. New Haven e Londres: Yale University Press, 1971, p. 37.

mas de uma determinada institucionalidade que, para aclimatar a liberdade, a democracia e a república, precisava ser descolada da atrasada sociedade brasileira, podendo ser eventualmente abandonada depois desse processo. Trata-se de pensar uma arquitetura institucional presidida por um núcleo social comprometido com a ética republicana, tornada autônoma em relação à sociedade real, tida por corrupta, autoritária e oligárquica, capaz de, enquanto tal, assegurar o Estado de direito e, por meio de uma pedagogia cívica, preparar o terreno para a democracia. De fato, ao longo da atividade intelectual desenvolvida durante a década de 1890, Nabuco dedicou-se de modo insistente, embora discreto, a pensar como seria possível reorganizar o regime republicano à luz da experiência monárquica. Não me refiro apenas à sua tentativa de, num exercício de "política retrospectiva", fazer de *Um estadista do Império* um espelho de príncipe para os futuros chefes de Estado brasileiros. Refiro-me à sua obsessão com a ideia de restauração do Poder Moderador no interior da República, como garantidor do Estado de direito – desde reivindicar um mecanismo como aquele para todos os países da América Latina, como remédio à doença crônica da intolerância política,[65] até recomendar aos presidentes eleitos da República, como Afonso Pena, que fossem "os continuadores do Imperador" na chefia do Estado.[66] Um manuscrito arquivado na Fundação Joaquim Nabuco exprime à perfeição essa tentativa de repensar a organização republicana à luz da experiência imperial:

> Se eu acreditasse em república no Brasil, eis mais ou menos como a julgaria viável: um Tribunal de Justiça composto pela primeira ilustração do país, com poderes discricionários para fazer cumprir a Constituição; um Conselho de Estado composto da primeira ilustração e prudência, como assessor do Executivo; um Presidente por dez anos e reelegível, com ministros responsáveis; um exército pequeno, que fosse a verdadeira nobreza do país, educado por oficiais estrangeiros; um tribunal de contas, com respeito a emissões, despesas etc.; uma lei perfeita de autonomia municipal ou de

---

65 NABUCO, Joaquim. *Balmaceda*. São Paulo: Progresso Editorial, 1949.
66 NABUCO, Joaquim. *Diários: 1873-1910*. Prefácios e notas de Evaldo Cabral de Melo. Rio de Janeiro: Bem-Te-Vi; Recife: Fundação Joaquim Nabuco, 2005, p. 360.

divisão departamental que substituísse a federação dos Estados, e para presidente dessa república um príncipe de sangue ou um general vitorioso, e a capital em uma ilha. Tudo isso lhe parece absurdo. Pois é a solução mais aproximada que eu posso achar para a quadratura republicana.[67]

A mudança de enfoque aqui proposta no exame da obra produzida por Nabuco na década de 1890, que busque levá-lo a sério, sugere toda uma agenda de pesquisas, da qual gostaria de explicitar algumas delas, a título de ilustrar a sua fecundidade. Em primeiro lugar, do ponto de vista historiográfico, há toda uma literatura que tem crescentemente confirmado o diagnóstico de Nabuco a respeito do novo regime, dada a sua baixíssima densidade republicana, liberal e democrática. Contento-me em lembrar aqui *Os bestializados*, de José Murilo de Carvalho, e o *Memorial das desigualdades*, de Maria Emília Prado. Do ponto de vista ideológico, creio que uma comparação cuidadosa da obra de Nabuco com a de republicanos seus contemporâneos, como o Campos Sales de *Cartas da Europa*, o Alcindo Guanabara dos *Discursos Parlamentares* e o Felisbelo Freire de *História Constitucional da República*, daria ao leitor uma impressão inversa àquela que sugere o rótulo de aristocrata conservador: a de que os conservadores eram os republicanos, aferrados ao princípio da autoridade, sancionando todas as atrocidades cometidas pela ditadura militar, e que o Nabuco de *Balmaceda* era um liberal que vibrava na mesma sintonia do Rui Barbosa de *Cartas de Inglaterra* – que era então o *nec plus ultra* do liberalismo republicano brasileiro. Além disso, a recuperação do pensamento nabuqueano do período abre caminhos adicionais para a interpretação do pensamento político e social brasileiro. Ao longo desta exposição, o estudioso desse campo do conhecimento já deve ter se dado conta do quanto a proposta de Nabuco de um republicanismo pelo alto se aproxima daquelas efetuadas antes dele por José Bonifácio, Caravelas e Uruguai, e depois dele por Alberto Torres, Oliveira Viana e Guerreiro Ramos. Um estudo cuidadoso do impacto da obra nabuqueana durante a década de 1910 provavelmente haveria de revelar ser Nabuco o elo perdido da linhagem saquarema, ou luzia moderada, dos nossos

---

67 Arquivos da Fundação Joaquim Nabuco. Anotações manuscritas de Joaquim Nabuco sobre a política (JNMP2CAP1DOC26A7G3).

pensadores políticos. Seria possível então juntar as duas pontas da sua reflexão, a social e a política, a abolicionista democrática e a institucionalista liberal, debaixo de um mesmo eixo analítico, que poderia iluminar certas questões do nosso pensamento político e social que ainda jazem na penumbra.

Em quarto lugar, chamo a atenção para o fato de que o conceito de república entendido como *bem comum* ou *coisa pública* foi recentemente resgatado, encontrando-se no cerne de alguns dos mais importantes debates da teoria política atual. Ao escrever um livro no começo desta década cujo tema era justamente a república, Renato Janine Ribeiro descreve-a nos precisos termos postos por Nabuco: trata-se de um sentimento cívico antes que um regime de governo; afirma que o seu adversário mortal não é a monarquia, mas a corrupção e o patrimonialismo; e sugere que o país onde o ideal republicano parece mais perfeitamente realizado é a Inglaterra, regida por uma monarquia parlamentarista em que a coisa pública é simbolizada por um chefe de Estado apartidário e imparcial.[68] Também recentemente, uma das mais conhecidas revistas do país estampou uma foto de Dom Pedro II na capa de uma edição, vestindo a faixa presidencial, apontando-o como modelo de virtude republicana a ser seguido pelos atuais chefes de Estado.[69] Por fim, do ponto de vista político-constitucional, por sua vez, a obsessão de Nabuco em torno de um mecanismo qualquer que garantisse o primado do pluralismo na América Latina demonstra a sua sensibilidade para um tema que teria largo desenvolvimento no século XX: aquele da preservação dos direitos humanos, no plano nacional e internacional, contra o arbítrio dos regimes autoritários.[70] Esta era uma preocupação também de Rui Barbosa, o outro liberal democrata do período. A

---

68 RIBEIRO, Renato Janine. *A República*. São Paulo: Publifolha, 2001.
69 GRYZYNSKY, V. O rei e nós. *Veja*, n° 2034, 14 de novembro de 2007.
70 Ainda em 1904, por exemplo, escreve Nabuco em seu diário ter o desejo de "um dia escrever um pequeno tratado sobre o direito que a civilização tem de intervir em Estados que perderam a característica de nações organizadas e tornaram-se praticamente hordas de bandidos organizados, exercendo a espoliação, o terror, a desmoralização da comunhão indefesa" (NABUCO, Joaquim. *Diários: 1873-1910*. Prefácios e notas de Evaldo Cabral de Melo. Rio de Janeiro: Bem-Te-Vi; Recife: Fundação Joaquim Nabuco, 2005, p. 294).

disseminação de mecanismos de controle jurisdicional da constitucionalidade por quase todos os países do mundo, na forma de Cortes Constitucionais, bem como as intervenções humanitárias e a instalação do Tribunal Penal Internacional, julgando os ditadores decaídos por crimes de genocídio, seriam certamente saudadas por Nabuco como conquistas da civilização, que respondiam às suas angústias e preocupações. A literatura jurídica a respeito do tema é imensa e chega com força na teoria política: basta lembrar que Pierre Rosanvallon, um dos maiores teóricos contemporâneos da democracia, lhe dedicou um capítulo inteiro de seu último livro.[71] Sem falar que Norberto Bobbio também se referiu há pouco mais de vinte anos à necessidade de incluir um "terceiro" arbitral capaz de dirimir a polarização entre "amigo" e "inimigo" nas relações internacionais.[72]

Estes são fatos que, independentemente dos valores, motivos e intenções que lhe são subjacentes, sugerem a atualidade e a produtividade do pensamento republicano do "segundo Nabuco". Daí a necessidade de lhe conferir maior atenção como teórico político, devolvendo-lhe a integridade de sua dimensão intelectual e redimensionando-o como pensador da nossa condição nacional.

---

71 ROSANVALLON, Pierre. *La Légitimité Démocratique: impartialité, reflexivité, proximité.* Paris; Éditions du Seuil, 2008.

72 BOBBIO, Norberto. *O Terceiro Ausente: ensaios e discursos sobre a paz e a guerra.* Tradução de D. Versiani. São Paulo: Manole, 2009.

2

ENTRE O LIBERALISMO MONÁRQUICO E O CONSERVADORISMO REPUBLICANO: A DEMOCRACIA IMPOSSÍVEL DE RUI BARBOSA

Em sua biografia de Rodrigues Alves, publicada em 1973, Afonso Arinos de Melo Franco se queixava de que nenhum estudioso da obra de Rui Barbosa conseguira explicar o que lhe parecia um enigma: "a invencível tendência de Rui de tornar inviável aquilo que sempre desejou: ser presidente". Duas vezes candidato a presidente da República, com uma pré-candidatura ensaiada, Rui era, todavia, sempre "levado por um estranho, invencível pendor de cobrir de obstáculos intransponíveis o caminho aberto á sua permanente ambição".[1]

Aceitando o desafio de decifrar o enigma proposto por Afonso Arinos, tentarei examinar a formação intelectual de Rui Barbosa no quadro político e ideológico de seu tempo, abordá-lo como homem público e entendê-lo e à sua obra no contexto político e partidário em que estava inserido nas duas últimas décadas do século XIX. Minha hipótese é a de que, insatisfeito com as limitações do ideário liberal sob a monarquia parlamentar, Rui procedeu a uma escalada doutrinária e idealista que atingiu seu ápice durante o Governo Provisório da República, quando, como ministro de Estado, colaborou para elaborar um projeto de república democrática e liberal, em consonância com os anseios da opinião pública que julgava representar. No entanto, foi a decepção com a realidade autoritária da primeira década republicana, dominada sucessivamente pelo democratismo jacobino e pelo conservadorismo oligárquico,

---

[1] MELO FRANCO, Afonso Arinos de. *Rodrigues Alves: apogeu e declínio do presidencialismo.* Brasília; Senado Federal, 2003, vol. 2, p. 466.

que lhe permitiria amadurecer como ator político. À luz da experiência de dois regimes, ele pôde verificar a fragilidade ou inconsistência de suas avaliações anteriores quanto às possibilidades de realização de seu ideal, afastando-se do novo partido conservador, liderado por Campos Sales, Prudente de Morais e Francisco Glicério, para reaproximar-se de seus ex-colegas monarquistas, comprometidos com o liberalismo. No entanto, sua condição de arquiteto da República e sua dificuldade em admitir seus erros na transição entre os dois regimes, que o impediam de aceitar os projetos autoritários dos jacobinos e dos conservadores oligárquicos, impediam-no também de aderir ao programa liberal restaurador. Na impossibilidade de avançar na realidade autoritária do novo regime, como republicano, ou de retroceder à monarquia parlamentar, como liberal, Rui se viu numa posição insustentável para qualquer outro político – refugiar-se, na condição de pai da Constituição, na defesa solitária de uma República ideal, utópica, que deveria superar a monarquia em matéria de liberalismo, mas que, por isso mesmo, não se confundia com aquela república real, empírica, cotidiana, do lado de fora de sua janela. Essa experiência de Rui, entre o Império e a República, é fundamental para compreender sua atuação política posterior, quando, declarando guerra à República oligárquica, ele se tornaria o permanente candidato do povo à presidência.

Retornando ao enigma proposto por Afonso Arinos, a minha hipótese é a de que, na verdade, *Rui nunca quis verdadeiramente ser presidente*, porque, aceitando, para tanto, o apoio das oligarquias que combatia, destruiria o que nele havia de mais atraente – sua condição de *antipolítico*, de *arauto da democracia utópica*. Era uma forma de salvar suas responsabilidades na mudança de um regime liberal para outro, autoritário, e de projetar-se na oposição como a encarnação de uma República ideal, moral, e por isso verdadeira, contra a república real, mas corrupta, e por isso falsa. *Estilista do pensamento político*, Rui Barbosa mobilizou sua erudição e oratória para criar uma *teologia política liberal*, cívica e religiosa, destinada a mobilizar as massas e denunciar-lhes a hegemonia conservadora e oligárquica da República. O preço, porém, foi a impossibilidade lógica de se tornar governo, ocasião em que lhe seria cobrada a materialização da impossível república. No xadrez político em que se metera – paradoxo supremo de uma vida de paradoxos –, Rui estava obrigado a concorrer à presidência, desde que não pudesse vencer; de ser anticandidato, e não candidato. Porque perder era vencer, e vencer, perder.

Do direito à política: a formação do ideário liberal democrata de Rui Barbosa e o contexto político e ideológico de sua mocidade

A caracterização do ideário moral e político de Rui Barbosa impõe um exame preliminar do ambiente ideológico em que foi criado – em especial, sua decidida filiação à tradição política anglo-americana, na qual a moral e o direito precedem a política. Foi ela que levou Rui Barbosa a pensar a política de forma essencialmente normativa, como um imperativo de justiça que devia intervir na realidade.

Grosso modo, o que chamo aqui de tradição política anglo-americana resulta da conjugação de dois discursos que, desaparecidos do continente, sobreviveram na cultura política anglófona – o constitucionalismo antiquário e o republicanismo cívico (ou clássico). O discurso republicano cívico remonta a Roma antiga e postula que, amparada na moralidade dos seus costumes e no culto da lei, a liberdade política do povo era condição essencial para o autogoverno da *polis*. Livre da disciplina moral, o homem tenderia a se corromper, e essa degeneração dos costumes traria consigo a decadência do governo e a tirania.[2] Já o constitucionalismo antiquário pugnava que os direitos dos cidadãos ingleses remontavam à Idade Média, decorrendo de uma luta entre o poder arbitrário e a resistência à opressão, cujo desfecho, na Revolução Gloriosa, culminara com a vitória da liberdade.[3] Ambas as ideologias entendiam que o bem estar da sociedade política dependia de instituições que, embora representativas do poder popular, fossem limitadas pela lei. Predominava aí uma concepção pluralista do político, onde o direito do indivíduo, compreendido como produto da vontade histórica e fundamento da ordem legítima, formatava a esfera de manifestação da soberania. Essa concepção foi decisiva na formatação

---

2   POCOCK, John. *The Machiavellian moment: Florentine political thought and the Atlantic republican tradition*. Princeton: Princeton University Press, 1975.

3   POCOCK, John. *The ancient constitution and the feudal law: a study of the English historical thought in the seventeenth century, a reissue with a retrospect*. Cambridge: Cambridge University Press, 1997.

do liberalismo anglo-americano, com seus postulados de individualismo e livre iniciativa, e sua condenação da ingerência do Estado na esfera privada. Do ponto de vista constitucional, essa concepção das relações de poder se refletia num respeito quase religioso às formalidades jurídicas, na supressão quase absoluta do recurso ao poder discricionário, na divisão dos poderes e no papel do Poder Judiciário, como moderador político. Daí a concepção normativa acalentada por Rui Barbosa e sua ilimitada admiração pelos modelos anglo-saxões. "O espírito jurídico é o caráter geral das grandes nações senhoras de si mesmas", diria em 1892. "Dele nasce a grandeza da monarquia representativa na Inglaterra e a grandeza da República federal nos Estados Unidos. Cada cidadão inglês, cada cidadão americano é um constitucionalista quase provecto".[4] Rui chegava a colocar o espírito inglês como a encarnação histórica daquilo que de mais adiantado produzira a civilização:

> Na obra da civilização ocidental não há, talvez, mais que três papéis supremos: o da Judéia, berço do monoteísmo e do Cristo; o da Grécia, criadora das artes e da filosofia; o da Inglaterra, pátria do governo representativo e mãe das nações livres. O solo onde ela pisa reproduz-lhe espontaneamente as instituições. Os povos que saem de suas mãos, livres como ela, na América, na Austrália, na África, são outros tantos renovadores da humanidade. Bendita esta raça providencial.[5]

Mais do que qualquer filósofo, porém, foi John Stuart Mill "o maior pensador político do nosso tempo, o autor dos melhores livros modernos sobre a democracia e a liberdade, o sábio bem temperado nas suas opiniões".[6] Foram obras como *Da Liberdade* e *Do Governo Representativo* que forneceram a Rui a concepção liberal democrática que lhe permitiria expandir seu moralismo

---

4   BARBOSA, Rui. *O estado de sítio: sua natureza, seus efeitos, seus limites*. Rio de Janeiro: Companhia Impressora, 1892, p. 58.

5   BARBOSA, Rui. *Correspondência*. Coligida, revista e anotada por Homero Pires. São Paulo: Saraiva, 1932, p. 94.

6   BARBOSA, Rui. *Cartas de Inglaterra*. São Paulo: Livraria Editora Iracema, 1966, t. 2, p. 22. A primeira edição é de 1896.

político. Stuart Mill acreditava que o sentido do movimento histórico estava no aperfeiçoamento da civilização pelo conhecimento e que haveria uma relação direta entre o progresso e a crescente capacidade de perfectibilidade do caráter. Se, por um lado, a moralidade desse aprimoramento exigia obediência e trabalho, somente a liberdade era capaz de assegurar sua continuidade como motor do processo social. Daí a importância da liberdade de expressão: como as opiniões, credos e valores sociais eram apenas aproximações da verdade, relativas às épocas e aos lugares, a estrutura aberta do debate público era indispensável ao progresso.[7] O governo representativo ou parlamentar era o pináculo das formas de governo justamente porque conciliava a participação da maioria ignorante com a direção da minoria esclarecida. Na medida em que só as pessoas mais evoluídas, moral e intelectualmente, favoreciam e difundiam na massa os princípios da obediência e do trabalho, cabia a elas governar a sociedade, para assegurar seu aperfeiçoamento e evitar o retrocesso que resultaria da sua direção pela maioria ignorante. Todavia, os representantes do povo deveriam fiscalizar esse governo, para impedir a burocracia de cair na rotina e para manter acesos os interesses sociais, cujo entrechoque estimulava a atividade intelectual e salvaguardava a livre iniciativa. A preocupação de Mill com a qualidade do governo democrático também se refletia em suas concepções sobre a extensão e a forma do sufrágio. Embora professasse a universalização do voto, ele se fez inimigo acérrimo do voto do analfabeto: a instrução era condição *sine qua non* para o gozo dos direitos políticos, pelo que "o ensino universal terá de preceder a libertação universal".[8]

Pensando o direito como expressivo de um ideal de justiça intangível pela vontade política, a ética republicana e constitucional da tradição anglo-saxã, apresentada pelo liberalismo democrático de Stuart Mill, foi a forma que moldou politicamente o intelecto de Rui Barbosa e lhe permitiu organizar o tipo ideal do *bom governo* que nortearia a sua vida pública. O mais idealista dos nossos políticos, Rui se recusava a distinguir entre moral e política: "Toda a

---

7   LYNCH, Christian Edward Cyril. John Stuart Mill. In: BARRETO, Vicente (org.). *Dicionário de filosofia do Direito*. Rio de Janeiro: Renovar, 2006.

8   MILL, John Stuart. *O governo representativo*. 3ª ed. Tradução de E. Jacy Monteiro. São Paulo: Ibrasa, 1998. A primeira edição é de 1861.

política se há de inspirar na moral. Toda a política há de emanar da moral. Toda a política deve ter a moral por norte, bússola e rota".[9] Daí que o papel do direito na política não se limitasse ao cumprimento juspositivista da lei como produto da vontade soberana. Em 1885, ele já o declarava: "Acima do direito formal, da legalidade estrita, existe um direito, mais positivo que esse, porque é a um tempo, mais legítimo e mais forte: o direito que resulta do desenvolvimento humano".[10] Rui entendia a lei a partir de uma concepção transcendente de justiça que não se confundia com seu texto, associada à capacidade de se orientar para o bem de que o indivíduo precisava dispor, caso pretendesse se aperfeiçoar na esfera de direitos que o Estado lhe assegurava. A obediência à ordem jurídica decorria, pois, do imperativo ético contido na norma: "Só o bem, neste mundo, é durável, e o bem, politicamente, é toda justiça e liberdade, fórmulas soberanas da autoridade e do direito, da inteligência e do progresso".[11] Salvaguarda das liberdades individuais, a lei constituía o limite intransponível da democracia e da soberania popular, pois permitia à justiça, isto é, à razão e à liberdade, triunfarem sobre a vontade irracional do povo ou do tirano. Daí sua predileção pelo *habeas corpus*, por meio da qual o direito e a justiça libertavam o indivíduo do arbítrio da política e das paixões da soberania. Se o veículo da moral era o direito, e o seu guardião, o Judiciário, nada mais natural concluir que "a autoridade da justiça é moral, e sustenta-se pela moralidade de suas decisões", e que num tribunal "não podem entrar as paixões, que tumultuam a alma humana; porque este lugar é o refúgio da justiça".[12]

> O povo soberano, os partidos e governos, entre as nações sem disciplina jurídica, estão sempre inclinados a reagir contra as instituições

---

9   BARBOSA, Rui. *Tribuna parlamentar: Império*. Rio de Janeiro: Casa de Rui Barbosa, 1952, p. 56 (Obras Seletas de Rui Barbosa, vol. 1).

10 BARBOSA, Rui. *Campanhas jornalísticas: Império – 1869-1889*. Rio de Janeiro: Casa de Rui Barbosa, 1956, p. 49 (Obras Seletas de Rui Barbosa, vol. 6).

11 BARBOSA, Rui. *Tribuna Parlamentar: Império*. Rio de Janeiro: Casa de Rui Barbosa, 1952, p. 60-61 (Obras Seletas de Rui Barbosa, vol. 1).

12 BARBOSA, Rui. *O estado de sítio: sua natureza, seus efeitos, seus limites*. Rio de Janeiro: Companhia Impressora, 1892, p. 65.

que se não dobram aos impulsos das maiorias e às exigências das ditaduras. A lei foi instituída exatamente para resistir a esses dois perigos, com um ponto de estabilidade superior aos caprichos e às flutuações da onda humana. Os magistrados foram postos especialmente para assegurar à lei um domínio tanto mais estrito, quanto mais extraordinárias forem as situações, mais formidáveis a soma de interesses e a força do poder alistados contra ela.[13]

Por outro lado, a concepção anglo-saxã da lei como imperativo ético de liberdade permitiu a Rui elaborar também um tipo ideal do *mau governo*, onde a imoralidade, associada à injustiça, à opressão e ao desprezo da lei, resultavam num governo arbitrário, patrimonial e militarista. Além de encarnar-se na ditadura pura e simples, ou disfarçada pelo uso abusivo do estado de exceção, Rui também associava esse mau governo à concepção francesa hegemônica de Estado de direito e que, à noção de limitação do poder predominante no mundo anglófono, sobrepunha a soberania do príncipe ou do povo como princípio ordenador da ordem política.[14] A lei era aí vista como um instrumento de uma vontade eticamente definida e, como tal, poderia ser suspensa ao seu arbítrio. Ou seja, era a política que formatava o direito, e não o contrário. Do ponto de vista constitucional, a subordinação da lei à soberania implicava a subordinação do Judiciário frente aos poderes políticos – Executivo e Legislativo. Por conseguinte, ficava o Judiciário impossibilitado de verificar a constitucionalidade dos seus atos ou de apreciar as ações de que o Estado fizesse parte, reservados à esfera de uma justiça administrativa. Para um purista como Rui, essa tradição política era um híbrido e, como tal, suspeito, porque o ambiente revolucionário que a gerara, com sua ênfase excessiva na potência soberana, a faria inclinar-se, quase que por atração física, na direção do autoritarismo, ocasião em que o Estado de direito degenerava em bonapartismo, positivismo

---

13 BARBOSA, Rui. *Escritos e discursos seletos*. Seleção, organização e notas de Virgínia Cortes de Lacerda. Rio de Janeiro: Nova Aguilar/Fundação Casa de Rui Barbosa, 1960, p. 869.

14 GIRARD, Louis. *Les libéraux français: 1814-1875*. Paris: Aubier, 1985; JARDIN, André *Historia del liberalismo político: de la crisis del absolutismo a la Constitución de 1875*. 2ª ed. México: Fondo de Cultura Económica, 1998. A primeira edição é de 1985.

ou jacobinismo. Ele pensava que "os povos hão de ser governados pela força, ou pelo direito. A democracia mesma, não disciplinada pelo direito, é apenas uma das expressões da força, e talvez a pior delas".[15] Preferindo dar livre curso às paixões políticas da soberania pelo estado de exceção, o problema fundamental das nações latinas e do seu modelo francês residia, justamente, na carência de sua disciplina jurídica e, portanto, do senso de justiça de que eram dotados os países anglófonos.[16] Uma vez que Rui pertencia à "raça dos constitucionalistas americanos e dos juristas ingleses",[17] era seu dever cívico manter-se em estado de alerta contra os "vícios franceses de nossa disciplina intelectual".[18]

Por isso, Rui se sentia desconfortável no quadro ideológico do Império brasileiro, que desde a sua fundação se conformara ao liberalismo da tradição gálica. Embora o modelo institucional imperial fosse o do governo parlamentar britânico, ele o era filtrado pelos teóricos e práticos franceses da monarquia de Julho, Guizot à frente, para quem o liberalismo não implicava a rejeição do unitarismo, da justiça administrativa e de um governo parlamentar baseado na confiança da Coroa e do Parlamento. Esses traços da monarquia orleanista foram adaptados no final da década de 1830 pelos conservadores brasileiros,

---

15 BARBOSA, Rui. *O estado de sítio: sua natureza, seus efeitos, seus limites*. Rio de Janeiro: Companhia Impressora, 1892, p. 58-59.

16 "Há nações, que a [lei] não toleram senão como instrumento dos tempos ordinários; e se encontram nela obstáculo às suas preocupações, ou às suas fraquezas, vão buscar a salvação pública nos sofismas da conveniência mais flexível, a cuja sombra os impulsos instintivos da multidão, ou as aventuras irresponsáveis da autoridade se legitimam sempre em nome da necessidade, da moral, ou do patriotismo. (...) O francês não adverte em que a lei é a lei com todas as suas insuficiências, todas as suas desigualdades, todos os seus ilogismos, e em que a observância dela é o caminho para a sua reforma, único remédio real aos seus defeitos, menos funestos, em todo o caso, do que o arbítrio da razão humana, encarnada no número, no poder, ou na força" (BARBOSA, Rui. *Escritos e discursos seletos*. Seleção, organização e notas de Virgínia Cortes de Lacerda. Rio de Janeiro: Nova Aguilar: Fundação Casa de Rui Barbosa, 1960, p. 869).

17 BARBOSA, Rui. *Correspondência*. Coligida, revista e anotada por Homero Pires. São Paulo: Saraiva, 1932, p. 94.

18 BARBOSA, Rui. *Teoria política*. Seleção, coordenação e prefácio de Homero Pires. Rio de Janeiro: Jackson, 1950, p. 44.

como Vasconcelos e Uruguai, na confecção de um modelo político capaz de organizar e estabilizar as instituições consagradas pela Carta de 1824. Esse *modelo político saquarema* – governo parlamentar e unitário, tutelado pela Coroa – era justificado com dois argumentos básicos. De cunho bonapartista, o primeiro reivindicava a preeminência democrática do imperador: sua aclamação popular, antes de reunida a Constituinte, fizera dele, e não da representação parlamentar, o intérprete privilegiado da vontade nacional.[19] O segundo argumento, de natureza sociológica, residia no fato concreto da invertebração da sociedade nacional, cuja pobreza e atraso intelectual se refletiam na vacuidade da vida política e no individualismo de seus estadistas. Na falta de um ponto qualquer na base, onde o sistema pudesse se apoiar, ele só poderia se organizar de cima, a partir da legitimidade democrática de que a monarquia hereditária havia sido investida. Daí a centralidade adquirida pelo Poder Moderador da Coroa, forma estrutural de controle constitucional criada por Benjamin Constant de Rebecque que se tornara o pivô da estabilidade brasileira, ao proporcionar, do alto, a filtragem de uma liderança política relativamente autônoma das oligarquias e uma alternância artificial, mas eficaz, entre os partidos políticos. A relativa autonomia do Estado imperial por sobre a sociedade – ignorante e oligárquica – era a condição mesma do seu liberalismo e da sua estabilidade, permitindo-lhe organizar a política para impor o interesse público e submeter os potentados rurais, para difundir pelas províncias a civilização da Corte.[20]

Entretanto, essa ideologia que justificava a hegemonia do modelo político saquarema começou a ser seriamente contestada a partir de 1867-1875, quando a segunda reforma eleitoral inglesa e a consolidação da República na França apontaram para a democratização na Europa e as teorias do *governo misto* e do *governo parlamentar*, definidas pelos teóricos da monarquia de Julho, foram substituídas pelas da *democracia* e do *parlamentarismo*. Referência de todas as monarquias constitucionais, não restava mais dúvida de que vigia agora na

---

19 LYNCH, Christian Edward Cyril. O discurso político monarquiano e a recepção do conceito de Poder Moderador no Brasil (1822-1824). *Dados*, Rio de Janeiro, vol. 48, n° 3, set. 2005, p. 611-654.

20 MATTOS, Ilmar Rohloff de. *O tempo saquarema: a formação do Estado imperial*. 3ª ed. Rio de Janeiro: Acess, 1994.

Inglaterra um parlamentarismo democrático, que retirara a Coroa do centro decisório da política e que por isso, doravante, deveria limitar-se a *reinar e não governar*. Como explicava Walter Bagehot, a Coroa e a Câmara dos Lordes eram apenas as *partes dignificadas* da Constituição inglesa, fachada solene e aparatosa, atrás da qual se escondiam suas *partes eficientes* – a Câmara dos Comuns eletiva, o gabinete responsável, o primeiro-ministro executivo.[21] Esse momento coincidiu com a grita das oligarquias das províncias brasileiras contra a compressão exercida pelo governo nacional e suas reivindicações por maior autonomia política, administrativa e tributária. Daí a campanha promovida pelo novo Partido Liberal brasileiro por reformas que incluíam a eleição direta, a descentralização, a autonomia do Judiciário, a extinção da justiça administrativa, a temporariedade do Senado e a neutralização do Poder Moderador. Também a exemplo dos franceses, chefiados por Jules Simon – "o límpido Júlio Simon, um dos melhores homens da França"–,[22] a ala esquerda dos liberais brasileiros adotou uma forma mais exaltada de expressão – a do *radicalismo*. Acreditando representarem uma consciência pública democrática, gerada pelo conhecimento científico, os radicais brasileiros propuseram romper as fórmulas de transigência que até então caracterizavam a política liberal, pregando a separação entre Igreja e Estado, a democratização do sufrágio e a instrução pública universal – medidas necessárias a uma sociedade moderna e, como tal, autenticamente liberal.[23]

De deputado radical a ministro da República: a afirmação e a realização de seu idealismo político constitucional (1879-1891)

Foi nesse ambiente de contestação ao modelo saquarema que Rui Barbosa assumiu sua cadeira de deputado geral em 1878. Diagnosticando o atraso nacional, os radicais brasileiros pregavam reformas para acelerar o tempo histórico e aproximar o país daquele estado de civilização em que estariam os

---

21 BAGEHOT, Walter. *The British Constitution*. Edited by Paul Smith. Cambridge University Press, 2001.

22 BARBOSA, Rui. *Campanhas jornalísticas: República: 1899-1918*. Rio de Janeiro: Casa de Rui Barbosa, 1957, p. 141 (Obras Seletas de Rui Barbosa, vol. 8).

23 SIMON, Jules. *La politique radicale*. 2ª ed. Paris: Librarie Internationale, 1868.

chamados *países cultos*. Essas reformas se fariam transcendendo o limite das arenas parlamentares, mobilizando a opinião pública urbana pela imprensa, por conferências e comícios. "Toda reforma é a preparação de uma reforma superior; todo progresso, a determinante de um progresso futuro".[24] Do ponto de vista do seu ideal de governo justo, era a esclarecida democracia liberal descrita por Mill, em geral, e a monarquia parlamentarista de Bagehot, em particular, que norteavam a atividade de Rui. Durante todo o período, todas as reformas por que se bateu – a reforma eleitoral, a abolição da escravatura, a reforma judiciária e da instrução, a separação entre a Igreja e o Estado, a extinção do conselho de Estado e do contencioso administrativo, a temporariedade do Senado e o federalismo – tiveram por fim reordenar as instituições brasileiras, tendo por norte a monarquia vitoriana. Para *colocar o Brasil à altura do século*, os radicais não tinham medo de mexer na Constituição de 1824: ela não era "um Talmude, onde o texto, materialmente obedecido, exerça a menos inteligente e a mais servilizadora das tiranias".[25] Entretanto, eles se comprometiam a lutar dentro da lei: ao invés de uma força de subversão, o radicalismo se tornava assim "um elemento de ordem, um princípio de paz, um ponto permanente de apoio ao gênio do progresso moderado contra os empuxões opostos da reação retrógrada e das exaltações revolucionárias (...), equilibrando o desenvolvimento do Estado entre essas exagerações extremas".[26]

> Não é a soberania do povo o que salva as repúblicas. (...) A soberania do povo constitui apenas uma força, a grande força moderna, entre as nações embebidas na justa aspiração de se regerem por si mesmas. Mas essa força popular há mister dirigida por uma alta moralidade social. As eleições mudam os governos, mas não os reformam. (...) O verdadeiro destino dessas liberdades está em revestirem e abroquelarem as liberdades civis, isto é, os direitos da consciência, da família e da propriedade. Essas três categorias de

---

24 ANAIS da Câmara dos Deputados. 21 de junho de 1880.

25 BARBOSA, Rui. *Teoria política*. Seleção, coordenação e prefácio de Homero Pires. Rio de Janeiro: Jackson, 1950, p. 95.

26 BARBOSA, Rui. *Teoria política*. Seleção, coordenação e prefácio de Homero Pires. Rio de Janeiro: Jackson, 1950, p. 4.

direitos ancoram na palavra divina, a saber, na divina constituição do homem. (...) Eis os elementos do Estado cristão. A Inglaterra e os Estados Unidos são os seus dois grandes tipos e os dois soberbos resultados.[27]

Embora outros colegas partilhassem do radicalismo e da anglofilia liberal, nenhum igualou Rui em rigor, fôlego e agressividade verbal. Entretanto, a afoiteza provocada pela necessidade material, sua inexperiência e sua falta de realismo político, que tentava equivocadamente compensar com aplicações redobradas de constitucionalismo britânico, o levaram a ignorar ou relevar os interesses práticos que lutavam pela implantação de algumas daquelas reformas. De modo que Rui mobilizou sua poderosa oratória em favor de interesses que não eram os seus e que, ao menos aparentemente, contradiziam seus propósitos liberais e democráticos. É o caso da reforma da eleição direta, em que a aristocracia rural estava principalmente empenhada, com o fito de erradicar a autonomia do Estado e excluir o pobre, que era analfabeto, do coeficiente eleitoral. Entre 1879 e 1881, Rui Barbosa foi o deputado que mais defendeu essa reforma às avessas que, a título de inaugurar o parlamentarismo democrático no Brasil, criou na prática um *parlamentarismo aristocrático*, ao alijar nove décimos do eleitorado. Indiferente aos argumentos de Nabuco, para quem a reforma visava a oligarquizar o sistema contra o abolicionismo, Rui alegava que a eliminação dos analfabetos traduzia os anseios de uma "democracia racional" contra a "democracia selvagem", e que "a soberania da consciência, a soberania do discernimento (...), vale, seja como for, um pouco mais que a soberania analfabeta, a soberania néscia do inconsciente".[28] É verdade que ele se dedicou à abolição da escravatura, causa maior do vergonhoso atraso do Brasil entre as nações civilizadas.[29] No entanto, esta não era uma causa que particularmente o apaixonasse; tanto assim que, depois da abolição, ele abandonou a agenda das

---

27 BARBOSA, Rui. *Tribuna parlamentar: Império*. Rio de Janeiro: Casa de Rui Barbosa, 1952, p. 79 (Obras Seletas de Rui Barbosa, vol. 1).

28 ANAIS da Câmara dos Deputados. 10 de julho de 1879.

29 BARBOSA, Rui. *A emancipação dos escravos*. Rio de Janeiro: Fundação Casa de Rui Barbosa, 1988. A primeira edição é de 1884.

reformas sociais para retomar a das políticas. Emancipado de seus grilhões, tornado cidadão, era o liberto quem deveria cuidar de si, elevando-se pela moralidade e inteligência.

Essa anglofilia exagerada se refletiu também no modo como Rui criticava as instituições imperiais. Num país onde o Estado era fraco e a população dominada pelos senhores rurais, o Poder Moderador se revelara uma instituição de grande eficácia. Exercido por uma autoridade que se confundia com a história do país (a Coroa), ele mantinha a estabilidade política – e, portanto, constitucional –, valendo-se de uma discricionariedade que estava a meio caminho do poder ditatorial, que se queria evitar, e de um controle jurisdicional à moda americana. Ademais, era ele exercido por Pedro II, o fiador pessoal da ordem liberal brasileira, a ponto de permitir que a liberdade de imprensa e expressão chegasse às raias da permissividade.[30] No entanto, Rui nunca aceitou o argumento de que a relativa autonomia do Estado imperial, garantida por aquele poder, fosse necessária para salvaguardar o país do domínio oligárquico ou da tirania de um único partido, ou que constituísse antes efeito do que causa das dificuldades de se praticar o sistema representativo num país atrasado como o Brasil. Fazê-lo transformaria Rui num conservador, que era a última coisa com que, como radical, queria ser identificado. Para ele, não havia meio termo entre o arbítrio do poder de exceção e a justiça da norma jurídica, razão pela qual o exercício do Poder Moderador não passava do malfadado *poder pessoal*. Repetindo Bagehot, Rui alegava que, numa sociedade democrática e liberal, as atribuições constitucionais da monarquia deveriam ser interpretadas pelos critérios do parlamentarismo democrático inglês. Como tais, somente poderiam ser exercidas por uma autoridade responsável, isto é, o gabinete. Daí que o poder pessoal que a Constituição outorgava ao imperador não passava de "fórmula reverencial, em homenagem ao papel simbólico da Coroa":

> Na teoria liberal do governo que nos rege, a Coroa é apenas a imagem de um poder, cuja realidade ativa está no gabinete; porque ao gabinete é que, na essência, pertence toda a autoridade, que as

---

30 CARVALHO, José Murilo de. *Dom Pedro II: ser ou não ser*. São Paulo: Companhia das Letras, 2007.

formas convencionais da linguagem parlamentar nominalmente atribuem à Coroa.[31]

Na oposição havia quatro anos, os liberais voltaram ao poder em junho de 1889, um ano depois da abolição decretada pelos conservadores sob pressão da princesa Isabel. O objetivo do novo gabinete do visconde de Ouro Preto era pôr em execução um extenso programa de reformas que, decidido na convenção do partido, envolvia a democratização do voto, a temporariedade do Senado, a descentralização política das províncias e a transformação do Conselho de Estado em órgão administrativo. Elas tinham politicamente por finalidade requalificar os liberais junto à opinião pública e enfrentar a propaganda republicana, cujo partido herdara quase toda a representação da aristocracia rural depois que, mortalmente ferido a 13 de maio, o Partido Conservador se dissolvera *ipso facto*.[32] Por conta da ameaça ao regime monárquico, a prioridade de Ouro Preto era a descentralização política, destinada a

---

31 BARBOSA, Rui. *Tribuna parlamentar*. Rio de Janeiro: Casa de Rui Barbosa, 1952, p. 37 (Obras Seletas de Rui Barbosa, vol. 1, Império).

32 A adesão dos conservadores à república era uma possibilidade prevista pelo barão de Cotegipe desde pelo menos 1884. Em plena campanha do gabinete liberal do senador Dantas contra os escravocratas, Cotegipe declarara que D. Isabel não subiria ao trono, e que, caso subisse, teria chegado "a vez da República". Cinco anos depois, já apeado do poder, aconselhara o republicano radical Silva Jardim que não se apressasse em correr para a República, porque "ela está correndo para nós" (RODRIGUES, Antônio Coelho. *A República na América do Sul ou Um pouco de história e crítica oferecido aos latino--americanos*. 2ª ed, correta e muito aumentada. Einsiedeln (Suíça): Benziger & Co., 1906, p. 6-7). Depois da Lei Áurea, tanto o conselheiro Paulino José Soares de Sousa como o senador Antônio Prado, chefes fluminense e paulista do Partido Conservador, se passaram para a República depois de recusar os títulos de nobreza oferecidos pela Coroa como forma de reconciliação com a aristocracia rural (ANDRADE, Manuel Correia de. *João Alfredo: o estadista da Abolição*. Recife: Massangana, 1988, p. 213). Em particular, Paulino incentivava a lavoura do Rio de Janeiro a formar clubes republicanos, cujo número na província cresceu seis vezes depois de 1888 (BOEHRER, George C. A. *Da monarquia à República: história do Partido Republicano do Brasil – 1870-1889*. Tradução de Berenice Xavier. Rio de Janeiro: Serviço de Documentação do Ministério da Educação e Cultura, 1954, p. 70). Ao subirem os liberais, Antônio Prado declarava caber aos conservadores "tomar a peito fazer a transição para a República sem abalos,

elevar a competência tributária das províncias e modificar a forma de seleção de seus presidentes, que passariam a ser escolhidos pela Coroa a partir de uma lista tríplice de eleitos, ao invés de livremente designados por ela. Esse programa foi criticado como tímido pelos liberais radicais que já advogavam o federalismo, como Nabuco e Rui. Nabuco queria a federação para salvar a monarquia do assalto da aristocracia rural, cuja república já previa centrífuga, oligárquica e militarista. As dificuldades dos abolicionistas diante do peso esmagador do campo o haviam levado a concluir que, no Brasil, os democratas estavam privados de uma opinião pública sólida a que pudessem apelar, e que, enquanto assim fosse, a autonomia do regime monárquico era a única salvaguarda do povo contra a opressão dos fazendeiros e sua única esperança de reforma social.[33]

Embora Rui Barbosa também entendesse que o alvitre descentralizador do novo gabinete não passava de "uma transação, que de modo nenhum satisfaz as atuais aspirações do país, nem se contrapõe ao movimento republicano como um regime capaz de neutralizá-lo",[34] sua conduta foi bem diferente daquela de Nabuco. Convidado por Ouro Preto para assumir o ministério do Império, Rui não apenas declinou do convite, sem qualquer proveito para o país,[35] como passou a fustigá-lo todos os dias, e ao regime que periclitava, das páginas do *Diário de Notícias*. Ele se recusava a reconhecer o papel que cabia à Coroa no sucesso da campanha abolicionista, preferindo atribuí-lo ao vigor da opinião pública liberal, de cuja força ele estava convicto (ao contrário de Nabuco), e da

---

nem efusão de sangue" (TAUNAY, Alfredo d'Escragnole (visconde de Taunay). *Pedro II*. 2ª ed. Rio de Janeiro: Companhia Editora Nacional, 1938, p. 83).

33 ANAIS da Câmara dos Deputados. 8 de agosto de 1888.

34 ARQUIVOS da Fundação Joaquim Nabuco.

35 Ouro Preto convidara Rui para a pasta do Império, recusando este ao pretexto do seu federalismo, com que não se comprometera o novo gabinete. "Não é razão", atalhou-lhe Ouro Preto. "No meu programa está a descentralização ampla, que é meio caminho da federação. O senhor executa no meu governo a descentralização, e ficará para realizar a federação". Ouro Preto insistiria ainda uma vez, inutilmente (MANGABEIRA, João. *Rui: o estadista da República*. 3ª ed. São Paulo: Martins, 1960, p. 32).

qual julgava ser o porta-voz.³⁶ Embora se declarasse monarquista, Rui sustentava que o advento do federalismo se faria com a Coroa ou sem ela, e que da República distava apenas uma linha.³⁷ Ou a monarquia se enfiava no modelo anglófono, ou perdia a razão de subsistir.³⁸

O progressivo abandono do ideal monárquico parlamentar por Rui carece, todavia, ser explicado com mais vagar. Como radical, ele aprendera que, na direção da liberdade, ele não deveria "ter preferências abstratas em matéria de formas de governo".³⁹ Era indubitável que a monarquia parlamentar garantira um conjunto apreciável de liberdades civis; no entanto, cumpria-lhe acrescentar as políticas, o que dependia de encaixar-se a monarquia brasileira no figurino parlamentarista e federalista, e eliminar os últimos vestígios do modelo saquarema – o primeiro dos quais era a ascendência do Poder Moderador. Mas as reformas propostas por Ouro Preto lhe pareciam aquém daquelas exigidas pelo tempo histórico, e a perspectiva de a caridosa e impulsiva Dona Isabel assumir o trono também não o empolgava. Pelo contrário: Rui acreditava que seria um reinado pessoal, socialmente intervencionista e ultramontano, e que havia sido para consolidar-lhe o advento que Ouro Preto tentara cooptá-lo – a ele, Rui Barbosa, um liberal puro.⁴⁰ Ele concluía assim que, como mode-

---

36 BARBOSA, Rui. *Campanhas jornalísticas: Império: 1869-1889*. Rio de Janeiro: Casa de Rui Barbosa, 1956, p. 63 e 137 (Obras Seletas de Rui Barbosa, vol. 6).

37 MAGALHÃES, Rejane de Almeida. *Rui Barbosa: cronologia da vida e da obra*. 2ª ed. revista. Rio de Janeiro: Fundação Casa de Rui Barbosa, 1999, p. 71.

38 Em 1895, Rui mesmo se referia ao seu ideal vitoriano de forma mais prosaica: "Se estivesse nas mãos de uma revolução converter a realeza pessoal dos Braganças na monarquia parlamentar da casa de Hannover, eu, em 15 de novembro, teria proposto a troca de Pedro II pela rainha Vitória, e da Cadeia Velha pelo Paço de Westminster" (BARBOSA, Rui. *Cartas de Inglaterra*. São Paulo: Iracema, 1966, t. 2, p. 116).

39 BARBOSA, Rui. *Teoria política*. Seleção, coordenação e prefácio de Homero Pires. Rio de Janeiro: Jackson, 1950, p. 45.

40 Nos dois ou três anos que se seguiram à república, Rui referiu-se frequentemente a um "plano de consolidação preparatória do terceiro reinado, pelo extermínio radical do germe republicano. A herança do império, indecisa entre uma princesa impopular e um príncipe menor, devia ser previamente adjudicada a um partido e definida pela escolha de um grande chanceler. Uma tal mutação na monotonia da política bragantina

lo político, o Império brasileiro esgotara a sua capacidade de conduzir o país no caminho da modernização democrática. Por isso, quando procurado por Benjamin Botelho, quatro dias antes de 15 de novembro, para aderir ao golpe militar e ao futuro governo, Rui Barbosa aceitou a República como um fato consumado. A mudança seria "de um regime constitucional para outro, igualmente constitucional: da monarquia à inglesa para a república à americana, de instituições já liberais para outras mais adiantadas em liberdade".[41] Ministro do primeiro governo, ele poderia decretar todas as reformas políticas por que vinha se batendo e que se arrastavam sob a monarquia, como a secularização dos cemitérios, a separação entre a Igreja e o Estado, a federação das províncias e – arrependido da Lei Saraiva – o sufrágio universal. Além disso, era preciso lutar contra a república autoritária desejada pelos militares positivistas; para isso, nada melhor do que fazê-lo de dentro, do próprio governo da República.[42]

Com efeito, espelhando o espectro político que derrubara a monarquia com o golpe militar, era bastante díspar a coalizão que sustentava o Governo Provisório. Ela reunia generais como Deodoro e Floriano, inclinados à ditadura pura e simples; militares e civis positivistas, como Benjamin Constant e Demétrio Ribeiro, propensos a uma república autoritária, científica e progressista; aristocratas rurais conservadores, como Campos Sales e Francisco Glicério, que queriam uma república oligárquica como a Argentina de Júlio Roca; e jornalistas democratas, como Aristides Lobo e Quintino Bocaiuva. Quanto a Rui, monarquista até a véspera, o fato de não ser militar nem republicano *histórico* foi compensado pela ascendência sobre Deodoro, conseguida

---

demandava lances de grande aparato, capazes de aurolearem pelo seu reflexo a cabeça do vice-imperador. O Partido Liberal foi chamado ao poder nessa oportunidade extraordinária" (BARBOSA, Rui. *Tribuna parlamentar: República*. Rio de Janeiro: Casa de Rui Barbosa, 1956, p. 60 (Obras Seletas. de Rui Barbosa, vol. 2).

41 BARBOSA, Rui. *Campanhas jornalísticas: Império: 1869-1889*. Rio de Janeiro: Casa de Rui Barbosa, 1956, p. 269 (Obras Seletas de Rui Barbosa, vol. 6).

42 "Não conspirei para a República. Tive a sua revelação nas vésperas, quando ela estava feita. O mal da sua origem militar podia ser consideravelmente modificado pelo espírito civil de seu primeiro governo. Eis porque aceitei, com muita resistência, a parte, que nele me coube" (BARBOSA, Rui. *Cartas de Inglaterra*. São Paulo: Iracema, 1966, t. 2, p. 170).

com seus prodigiosos conhecimentos administrativos e conservada com contínuas ameaças de abandonar o ministério. Rui tentou assim manobrar para que a ditadura fosse, dentro do possível, um breve interregno para a organização democrática e liberal da nova República. Ele conseguiu que quase toda a legislação institucional do período tivesse a sua marca,[43] por outro lado, sua conduta voluntarista e absorvente causou crises que resultaram na retirada de colegas e na eterna antipatia de outros, como Campos Sales.[44] Ministro da Justiça, Campos Sales seria o grande artífice do conservadorismo oligárquico da Primeira República e, como tal, adversário político de Rui, campeão da causa perdida do liberalismo urbano. Falhando no propósito de cooptá-lo no começo da sua presidência, para Sales o antigo colega era "a negação formal de todas as qualidades de homem de governo". Empenhado sempre em obras "da desordem e da destruição", Rui era um "revolucionário de sangue. Onde aparece uma conspiração, ou uma revolta, lá está ele. Assim tem sido sempre".[45] Rui também não gostava de Sales. Quando as atas do governo provisório vieram a lume, em 1901, sua primeira reação foi a de contestar a veracidade dos documentos, e a segunda, a de acusar o secretário de Deodoro, Fonseca Hermes, de estar mancomunado com Sales e Cesário Alvim para exaltar-lhes os atos e

---

43 Redigido por ele, o decreto nº 1 satisfizera o objetivo mais importante da coalizão que se formara para o golpe republicano. Primeiro, extinguir as instituições monarquianas da Carta de 1824, que haviam assegurado a autonomia do Estado imperial frente às elites – a Coroa e seu Poder Moderador, o Conselho de Estado e a vitaliciedade do Senado. Segundo, estabelecer a federação das províncias em benefício das elites locais. Contrariando a antiga orientação restritiva de Rui, o decreto nº 6 estabeleceu o sufrágio universal (MAGALHÃES, Rejane de Almeida. *Rui Barbosa: cronologia da vida e da obra*. 2ª ed. revista. Rio de Janeiro: Fundação Casa de Rui Barbosa, 1999, p. 80-82).

44 ABRANCHES, Dunshee de. *Atas e atos do Governo Provisório*. Introdução de Octaciano Nogueira. Edição fac-similar. Brasília: Senado Federal, 1998. A primeira edição é de 1907.

45 DEBES, Célio. *Campos Sales: perfil de um estadista*. Rio de Janeiro: Livraria Francisco Alves, 1978, vol. 2, p. 591-593.

diminuir as dos outros ministros – principalmente as dele, Rui.[46] A má vontade recíproca comprova a durabilidade da animadversão, pessoal e ideológica. Naquele momento, todavia, conservadores e liberais republicanos precisavam uns dos outros para atingir dois objetivos comuns. O primeiro deles, que era garantir o novo regime contra a reação monárquica promovida por uma imprensa aguerrida e por militares insurretos (como o do 2º batalhão de artilharia, no Rio), foi alcançado por uma legislação draconiana contra a liberdade de expressão, pelo empastelamento de jornais e pela edição de um regulamento eleitoral que impediria, pela intervenção do governo, a eleição de monarquistas para a Constituinte.[47] O segundo objetivo era o de fazer prevalecer, contra o grupo positivista ortodoxo, o modelo institucional norte-americano. Para tanto, foi nomeada uma comissão de juristas vinculados à grande propriedade, cujo anteprojeto foi revisto por Rui Barbosa com o apoio do ministério. Eles queriam impô-lo solidariamente a Deodoro, impedindo-o de incluir, como na monarquia, a possibilidade de dissolução da Câmara dos Deputados pelo chefe do Estado, e a organização de um Judiciário nacional.[48] O resultado foi a Constituição Provisória de 22 de junho de 1890, tentativa consciente de romper a autonomia do Estado sobre a sociedade e a hegemonia da moldura intelectual francesa. Isto se fez pela extinção da Coroa, do Conselho de Estado e da vitaliciedade do Senado (objeto logo do primeiro decreto da ditadura), e pela substituição do unitarismo pelo federalismo (art. 1º.), do parlamentarismo pelo presidencialismo (art. 39), da Justiça Administrativa por um Poder Judiciário autônomo (art. 54), do Tribunal de Cassação por um Supremo Tribunal soberano (art. 55) e do Poder Moderador pelo controle normativo e jurisdicional da constitucionalidade (art. 58, § 1º, alíneas a e b).

46 MAGALHÃES JR., Raimundo. *Rui, o homem e o mito*. 2ª ed., corrigida e aumentada. Rio de Janeiro: Civilização Brasileira 1965, p. 150-152.

47 ABRANCHES, Dunshee de. *Atas e atos do Governo Provisório*. Introdução de Octaciano Nogueira. Edição fac-similar. Brasília: Senado Federal, 1998, p. 124, 236, 249.

48 MONTEIRO, Tobias. Como se fez a Constituição da República. In: BARBOSA, Rui. *A Constituição de 1891*. Rio de Janeiro: Ministério da Educação e Saúde, 1946, p. 371-374 (Obras Completas de Rui Barbosa, vol. 17, 1890, t. 1).

Na confecção do anteprojeto, a atuação de Rui Barbosa foi fundamental. Mas era preciso ortodoxia na cirurgia da transposição: além de envolverem contemporizações com o atraso político, as fórmulas híbridas aumentavam a imprevisibilidade do experimento e, com ela, o risco de um governo arbitrário. Daí que a boa Constituição não era a que exprimia o estado sociocultural do povo, mas a que servia de bitola ou corretor ortopédico para aprumar o crescimento irregular do organismo social. Se os valores morais da justiça eram universais e eternos, como ele acreditava, e encontravam nas instituições anglo-americanas sua mais acabada expressão, os povos atrasados precisavam urgentemente importá-las e praticá-las, para terem condições políticas de acelerar seu desenvolvimento. A ferramenta essencial para a adequada inoculação institucional do germe da liberdade num ambiente que lhe era hostil, como o brasileiro, era o direito constitucional comparado. O relativismo cultural, a história ou a intuição sociológica tinham pouca ou nenhuma relevância. Por esse motivo, também às voltas com a tarefa de pensar a organização da nova República, a partir da experiência positiva do Império, porém, Joaquim Nabuco o acusaria de ser não "um organizador, um criador de instituições, mas um copista de gênio", "o jurista constitucional" do regime republicano.[49]

De fato, Rui fez umas poucas alterações no modelo constitucional estadunidense, tendo em vista, basicamente, a evolução política daquele país desde 1787. Com receio da deficiente educação do povo, ele também adotou a eleição indireta para presidente e senadores; mas, com receio de que as eleições presidenciais fossem tumultuárias, fixou uma duração mais longa, de seis anos, para o mandato presidencial. Receoso de que o presidente manipulasse o Supremo

---

49 ARQUIVOS da Fundação Joaquim Nabuco. De fato, não há um *pensamento social brasileiro* em Rui Barbosa, no sentido que a expressão possui hoje. Se o caráter idealista de sua obra tornou-a menos interessante do ponto de vista de uma *interpretação do Brasil*, por outro preservou sua vocação democrática, ao impedi-lo de se meter nas discussões então em voga sobre a desigualdade das raças, ou sobre o evolucionismo, que envelheceram sobremaneira os trabalhos de Sílvio Romero e Alberto Sales. Reitero, porém, que há enorme originalidade de Rui como estrategista e estilista do pensamento político, que atingiu a perfeição ao forjar para suas campanhas presidenciais uma verdadeira teologia política liberal, em que a mensagem do liberal Stuart Mill vinha embalada na prosa barroca do católico Antônio Vieira.

Tribunal, fixou seu número de integrantes na Constituição; temendo o excesso de federalismo, ciente de que, no Brasil, ele se fazia do centro para a periferia, e não o contrário, Rui ajudou a fortalecer a União, concedendo-lhe o poder de emitir moeda, a propriedade das terras devolutas e a competência para legislar sobre direito civil, penal e processual. No mais, com o propósito firme de transplantar fielmente as instituições anglo-americanas, com um olho na Constituição da Argentina, Rui se valeu de toda a sua *expertise* de direito público para reescrever o anteprojeto, modificando-o para além de seu estilo, técnico ou vernáculo, ao enxertar novas normas, consagrar novas instituições e aprimorar a redação de quase todas as outras.[50] Ele melhorou os dispositivos referentes à intervenção federal, para permitir que os poderes judiciários e legislativos dos Estados pudessem requisitá-la, e a do estado de sítio, frisando a necessidade de que o Congresso Nacional fiscalizasse os atos do governo. Quanto ao controle da constitucionalidade, foi ele quem o enxertou no capítulo do Poder Judiciário, quase todo reescrito. Ficaram também por sua conta a integral inviolabilidade parlamentar e a ampliação da declaração de direitos, evitando que ela fosse inferior à da Constituição de 1824.[51]

A adoção do presidencialismo merece uma análise mais circunstanciada, por constituir uma aparente contradição com toda a campanha parlamentarista movida pela oposição desde pelo menos 1862 e radicalizada em 1868/1871. De fato, ao consagrar novamente as doutrinas da separação dos poderes e dos freios e contrapesos, o arcabouço horizontal do projeto republicano ficava muito parecido com o da Carta de 1824, cuja primeira interpretação, antes do modelo saquarema, respaldara o poder pessoal de Pedro I e Feijó – muito mais grave do que o exercido por Pedro II, e que fora objeto de tanta crítica de Rui. Esse poder, ao menos teoricamente, não era um problema para os conservadores agrários, que apreciavam um chefe de Estado forte, enérgico, capaz de manter a ordem social contra as reivindicações dos setores alijados ou subalternos. A rejeição do regime monárquico pelos senhores rurais, na

50 CARNEIRO, Levi. *Dois arautos da democracia: Rui Barbosa e Joaquim Nabuco*. Rio de Janeiro: Casa de Rui Barbosa, 1954.

51 CALMON, Pedro. Prefácio. In: BARBOSA, Rui. *A Constituição de 1891*. Rio de Janeiro: Ministério da Educação e Saúde, 1946 (Obras Completas de Rui Barbosa, vol. 17, 1890, t. 1).

verdade, radicava menos no caráter pessoal do governo do que do fato de ele não vir sendo empregado em seu benefício, mas em seu detrimento, desde o início do processo da abolição. Como percebera Nabuco, isso só havia sido possível porque o modelo saquarema assegurava à Coroa certa autonomia frente à sociedade como um todo, e às oligarquias, em particular. Daí que, como explicava Campos Sales, chefe dos conservadores agrários, a vantagem de substituir a monarquia parlamentar pela república presidencial estava na conjugação que esta permitia de um governo forte e pessoal, de um lado, com sua temporariedade e responsabilidade frente aos representantes da lavoura, reunidos no Congresso, de outro. Ou seja, garantia de governo forte a serviço do *establishment* oligárquico.[52]

Este não era o caso de Rui, radical liberal apaixonado pelo parlamentarismo, que sucumbira ao presidencialismo, entretanto, por pura rigidez doutrinária. Embora ciente de que ele pudesse converter-se num veículo do arbítrio do chefe do Estado, dado o histórico latino-americano, mas não vendo o precedente anglo-americano de uma república federativa que comportasse, ao mesmo tempo, a fórmula parlamentarista, Rui resistiu mais uma vez à tentação do *hibridismo*, o coração sangrando, para se render ao sistema presidencial.[53] Sua esperança era a de que as derivas autoritárias do governo ou do Congresso fossem coibidas pelo Judiciário, cujo poder, por isso mesmo, tratara de pessoalmente fortalecer. Fixada sua competência para declarar a nulidade dos atos e leis incompatíveis com a Constituição e de julgar os conflitos en-

---

52 Era o que explicava Campos Sales: "Os que ainda não puderam ainda compreender bem a essência do regime, tal como o concebeu o nosso mecanismo institucional, mostram-se ingenuamente apavorados ante esta influência exercida legitimamente pela autoridade presidencial, supondo estarem na presença desse fantasma do poder pessoal, que outrora atribuíamos, nós, os republicanos principalmente, ao Imperador, buscando aí valiosíssimo subsídio para os ataques à monarquia. Existe, é certo, no regime presidencial, um poder pessoal; mas – é nisso que se diferencia do poder pessoal dos soberanos – é um poder constitucionalmente organizado, sujeito a um tribunal político de julgamento" (SALES, Manuel Ferraz de Campos. *Da propaganda à presidência*. São Paulo: [s.nº], 1908, p. 215).

53 BARBOSA, Rui. *Escritos e discursos seletos*. Seleção, organização e notas de Virgínia Cortes de Lacerda. Rio de Janeiro: Nova Aguilar/Fundação Casa de Rui Barbosa, 1960, p. 352.

tre os estados, e entre estes e a União Federal, o Supremo Tribunal Federal deveria exercer o papel "de um poder neutral, arbitral, terminal, que afaste os contendores, restabelecendo o domínio da Constituição".[54] Na mesma esteira, Rui fez decretar que, embora imersos na tradição da *common law*, as leis, doutrinas e precedentes do direito norte-americano passavam à condição de fonte subsidiária oficial do direito público brasileiro.[55] Entre os direitos individuais, por cuja incolumidade o Judiciário deveria velar, estava, naturalmente, o de propriedade. Como nos Estados Unidos, o Supremo deveria barrar as pressões "socialistas" ou "comunistas" provenientes do populismo parlamentar ou da própria multidão.[56]

Reunido o Congresso Constituinte, dividido entre positivistas, conservadores e liberais, cedo se forjou um consenso em torno das linhas gerais do anteprojeto do governo. Foram assim rejeitadas as propostas de alterações mais substantivas, como as da unidade do Judiciário, de Anfilófio de Carvalho e José Higino; de parlamentarismo, de César Zama e Rosa e Silva; ou de cunho exclusivamente positivista, de Aníbal Falcão, Júlio de Castilhos e Lauro Sodré. A verdadeira luta se travou entre os *federalistas*, encabeçados por Rui, e os *ultrafederalistas*, coalizão de positivistas e conservadores agrários, chefiados

---

54 DELGADO, Luiz. *Rui Barbosa: tentativa de compreensão e síntese*. Rio de Janeiro: José Olympio, 1945, p. 141.

55 Artigo 387 do decreto nº 848, de 11 de outubro de 1890: "Os estatutos dos povos cultos, e especialmente os que regem as relações jurídicas na República dos Estados Unidos da América do Norte, os casos de *common law* e de *equity*, serão também subsidiários da jurisprudência e processo federais". Durante toda a Primeira República, nossos principais publicistas tivessem sempre por norte a jurisprudência norte-americana. Em 1915, por exemplo, Pedro Lessa declararia que "as únicas decisões que nos devem guiar na exegese do direito público federal são as do povo que criou esse direito, que o aplica, interpretando-o fielmente os preceitos, e que tem dado provas de que sabe respeitar a justiça e as liberdades dos indivíduos" (LESSA, Pedro. *Do poder judiciário*. Prefácio de Roberto Rosa. Edição fac-similar. Brasília: Senado Federal, 2003, p. 373).

56 Leitor de Leroy Beaulieu, até pelo menos 1909 Rui terá horror à adoção de medidas estatais visando à regulação da economia, ou à organização do operariado para fora do quadro do individualismo liberal. (RODRIGUES, Leda Boechat. *A Corte Suprema e o direito constitucional norte-americano*. 2ª ed. Rio de Janeiro: Civilização Brasileira, 1992, p. 63-64).

respectivamente por Júlio de Castilhos e Campos Sales, que antecipavam o bloco de sustentação oligárquica da República ao desfraldarem, juntos, a bandeira da soberania dos estados. Embora derrotados em alguns pontos, os ultrafederalistas tiveram vitórias significativas ao conseguirem estabelecer a eleição direta para presidente e senadores, a redução do mandato presidencial para quatro anos e a ampliação da competência tributária e processual dos estados. Conseguiram, em especial, a transferência das terras devolutas para o domínio estadual, inviabilizando um projeto de reforma agrária imposto de cima, que as destinasse ao assentamento dos imigrantes e ex-escravos – como aquele que, com apoio de Nabuco, Rebouças e Taunay, propusera o gabinete João Alfredo, no ocaso da monarquia.[57] Inconformado, Rui Barbosa passaria anos vergastando contra esse "prurido lamentável, desastroso" de *superfederalismo* e *hiperdemocracia* que, em prejuízo da soberania nacional, desfigurara na Constituinte seu cuidadoso anteprojeto, cuja sistematização havia sido "moldada na mais feliz das sistematizações constitucionais que o mundo conhece" – a americana.[58] O caso é que ele exagerava – na realidade, o anteprojeto de Rui foi muito pouco alterado. Seu regramento acerca do estado de sítio e da intervenção federal, por exemplo, passou quase incólume, bem como a organização do Poder Judiciário e o controle de constitucionalidade.

---

57 JAVARI, barão de. *Império Brasileiro: falas do trono, desde o ano de 1823 até o ano de 1889*. Prefácio de Pedro Calmon. Rio de Janeiro: Itatiaia, 1993, p. 511.

58 "Da irreflexão com que se procedeu, nesse acesso agudíssimo de superfederalismo e hiperdemocracia, em que se chegou a ferir na essência a soberania federal com a invenção cerebrina, estupenda, que entregou aos Estados o domínio das terras nacionais (...), resultaram incongruências crassas". E atribuía as mudanças ao personalismo dos costumes e às vistas curtas dos políticos brasileiros. Criticava também a mudança operada na redução do tempo de mandato presidencial, cujo resultado havia sido "a continuidade febril com espasmos graves no organismo político, ou a indiferença popular ao escrutínio representativo". E concluía: "Impor essa faina democrática a uma nação como esta é simplesmente florear constituições para o papel" (BARBOSA, Rui. *Correspondência*. Coligida, revista e anotada por Homero Pires. São Paulo: Saraiva, 1932, p. 48-51).

Entre monarquistas liberais e republicanos autoritários: a década de 1890 e a democracia impossível de Rui Barbosa

Ao retirar-se do governo provisório, às vésperas da promulgação da Carta republicana, Rui encerrou a escalada normativa de seu ideal liberal democrata. Bem sucedida essa primeira etapa pela sua consagração constitucional, começava a segunda – a prática cotidiana da Constituição e o esforço de difusão e aprendizagem dos seus valores, que passava por educar as elites políticas e jurídicas na prática das instituições livres. Educar-se-ia depois o eleitorado, pela influência dos mais esclarecidos e pela generalização da instrução pública. Era a fórmula milliana: "É nas classes mais cultas e abastadas que devem ter o seu ponto de partida as agitações regeneradoras. Demos ao povo o exemplo, e ele nos seguirá".[59] Este era o tempo do *aprendizado constitucional*, "período de acomodação tanto mais dilatado quanto mais revolucionário foi o seu nascimento, quanto maior a distância entre os novos regimes e os regimes destruídos".[60] É que a concretização normativa dos valores constitucionais dependia

> menos das suas qualidades intrínsecas, da superioridade de suas ideias, da habilidade de sua feitura, do que do meio, onde eles se desenvolvem, do revestimento moral, que os protege, isto é, da probidade da nação, que os adota. Opinião pública vigilante, representação popular honesta, justiça independente: tais os complementos necessários, os elementos integrantes de todas as cartas fundamentais.[61]

Pela tribuna judiciária e parlamentar, pela imprensa e pelos comícios, Rui exerceria agora, portanto, o papel de *pedagogo do regime republicano*,

---

59 BARBOSA, Rui. *Ruínas de um Governo: o governo Hermes, as ruínas da Constituição, a crise moral, a justiça e manifesto à Nação*. Prefácio e notas de Fernando Néri. Rio de Janeiro: Guanabara, 1931, p. 140.

60 DELGADO, Luiz. *Rui Barbosa: tentativa de compreensão e síntese*. Rio de Janeiro: José Olympio, 1945, p. 167.

61 BARBOSA, Rui. *O estado de sítio: sua natureza, seus efeitos, seus limites*. Rio de Janeiro: Companhia Impressora, 1892, p. 166.

ensinando o povo a manejar as novas instituições conforme seus valores de justiça e moralidade. Indispensável ao aprendizado, seus pupilos não mostraram, porém, a boa vontade que Rui deles esperava. Confirmando o prognóstico de Nabuco, o exercício do poder político da Primeira República foi marcado pelo autoritarismo que sucessivamente lhe imprimiram as forças que derrubaram a monarquia – o Exército e a aristocracia rural: primeiro, na forma de um militarismo positivista, transmudado em populismo jacobino; depois, pelo conservadorismo oligárquico. Afora as tentativas de golpe, houve três insurreições armadas nos primeiros vinte anos do regime, só na capital federal – as revoltas da Armada (1893), da Vacina (1904) e da Chibata (1910). Em praticamente todos os estados, quando não se resolvia pela fraude, a violência da luta política se manifestava em conflitos entre milícias privadas ou privatizadas, bombardeios navais às capitais (como em Salvador, em 1911, e Manaus, em 1912) e por massacres de autoridades pelas mãos inimigas, com a conivência das forças federais (como no Mato Grosso, em 1906). Rebeliões de caráter místico-monárquico, como Canudos (1897) e o Contestado (1914), eram dizimadas em campanhas de guerra. Na falta do Poder Moderador, os três remédios previstos para esses casos eram o estado de sítio (arts. 6º e 81 da Constituição), a intervenção federal (art. 6º) – que ficavam a cargo do presidente da República e do Congresso – e jurisdição constitucional (arts. 59, § 1º, "a" e "b"), cujo encarregado era, em última instância, o Supremo Tribunal. A declaração do estado de sítio teria lugar quando ameaçada a segurança da República por invasão estrangeira ou comoção intestina, sendo para tanto competente o Congresso e, na sua ausência, o presidente, cuja decisão ficaria sujeita à confirmação legislativa. Na vigência do estado de exceção, algumas das garantias constitucionais ficariam suspensas pelo período máximo de trinta dias. As medidas de repressão ficavam restritas, porém, à prisão em local distinto dos criminosos comuns e ao desterro, em pontos outros do território nacional. A intervenção federal nos estados, por sua vez, somente teria lugar em quatro hipóteses: repelir invasão estrangeira ou de um estado em outro; manter a forma republicana federativa; restabelecer a ordem e a tranquilidade nos estados, a partir da requisição dos próprios governos locais; e, por fim, assegurar a execução das leis e sentenças federais.

O vago das fórmulas constitucionais impunha a regulamentação do estado de sítio e da intervenção federal por lei ordinária; entretanto, a coalizão do positivismo castilhista com o conservadorismo oligárquico nunca o permitiu, nem a uniformização de seus entendimentos. Dizia Campos Sales que regular o art. 6º da Constituição, que previa a intervenção federal, representaria "um ataque de morte contra o coração do nosso corpo político".[62] A decretação do sítio, por sua vez, sofria da parte de políticos como Quintino Bocaiuva e Rodrigues Alves uma interpretação extensiva que fazia dele um verdadeiro "interregno constitucional" durante o qual o governo estava livre para agir de forma plenamente discricionária, isto é, ditatorial.[63] Essa latitude extrema do poder excepcional se justificava pelo fato de que, legalmente responsável pela ordem pública, dos três poderes, era o Executivo quem melhor poderia conhecer da conveniência e oportunidade da decretação do sítio. De modo que o Congresso não somente deveria anuir a tal apreciação, como prorrogá-lo à vontade do governo. O mesmo raciocínio de primazia do presidente no combate à subversão levava os governistas também a admitirem o sítio preventivo, destinado a combater não a "comoção intestina" a que se referia a Constituição, mas sua mera ameaça, a juízo do Executivo. Durante todo o período, o estado de sítio foi decretado onze vezes, não se computando aí as inúmeras prorrogações para além do prazo legal. Seus prazos de vigência tornaram-se cada vez mais longos, ocupando sete dos 38 anos de período constitucional. Dois pontos dessa interpretação ampla do sítio eram particularmente polêmicos. O primeiro incluía, na suspensão das garantias fundamentais, as imunidades

---

62 RIBAS, Antônio Joaquim. *Perfil biográfico do Dr. Manuel Ferraz de Campos Sales*. Brasília: Editora da UnB, 1983, p. 284.

63 Quintino Bocaiuva sustentou várias vezes a tese de que o estado de sítio era um "interregno constitucional", razão pela qual se conformava "com o despojo das imunidades parlamentares, (...) com a suspensão de todas as outras garantias constitucionais" (SILVA, Eduardo (org.). *Idéias políticas de Quintino Bocaiuva*. Rio de Janeiro: Fundação Casa de Rui Barbosa, 1986, p. 361). Na mensagem enviada ao Congresso no início de 1905, em que pedia a prorrogação do sítio decretado quando da Revolta da Vacina, também Rodrigues Alves pediria a suspensão "de todas as garantias constitucionais" (MELO FRANCO, Afonso Arinos de. *Rodrigues Alves: apogeu e declínio do presidencialismo*. Brasília: Senado Federal, 2003, vol. 1, p. 522).

parlamentares, o que autorizava o governo a prender deputados e senadores da oposição e desterrá-los para a Amazônia, para que morressem de malária. O segundo ponto rezava que o Poder Judiciário ficava proibido de conceder *habeas corpus* durante o sítio, cujos efeitos se protrairiam no tempo.[64] Desse modo, entregues às interpretações casuísticas de juristas jacobinos, como Felisbelo Freire, ou conservadores, como Carlos Maximiliano, convertia-se o estado de sítio em instrumento de repressão policial, ao passo que variava a intervenção federal ao sabor das simpatias do governo pelas oligarquias insurretas.

Coerente com sua postura de pedagogo constitucional, logo nos primeiros meses de 1892 Rui começou a arengar contra a ditadura florianista e contra os abusos do Executivo na utilização do sítio, manifestações, segundo ele, do "cesarismo republicano".[65] Suas decretações irregulares e as prisões arbitrárias dos adversários políticos ensejaram as primeiras oportunidades de testar os mecanismos de defesa da república liberal por ele criados em torno do controle normativo da constitucionalidade.[66] Assim, com a ansiedade de um inventor que põe à prova a própria criação, Rui impetrou *habeas corpus* junto ao Supremo

---

64 Foi corriqueira durante a Primeira República a edição de leis que proibiam ao Judiciário o direito de apreciar a legalidade dos atos do governo. Velho conservador do Império, incumbido de remodelar a cidade do Rio de Janeiro, não viu Rodrigues Alves inconveniente em pôr de lado a Constituição para munir de poderes ditatoriais o prefeito do Distrito Federal e seu higienista-chefe, com que puderam Pereira Passos e Osvaldo Cruz, no melhor estilo despótico ilustrado, desapropriar, demolir e invadir casas, sobrados, chácaras e terrenos para disciplinar e sanear o espaço urbano. O art. 16 da lei de organização municipal de 1902 fazia, aliás, remissão expressa à razão de estado (FRANCO, Afonso Arinos de Melo. *Rodrigues Alves: apogeu e declínio do presidencialismo*. Brasília: Senado Federal, 2003, vol. 2, p. 411).

65 BARBOSA, Rui. *República: teoria e prática. Textos doutrinários sobre direitos humanos e políticos consagrados na primeira constituição republicana*. Seleção e coordenação de Hildon Rocha. Petrópolis: Vozes, 1978, p. 225.

66 "Ao cair do golpe de 7 de abril, senti vacilar sobre suas bases o edifício do nosso direito constitucional, isto é, a República, a Nação, a Liberdade; e compreendendo que, se um forte exemplo de resistência imediato não chamasse à ação os órgãos reparadores, estava fundado o absolutismo, anunciei para logo a minha resolução de apelar para o Supremo Tribunal" (*Apud* MANGABEIRA, João. *Rui: o estadista da República*. 3ª ed. São Paulo: Martins, 1960, p. 66).

Tribunal para libertar políticos e militares, presos ilegalmente pelo governo, e ajuizou ações em que pedia a reintegração de servidores demitidos sem processo. O Supremo era a garantia dos direitos dos cidadãos contra os desmandos do governo e do Congresso; "o mediador, o conciliador, o arbitrador"; o "centro de gravidade da República".[67] À guisa de razões finais, Rui escreveu enormes arrazoados que foram depois publicados em livros que deram circulação à sua primeira grande interpretação liberal da Constituição: *O estado de sítio – sua natureza, seus efeitos, seus limites*; e *Os Atos Inconstitucionais do Congresso e do Executivo*. Lançando mão de toda a sua imensa erudição e veemência, citando lições de Alexander Hamilton, James Madison, John Marshall, Joseph Story e Thomas Cooley, Rui alegou que os governistas confundiam o estado de sítio com o de guerra, que o governo não podia ao mesmo tempo desterrar os suspeitos e mantê-los presos, e que o Judiciário nunca ficava impedido de conceder *habeas corpus*. Na medida em que o sítio suspendia apenas algumas garantias contra a prisão arbitrária – e não todas, como queriam os florianistas –, o *habeas corpus* impedia a degeneração do sítio pela razão de Estado.[68] Do contrário, caía-se na situação da Argentina, que vivia sob um sítio intermitente desde 1853.[69]

---

67 BARBOSA, Rui. *O estado de sítio: sua natureza, seus efeitos, seus limites*. Rio de Janeiro: Companhia Impressora, 1892, p. 142.

68 BARBOSA, Rui. *O estado de sítio: sua natureza, seus efeitos, seus limites*. Rio de Janeiro: Companhia Impressora, 1892, p. 40.

69 "Nas constituições onde se autoriza essa intercepção da ordem constitucional, os requisitos postos ao exercício deste arbítrio perigosíssimo hão de entender-se sob a interpretação mais limitativa. (...). A brevidade inevitável das fórmulas constitucionais, contrastando com o amplíssimo campo de previsão, que os seus textos devem abranger, deixa sempre interstício a sofismas insidiosos, a adaptações acomodatícias, a teorias bastardas. Organismos extremamente delicados, a sua duração e a preservação de sua normalidade natural dependem menos das suas qualidades intrínsecas, da superioridade de suas ideias, da habilidade de sua feitura, do que do meio, onde eles se desenvolvem, do revestimento moral, que os protege, isto é, da probidade da nação, que os adota. Opinião pública vigilante, representação popular honesta, justiça independente: tais os complementos necessários, os elementos integrantes de todas as cartas fundamentais" (BARBOSA, Rui. *O estado de sítio: sua natureza, seus efeitos, seus limites*. Rio de Janeiro: Companhia Impressora, 1892, p. 166).

Infelizmente, a expectativa de Rui em relação ao papel do Supremo se frustrou, porque, pressionado pela ditadura, o tribunal negou o *habeas corpus*. Embora, com o tempo, o tribunal aperfeiçoasse sua doutrina e passasse a enfrentar o governo, ele ficou longe de assegurar ao regime o equilíbrio moderador que dele esperara.[70] O Supremo enfrentava a resistência dos demais poderes ao reconhecimento de sua autoridade e ao acatamento de suas decisões, como ocorreu com Floriano Peixoto, Prudente de Morais e Hermes de Fonseca. Sancionada por constitucionalistas como Thomas Cooley, a concepção de jurisdição constitucional vigente permitia que os governos alegassem, para desacatá-las, que as decisões judiciais invadiam o terreno político, de competência exclusiva do Executivo e do Legislativo. "Sobre questões políticas, os tribunais não têm qualquer autoridade, devendo aceitar a determinação dos órgãos políticos do governo como conclusivas."[71] Como a doutrina de Cooley não enumerava de forma taxativa quais eram essas questões, ela fornecia argumentos para que o governo desobedecesse ao Judiciário, por exemplo, em matéria de *habeas corpus*.[72] O Supremo também não podia examinar a cons-

---

70 Um discípulo de Rui chegaria a declarar que o Supremo fora o poder que mais faltara à República: "O órgão que, desde 1892 até 1937, mais falhou à República, não foi o Congresso. Foi o Supremo Tribunal. (...) O órgão que a Constituição criara para seu guarda supremo, e destinado a conter, ao mesmo tempo, os excessos do Congresso e as violências do Governo, a deixava desamparada nos dias de risco ou de terror, quando, exatamente, mais necessitada estava ela da lealdade, da fidelidade e da coragem de seus defensores" (MANGABEIRA, João. *Rui: o estadista da República*. 3ª ed. São Paulo: Martins, 1960, p. 70).

71 COOLEY, Thomas M. *The general principles of constitutional law in the United States of America*. Boston: Little, Brown and Company, 1898, p. 156. A primeira edição é de 1880.

72 "Os diversos órgãos do governo são iguais em dignidade e em autoridade coordenada e nenhum pode sujeitar o outro à sua própria jurisdição, nem privá-lo de qualquer porção de seus poderes constitucionais. Mas o judiciário é a autoridade última na interpretação da Constituição e das leis, e sua interpretação deve ser recebida e seguida pelos outros departamentos. (...) Mas os tribunais não têm autoridade para julgar questões abstratas, nem questões não suscitadas pelo próprio litígio e que, portanto, digam respeito exclusivamente às autoridades executiva e legislativa. Nem há aí qualquer método pelo qual suas opiniões possam ser constitucionalmente expressas, de modo a ter força vinculante sobre o executivo ou o legislativo, quando a questão se

titucionalidade da lei em abstrato, o que lhe permitiria conferir efeitos gerais aos seus acórdãos, nem dispunha do mecanismo do *stare decisis*,[73] com que a Suprema Corte estadunidense criava uma jurisprudência obrigatória que vinculava os juízes e tribunais inferiores aos seus julgados. Na medida em que, no Brasil, a declaração de inconstitucionalidade da lei, ao invés de surtir efeitos para todos os casos similares, obrigava os órgãos públicos apenas naquele caso concreto – ou seja, só incidia sobre as partes daquele processo específico –, os poderes Executivo e Legislativo, e mesmo os juízes inferiores, estavam livres para, em todos os outros casos idênticos, continuarem a ignorá-la.[74] Por fim, a própria nomeação dos ministros do Tribunal pelo presidente da República estava submetida aos critérios da política oligárquica. Os ministros votavam de acordo com os interesses das facções a que eram ligados, o que mantinha incertos os limites de aplicação da ordem constitucional.[75]

apresenta, não como relativa a uma lei existente, mas como algo próprio à política, competente para legislar no futuro. O Judiciário, embora juiz último do que a lei é, não é o juiz do que a lei deve ser" (COOLEY, Thomas M. *The general principles of constitutional law in the United States of America*. Boston: Little, Brown and Company, 1898, p. 159.) (Tradução minha).

73   Traduzindo: "respeitar as coisas decididas".

74   Em 1903, inconformado com a instituição de impostos interestaduais pelas oligarquias dos Estados, o nacionalista General Serzedelo Correia já denunciava a incapacidade de o Supremo Tribunal coibir semelhantes inconstitucionalidades de maneira eficaz, e que potencializavam a desagregação do país: "As decisões do nosso Tribunal Supremo nada têm conseguido! São em espécie, para cada caso singular, e os Estados dela não fazem caso. (...) Nos Estados Unidos outro é o proceder, bem outra é a jurisprudência firmada. Lá o tribunal pronuncia em espécie, mas a sentença tem uma ação geral. Lá a lei declarada inconstitucional para o caso A fica inquinada de nulidade, é como se não existisse e nem o Estado que a decretou e nem outro qualquer a poderá aplicar ou renovar. (...) Entre nós, porém, o que se aceitou, o que se obedece é uma hermenêutica digna da Costa da África porque é a anulação do primeiro tribunal do país, é o aniquilamento da própria justiça" (CORREIA, Serzedelo. *O problema econômico no Brasil*. Introdução de Washington Luís Neto. Rio de Janeiro: Fundação Casa de Rui Barbosa, 1980, p. 34. A primeira edição é de 1903).

75   KOERNER, Andrei O Poder Judiciário Federal no sistema político da Primeira República. *Revista da USP*, "Dossiê Judiciário", nº 21, 1994, p. 58-69.

Sem obter do Judiciário a contribuição que dele esperara na estabilização de uma ordem republicana liberal, Rui retomou suas atividades propriamente políticas – primeiro, em conferências efetuadas na Bahia; depois, numa campanha jornalística que, das páginas do *Jornal do Brasil*, pretendia mobilizar a opinião pública liberal para derrubar a ditadura republicana – exatamente como ele julgava ter derrubado a monarquia, três anos antes, das páginas do *Diário de Notícias*. Como o liberalismo era associado à monarquia, e a República, ao militarismo jacobino, Rui desenvolveu uma estratégia que desfizesse essas identidades e convencesse o público a aderir à sua bandeira da *república conservadora*, isto é, liberal. Ele defenderia a obra do Governo Provisório, por ter preparado uma República democrática e liberal; desqualificaria a obra do Império como retrógrada, e a propaganda restauradora, como quimérica; e refutaria a influência positivista na fundação da República, atacando-a como anacrônica e autoritária. Assim, nunca houvera "uma ditadura tão desmedidamente senhora do poder do mal" esparzido "sobre a sua pátria soma tão extraordinária de bem"[76] do que o Governo Provisório. A monarquia, por sua vez, estava felizmente morta e enterrada: "A ideia restauradora, no Brasil, pertence ao museu das excentricidades políticas, entre as quais, na classe das patetices humanas, lhe cabe *de jure*[77] um lugar, no caruncoso armário onde se fossilizam seus dois irmãos primogênitos, o sebastianismo e o miguelismo".[78] "Mumificada nos trapos da Corte de D. João VI", a Nação nada devia ao Antigo Regime; com seu falso afeto pela cultura, Pedro II forjara um "Brasil de exportação" regido pelas "aparências de um parlamentarismo desacreditado".[79] Por fim, Rui negava que a República fosse obra do positivismo: "Seus livros santos não conhecem a democracia liberal, nem as instituições representativas, nem a federação americana. Sua orientação prática é a ditadura perpétua nas mãos de seus adeptos.

---

76 BARBOSA, Rui. *Escritos e discursos seletos*. Seleção, organização e notas de Virgínia Cortes de Lacerda. Rio de Janeiro: Nova Aguilar/Fundação Casa de Rui Barbosa, 1960, p. 189.

77 Traduzindo: "de direito".

78 BARBOSA, Rui. *Escritos e discursos seletos*. Seleção, organização e notas de Virgínia Cortes de Lacerda. Rio de Janeiro: Nova Aguilar/Fundação Casa de Rui Barbosa, 1960, p. 181.

79 BARBOSA, Rui. *Escritos e discursos seletos*. Seleção, organização e notas de Virgínia Cortes de Lacerda. Rio de Janeiro: Nova Aguilar/Fundação Casa de Rui Barbosa, 1960, p. 203.

(...). A República, no Brasil, decorre da Constituição de Hamilton, e não do catecismo de Comte".[80] Rui concluía assim que a solução política não estava nem na restauração da monarquia, nem no autoritarismo positivo-jacobino. Era a República que tinha de ser conservadora, "conservadora, a um tempo, contra o radicalismo e contra o despotismo; contra as utopias revolucionárias e contra as usurpações administrativas, contra a selvageria anárquica das facções e contra a educação inconstitucional dos governos".[81]

Dessa forma, Rui apelara à opinião pública monarquista para que o ajudasse e aos republicanos históricos a firmarem a República liberal contra o autoritarismo de Floriano. Mas Rui cedo percebeu que nenhum *histórico* se sensibilizara com o seu apelo. Muito pelo contrário, Campos Sales, Glicério e Prudente estavam em vias de converter seu bloco parlamentar num partido que, confirmando a suspensão das imunidades parlamentares, a legalidade dos seus sítios e concedendo-lhes as respectivas prorrogações, assegurasse ao governo o apoio "absoluto e incondicional" de que este carecia para prosseguir na obra da repressão.[82] Embora Sales, por aquele tempo, também fizesse, como Rui, profissão de fé conservadora, o que ambos entendiam por *conservadorismo* era coisa muito diversa. Se, para Rui, *a República conservadora* queria dizer pura e simplesmente *democracia liberal*, não jacobina, para os históricos agrários ela significava República liberal, é certo, mas *aristocrática ou oligárquica*. Para Campos Sales, o imperativo da ordem precedia o da liberdade; portanto, a prática leal ou liberal da Constituição, naquele momento, não tinha qualquer relevância, frente à ameaça premente de restauração da monarquia – daí que a ditadura vinha em boa hora esmagá-la em nome da *legalidade republicana*. Depois de afastada a ameaça monárquica e consolidado o regime oligárquico, os conservadores se livrariam dos militares e dos jacobinos, como haviam antes se livrado da realeza e dos liberais radicais. Era o que Campos Sales explicava,

---

80 BARBOSA, Rui. *Escritos e discursos seletos*. Seleção, organização e notas de Virgínia Cortes de Lacerda. Rio de Janeiro: Nova Aguilar/Fundação Casa de Rui Barbosa, 1960, p. 206.

81 BARBOSA, Rui. *Escritos e discursos seletos*. Seleção, organização e notas de Virgínia Cortes de Lacerda. Rio de Janeiro: Nova Aguilar/Fundação Casa de Rui Barbosa, 1960, p. 184.

82 RIBAS, Antônio Joaquim. *Perfil biográfico do Dr. Manuel Ferraz de Campos Sales*. Brasília: Editora da UnB, 1983, p. 238.

para, ao final, despir-se da velha fantasia radical para votar pelo sítio, agora como *conservador*, e assumir a continuidade, *apaulistada* e *republicanizada*, da ala agrária do velho Partido Conservador:

> Não receio parecer contraditório com o meu passado republicano, sustentando estas idéias. Também não tenho receio de declarar perante o Senado, perante o país, que na República sou conservador. Quero o que está na carta de 24 de fevereiro; não desejo, por ora, ampliá-la nem restringi-la. Quero a ordem, porque quero a liberdade. Não sou anarquista. O país está fatigado; a vida de sobressaltos exaure as suas forças; é preciso que firmemos a paz.[83]

Por sua vez, Rui continuou a pregar a inviabilidade da restauração e a necessidade de um outro partido "contra o despotismo e a desordem – o partido constitucional, o partido conservador republicano". Entretanto, ele percebia que o radicalismo dos *históricos* nunca passara de *propaganda*. São Paulo se tornara "a escola mais áspera do partidismo militante e o mercado mais ativo da transação política entre nós".[84] Pela imprensa, ele mostrava-se estarrecido de que, para chancelar o sítio de Floriano, Campos Sales desenterrasse os pareceres do visconde do Uruguai, "o pontífice da escola reacionária".[85] Sua maior

---

83 RIBAS, Antônio Joaquim. *Perfil biográfico do Dr. Manuel Ferraz de Campos Sales*. Brasília: Editora da UnB, 1983, p. 255.

84 BARBOSA, Rui. *O estado de sítio: sua natureza, seus efeitos, seus limites*. Rio de Janeiro: Companhia Impressora, 1892, p. 226.

85 Reclamava Rui: "O visconde de Uruguai já é oráculo para a política republicana! Mas quem é o visconde de Uruguai? Nome historicamente mui respeitável, por certo. Mas, politicamente, o visconde de Uruguai é o pontífice da escola reacionária, a que devemos a retrógrada lei da interpretação do Ato Adicional e a odiosa reforma do Código de Processo, a famigerada lei de 3 de dezembro. (...) Da revogação dos atos desta escola, isto é, da restauração das garantias da liberdade individual, que ela sacrificara, fez o partido liberal sua bandeira de honra, até que o Partido Conservador mesmo a adotou, vingando, em 1870, os princípios liberais das deserções de seus sustentadores professos. Ora, o Partido Republicano se constituiu como protesto contra a insuficiência dessas reivindicações (...). E, na primeira ocasião em que o elemento republicano tem de pôr à prova a sinceridade das suas opiniões (...), o padrinho invocado pelo

irritação, todavia, era com o fato de o novo partido – o Partido Republicano Federal – lhe roubar a bandeira da legalidade para se pôr ao lado do governo e não contra ele. Organizar um partido, argumentava Rui, implicava lançar ao povo uma mensagem capaz de "reerguê-lo da apatia, de fortalecê-lo contra o desalento, de congregá-lo em adesões ativas, enérgicas, dedicadas". Por isso, havia apenas dois partidos naturais no país, "o dos que fraternizam com a ditadura e dos que lutam pela Constituição".[86] Os conservadores não deixavam Rui sem resposta, tratando-o como um desgarrado, que não punha, com seu purismo liberal, a República acima de todas as considerações; e que por isso estava, como lhe advertia Glicério, "politicamente no caminho errado".[87] Para piorar, Quintino Bocaiuva e Aristides Lobo, jornalistas que Rui sempre considerara bons liberais republicanos, resolveram acompanhar os conservadores, ao invés de resistirem com ele. Inconformado, Rui os acusava de não querer a República, mas "o domínio dos que se encantaram nela, o privilégio da minoria que absorve o país, a onipotência da individualidade, que faz da minoria o escabelo de seus pés e desta terra o pasto de sua ambição".[88] Aristides devolveria o petardo, elogiando Floriano, "fiel intérprete da ordem e da segurança social", de cujo fortalecimento dependia "a permanência da República", contra o "imaginário constitucionalismo mal pensado" de Rui.[89]

Desamparado por todos os antigos colegas do Governo Provisório e isolado no regime que ajudara a fundar, em meados de 1893 Rui Barbosa começou a voltar para os ex-companheiros monarquistas, que combatiam Floriano em nome do liberalismo. É extraordinário perceber que, em todos

historicismo democrático é a sombra do papa das reações da monarquia! Eis a moral do estado de sítio!" (BARBOSA, Rui. *O estado de sítio: sua natureza, seus efeitos, seus limites*. Rio de Janeiro: Companhia Impressora, 1892, p. 240-241.)

86   BARBOSA, Rui. *Campanhas jornalísticas: Império: 1869-1889*. Rio de Janeiro: Casa de Rui Barbosa, 1956, p. 108-110 (Obras Seletas de Rui Barbosa, vol. 6).

87   MANGABEIRA, João. *Rui: o estadista da República*. 3ª ed. São Paulo: Martins, 1960, p. 72.

88   BARBOSA, Rui. *Campanhas jornalísticas: Império*. Rio de Janeiro: Casa de Rui Barbosa, 1956, p. 123 (Obras Seletas de Rui Barbosa, vol. 6).

89   COSTA, Emília Viotti da. *O Supremo Tribunal Federal e a construção da cidadania*. São Paulo: Editora Unesp, 2006, p. 32.

eles, o irrompimento da ditadura provocou as mesmas reações intelectuais, como que desvelando o fundo ideológico comum formado sob a monarquia. Todos eles abandonaram, por exemplo, a pretensão de fundar a política no cientificismo, associado doravante ao autoritarismo, e retornaram ao espiritualismo, que lhes parecia a única base possível para o humanismo banido do Brasil. Assim, enquanto Nabuco escrevia *Minha fé* e Eduardo Prado destacava o papel da Igreja na formação social brasileira, Rui se reconciliava com o catolicismo na *Conferência em favor das órfãs do Asilo de Nossa Senhora de Lourdes*, em Feira de Santana, e em *As bases da fé*, resenha sobre o livro homônimo de Arthur Balfour que combatia o darwinismo social e o positivismo, bases filosóficas dos conservadores republicanos e dos jacobinos.[90] O antigo radical Afonso Celso Jr. foi o que chegaria mais longe, ao receber do Papa o título de conde. Houve também, entre eles, uma epidemia de Burke, crítico *avant la lettre* do jacobinismo francês. Enquanto Nabuco o mencionava em escritos como *Balmaceda*, o mesmo fazia Rui: ele era "o maior dos modernos", "o maior gênio político de uma idade de gênios".[91] O apoio estadunidense à ditadura florianista era outro item da agenda, presente em obras como *A intervenção estrangeira durante a Revolta de 1893*, de Nabuco; *A ilusão americana*, de Eduardo Prado; e as *Cartas de Inglaterra*, nas quais Rui se referia ao "duro, pérfido e cruel egoísmo" da política de Washington.[92] Data também desta época certo ceticismo de Rui sobre sua capacidade de mobilizar eficazmente a opinião pública – ceticismo que levara Nabuco a defender a monarquia quando Rui a combatia, a pretexto de regenerá-la.[93]

---

90 BARBOSA, Rui. *Escritos e discursos seletos*. Seleção, organização e notas de Virgínia Cortes de Lacerda. Rio de Janeiro: Nova Aguilar/Fundação Casa de Rui Barbosa, 1960, p. 904.

91 BARBOSA, Rui. *Campanhas jornalísticas: Império: 1869-1889*. Rio de Janeiro: Casa de Rui Barbosa, 1956, p. 225-256 (Obras Seletas de Rui Barbosa, vol. 6).

92 BARBOSA, Rui. *Escritos e discursos seletos*. Seleção, organização e notas de Virgínia Cortes de Lacerda. Rio de Janeiro: Nova Aguilar/Fundação Casa de Rui Barbosa, 1960, p. 877.

93 BARBOSA, Rui. *O Partido Conservador Republicano: documentos de uma tentativa baldada*. Rio de Janeiro: Ministério da Educação e Saúde, 1952, p. 65 (Obras Completas de Rui Barbosa, vol. 24, 1897, t. 1.

Essa identidade com os liberais monarquistas só fez aprofundar-se durante a Revolta da Armada e a Revolução Federalista, quando, foragido, ameaçado de ser preso e assassinado pelos jacobinos, Rui colaborou com os revoltosos parlamentaristas e monarquistas, como Silveira Martins e Saldanha da Gama, e passou um longo período exilado na Inglaterra, durante o qual se reconciliou com Eduardo Prado, que havia sido seu mais impiedoso crítico durante o Governo Provisório, e com o próprio visconde de Ouro Preto. Daí por diante, escasseiam em sua obra os ataques à monarquia ou aos monarquistas, surgindo, em seus lugares, o elogio do liberalismo do Império e do patriotismo dos restauradores. A superioridade do Império sobre a República é reiterada com crescente veemência por Rui desde pelo menos 1897, quando, num primeiro balanço geral do novo regime, denunciou o recuo nacional de todas as forças de progresso moral desde o seu advento,[94] até o famoso *discurso das nulidades*, em 1914, no qual, da tribuna do Senado Federal, fez o elogio de dom Pedro II.

> De tanto ver triunfar as nulidades, de tanto ver prosperar a desonra, de tanto ver crescer a injustiça, de tanto ver agigantarem-se os poderes nas mãos dos maus, o homem chega a desanimar da virtude, a rir-se da honra, a ter vergonha de ser honesto... Esta foi a obra da República nos últimos anos. No outro regime, o homem que tinha certa nódoa em sua vida era um homem perdido para todo o sempre – as carreiras políticas lhe estavam fechadas. Havia uma sentinela vigilante, de cuja severidade todos se temiam e que, acesa no alto, guardava a redondeza, como um farol que não se apaga, em proveito da honra, da justiça e da moralidade gerais.

---

94 "Somos um país indefeso no exterior. Perdeu-se o sentimento da lei, perdeu-se o travamento da subordinação necessária, romperam-se os compromissos constitucionais, abastardaram-se as ligações políticas, descimentaram-se os vínculos morais. Todas as forças inermes, condições fundamentais da vida, educação e progresso, decaíram: o direito, a magistratura, a eleição, o ensino, a imprensa, a tribuna. Todos os órgãos armados, pelo contrário, e todos os interesses agressivos se hipertrofiaram e descomediram: o poder, o funcionalismo, a espada, a indústria, a política. Não se sabe que pontos de estabilidade e que princípios de recomposição nos restem. Só se sente o acelerado crescer da desordem, da desconfiança, do desalento, do desatino" (BARBOSA, Rui. *Tribuna parlamentar: Império*. Rio de Janeiro: Casa de Rui Barbosa, 1952, p. 109. (Obras Seletas de Rui Barbosa, vol. I.)).

Na República, todos os tarados são tarudos. Na República todos os grupos se alhearam do movimento dos partidos, da ação dos governos, da prática das instituições. Contentamo-nos hoje com as fórmulas e a aparência, porque estas mesmo vão se dissipando pouco a pouco, delas quase nada nos restando. Apenas temos os nomes, apenas temos a reminiscência, apenas temos a fantasmagoria de uma coisa que existiu, de uma coisa que se deseja ver reerguida, mas que, na realidade, se foi inteiramente.[95]

Rui percebia ter se precipitado ao concluir que as conquistas liberais da monarquia independessem do regime ou da forma de governo. Desabada a "cena política de puro encantamento" do Império parlamentar, forjada pelo *liberalismo* do "velho de São Cristóvão",[96] Rui Barbosa ficara dali por diante clamando no deserto da nova cena republicana, na qualidade de único sobrevivente da esquerda liberal. "As formas do novo regime mataram a palavra", escreveria. "Deixaram o mecanismo das instituições legislativas. Mas, acastelando o governo em um sistema cabal de irresponsabilidade, emancipando-o totalmente dos freios parlamentares, reduziram a tribuna a um simulacro de locutório, insulado no vazio."[97] Rui dava a entender que a história da monarquia teria sido a de uma contínua ascensão do liberalismo rumo à democracia; uma expansão continuada dos valores de justiça e de liberdade pelas tribunas parlamentar, judiciária e da imprensa, que se interrompera bruscamente na República, quando os governos aproveitaram o fim do parlamentarismo para anular o equilíbrio dos poderes, subalternizando o Congresso e tentando anular o Judiciário, pressionando-o, ou simplesmente descumprindo seus julgados. Assim, em 1911, Rui discorria sobre a "atividade civilizadora do Império, a luminosa jurisprudência dos seus tribunais, os seus magníficos monumentos de codificação e educação liberal das classes cultas pela escola de suas assem-

---

95 BARBOSA, Rui. *Discursos parlamentares*. Rio de Janeiro: Fundação Casa de Rui Barbosa, 1974, p. 86-87 (Obras Completas de Rui Barbosa, vol. 41, 1914, t. 3).

96 NABUCO, Joaquim. *Minha formação*. Prefácio de Carolina Nabuco. Rio de Janeiro: Jackson, 1949, p. 275-276.

97 BARBOSA, Rui. *Escritos e discursos seletos*. Seleção, organização e notas de Virgínia Cortes de Lacerda. Rio de Janeiro: Nova Aguilar/Fundação Casa de Rui Barbosa, 1960, p. 475.

bleias, a conquista da emancipação pelos comícios populares, a organização da monarquia e da República pelas nossas duas constituições".[98]

Solitário na cena autoritária e oligárquica da República, era mais que natural que Rui voltasse às hostes liberais dos monarquistas. No entanto, ainda que seus elogios ao Império o comprometessem até a morte, Rui Barbosa nunca defendeu abertamente a restauração da monarquia ou do parlamentarismo. Interrogado sobre a necessidade de revisão da Constituição, cuja bandeira levantara em 1897, e embora admitindo a superioridade do Império e do parlamentarismo sobre a República e o presidencialismo, Rui acabava sempre por reafirmar a ortodoxia doutrinária que, em 1890, o orientara para a república presidencial, apelando aos republicanos para que fossem liberais e aos monarquistas para que aderissem à república.

> Os homens de valor, que a revolução afastou dos negócios, não têm o direito de continuar indefinidamente a persistir na reserva, em que se encerraram. Seu melindre tem razões de sobra, para se dar por satisfeito. O Brasil reclama a cooperação desinteressada e ativa de todos os que representam a capacidade, a abnegação e o vigor.[99]

Não por acaso, Rui ficou radiante com o aceite de Joaquim Nabuco ao convite de Campos Sales, já presidente, para servir novamente ao Brasil, agora na condição de ministro e embaixador. Seis anos depois, em plena Revolta da Vacina, da qual participavam os monarquistas, ele declararia sem rebuços que eram estes os que davam os melhores republicanos:

> Os monarquistas resistentes não são os piores. Antes, essa altura de caráter os deve assinalar de preferência à nossa veneração. Quando se chegarem à república, ficarão sendo republicanos dos melhores, e exercerão sobre a moralidade do sistema uma influência das mais saudáveis. Se nós acolhermos com prazer as conversões fáceis,

---

98 BARBOSA, Rui. *Escritos e discursos seletos*. Seleção, organização e notas de Virgínia Cortes de Lacerda. Rio de Janeiro: Nova Aguilar/Fundação Casa de Rui Barbosa, 1960, p. 551.

99 BARBOSA, Rui. *Campanhas jornalísticas. Império: 1869-1889*. Rio de Janeiro: Casa de Rui Barbosa, 1956, p. 133 (Obras Seletas de Rui Barbosa, vol. 6).

devemos requestar com habilidade as custosas. E dava, mais uma vez, o exemplo de Nabuco."¹⁰⁰

Qual a razão dessa incongruência, da parte de um homem que confessava se achar sempre "na mais desagradável das posições em que se pode achar um homem político, sem ter o amparo, a solidariedade de nenhum dos grupos organizados na política republicana"?¹⁰¹ A resposta talvez esteja nas próprias *Cartas de Inglaterra*, hino de denúncia das repúblicas latino-americanas e de amor à monarquia inglesa, que ele concluía, paradoxalmente, fazendo profissão de fé republicana. Diante da suposição de Afonso Celso Jr., de que havia retornado às hostes monarquistas, Rui reconhecia que "sob a república atual, as nossas liberdades são incomparavelmente inferiores às que nos restavam sob a monarquia", mas objetava, contra a restauração, que o regime republicano de governo já existia, e que lhe parecia mais fácil regenerá-lo do que galvanizar o anterior. Tantos haviam sido os descalabros desde a queda da monarquia que, se a restauração fosse realmente possível, ela já teria ocorrido. Ademais, os príncipes da família imperial ainda não se lhe afiguravam ter vocação para o trono.¹⁰² O argumento decisivo, porém, era outro. Depois de se referir "à

---

100 "Quando uma luta contra os erros do Império em 1889 me pôs, a 15 de novembro, entre os que, na hora da incerteza e do perigo, arriscaram a cabeça à sorte da revolução republicana, um monarquista eminente perguntou a um amigo meu: 'Que vai ser agora das tuas relações com o Rui?'. O amigo, monarquista como o seu interlocutor, respondeu-lhe que não se alterariam, com grande indignação de quem o interrogava. Os tempos o modificaram. Os governos republicanos o foram procurar. Sem perigos nem incertezas, o elevaram à altura do seu merecimento, onde hoje, com honra da República e proveito da Nação, brilhantemente serve ao novo regime. Esperemos outras conquistas desse valor no campo da monarquia, não as afugentando com uma política de suspeição contra os monarquistas, brasileiros tão bons como os republicanos" (BARBOSA, Rui. *Correspondência*. Coligida, revista e anotada por Homero Pires. São Paulo: Saraiva, 1932, p. 146).

101 MANGABEIRA, João. *Rui: o estadista da República*. 3ª ed. São Paulo: Martins, 1960, p. 79.

102 Ele pareceria mudar de ideia durante o Governo Hermes, encantado com o príncipe dom Luís, escritor e filho do meio da princesa Isabel. Pretendente ao trono, dom Luís lançou um manifesto em 1913 em que elogiava a organização que Rui imprimira à República e sua campanha pela revisão constitucional. Em 1920, Rui a ele se referia como

prostração popular, ao marasmo público, à subserviência nacional", Rui concluía lucidamente que nada adiantavam formas de governo idealmente boas, se faltava ao povo amor à liberdade para praticá-las: "O povo alheio a estes sentimentos será tão incapaz da monarquia representativa, como da república constitucional".[103] Como se pode perceber, sua enorme decepção com a prática do regime republicano lhe permitia agora mobilizar seu passado político monárquico para comparar os dois regimes, não apenas à luz doutrinária, mas da experiência, elemento que mais lhe faltara como ator político, mas que, dali por diante, lhe serviria para temperar com realismo a sua ação pública. Por outro lado, sua responsabilidade na obra de demolição da monarquia e de organização da República, somada ao enorme orgulho e à sua dificuldade em se penitenciar, o impediam de dar o passo seguinte: reconhecer que a mudança de regime havia sido um equívoco, fazer o *mea culpa* que Afonso Celso Jr. já lhe atribuíra, e defender a restauração da monarquia parlamentar. Ele mesmo confessaria, em 1897: "Se eu tivesse voltado à monarquia, não hesitaria em confessá-lo. Mas então minha vida política estaria encerrada para sempre. Minhas mãos não se levantariam contra a República, em cuja fundação labutei".[104]

Daí que a única saída possível a Rui tenha sido a de, também paradoxalmente, reestruturar a história da democracia liberal brasileira. Ele foi forçado a apresentar o governo provisório como o ponto culminante da evolução do liberalismo político do Império, descolando-o, por conseguinte, da narrativa republicana. Expurgado de sua história ulterior como um justo intervalo discricionário, voltado para a reconstitucionalização do país nas bases mais

---

o único, dentre os netos do imperador, que revelara capacidade de assumir o trono, com seu "espírito peregrino, em quem tanto se acumulavam talentos, virtudes e obras de primor" (BARBOSA, Rui. Discurso na Liga de Defesa Nacional sobre a trasladação dos restos mortais dos ex-imperadores. *Revista do IHGB*, Rio de Janeiro, 1925, p. 62. Tomo especial: Trasladação dos restos mortais de D. Pedro II e de D. Teresa Cristina).

103 BARBOSA, Rui. *Cartas de Inglaterra*. São Paulo: Iracema, 1966, t. 2, p. 173-174. A primeira edição é de 1896.

104 BARBOSA, Rui. *O Partido Conservador Republicano: documentos de uma tentativa baldada*. Rio de Janeiro: Ministério da Educação e Saúde, 1897, p. 61 (Obras Completas de Rui Barbosa, vol. 24, 1897, t. 1).

democráticas,[105] o Governo Provisório poderia ser apresentado, não como o marco da decadência política nacional, iniciada na República, mas como o momento máximo das conquistas liberais da monarquia brasileira, que apenas soçobrara pela lamentável resistência de seus políticos ao federalismo. Daí que Rui já não tivesse qualquer constrangimento em declarar que, "na própria galeria republicana", havia reservado "um lugar, e grande", para o "longo e memorável reinado" de dom Pedro II.[106] A pedra de toque de sua estratégia de apresentar o Governo Provisório como o apogeu da evolução das ideias liberais no Brasil residia na sua insistente reivindicação da condição de *pai da Constituição*. Era ela que lhe poderia conferir legitimidade, como advogado junto ao Supremo Tribunal, para fazer *interpretações autênticas* sobre o seu conteúdo normativo, e como senador, para defender as intenções liberais dos fundadores do regime contra os políticos que o praticavam. Não por acaso, sua paternidade constitucional seria contestada ao mesmo tempo por jacobinos, como Felisbelo Freire, e por conservadores, como Campos Sales, que a atribuiriam ao Governo Provisório como um todo.[107] Tratavam assim de golpeá-lo no ponto que mais o fortalecia publicamente – a condição de *pai intelectual da República*.

Prensado, assim, entre a lembrança positiva da monarquia parlamentar e a realidade corrompida da República presidencial, no espaço intermediário de *pai da Constituição e intérprete autêntico de suas intenções*, Rui Barbosa pôde construir o ideal de uma República que seria a continuidade e a superação do

---

105 "Senhores do poder absoluto e do arbítrio ditatorial, organizamos rapidamente a legalidade; impedimos a violência, protegemos os vencidos, mantivemos a ordem, asseguramos os contratos, sustentamos os créditos do país, honramos religiosamente os compromissos nacionais, impulsionamos o comércio e a atividade produtora em escala desconhecida entre nós; aumentamos a renda pública" (BARBOSA, Rui. *Tribuna Parlamentar: República*. Rio de Janeiro: Casa de Rui Barbosa, 1954, p. 289 (Obras Seletas de Rui Barbosa, vol. 1)).

106 BARBOSA, Rui. Discurso na Liga de Defesa Nacional sobre a trasladação dos restos mortais dos ex-imperadores. *Revista do IHGB*, Rio de Janeiro, 1925, p. 62. Tomo especial: Trasladação dos restos mortais de D. Pedro II e de D. Teresa Cristina.

107 CARNEIRO, Levi. *Dois arautos da democracia: Rui Barbosa e Joaquim Nabuco*. Rio de Janeiro: Casa de Rui Barbosa, 1954, p. 115-116.

Império em matéria de democracia, mas que não havia sido concretizada; que havia sido traída, desviada e sofismada pelos políticos – "os politiquinhos e politicotes, os politiquilhos e os politicalhos, os politiqueiros e os politicastros".[108] Verdadeira era aquela República liberal e democrata que Rui imaginara, e de que ele era, na condição de fundador do regime, a encarnação mais pura, e falsa, a República existente, empírica, cotidiana – "corrupção do ideal republicano", "república de rótulo".[109] Por esse artifício retórico, que fazia da República inexistente e ideal a República autêntica, *verdadeiramente republicana*, contra a república que existia, mas que não era república, mas *reprivada*[110] – "república de oligarcas, mandões e caudilhos"[111] –, a utopia democrática de Rui Barbosa se transformava num imperativo cívico, e sua fraqueza como ator político, em força moral – ainda que o obrigasse a "demonstrar longamente, com a insistência e a paciência de um missionário naufragado em plagas inóspitas, ensinando aos autóctones o alfabeto, a rotação da terra, ou a gravidade dos corpos".[112]

A comparação evangélica era perfeita porque, dali por diante, o pedagogo se tornaria cada vez mais profeta, escrevendo à maneira da prédica barroca do padre Antônio Vieira e se fazendo representar, em sua *performance* de candidato, como um "Antônio Conselheiro da razão".[113] De fato, do lugar etéreo que mediava entre o Império e a República, onde o plano cívico do ideal republicano e democrático se confundia com o da justiça e o religioso, Rui forjou paulatinamente a *teologia política liberal* que lhe permitiria lançar-se duas vezes à presidência, na década de 1910, na qualidade de *missionário, apóstolo, mártir,*

---

108 MANGABEIRA, João. *Rui: o estadista da República*. 3ª ed. São Paulo: Martins, 1960, p. 321.

109 BARBOSA, Rui. *O estado de sítio: sua natureza, seus efeitos, seus limites*. Rio de Janeiro: Companhia Impressora, 1892, p. 245.

110 BARBOSA, Rui. *Campanha presidencial de 1919*. Rio de Janeiro: Ministério da Educação e Cultura, 1956, p. 40 (Obras Completas de Rui Barbosa, vol. 46, 1919, t. 2).

111 MANGABEIRA, João. *Rui: o estadista da República*. 3ª ed. São Paulo: Martins, 1960, p. 236.

112 BARBOSA, Rui. *O estado de sítio: sua natureza, seus efeitos, seus limites*. Rio de Janeiro: Companhia Impressora, 1892, p. 193.

113 LOPES, Antônio Herculano. Um Antônio Conselheiro da razão. In: LUSTOSA, Isabel et al. *Estudos históricos sobre Rui Barbosa*. Rio de Janeiro: Fundação Casa de Rui Barbosa, 2000.

santo, profeta – ou seja, de *antipolítico*. Era "a justiça de Deus" que se abeirava de nós: ou o Brasil se salvava "pelo caminho da moral divina", ou se perderia "nos sinistros imprevistos da tremenda anarquia moderna, em que a política dos nossos aventureiros, irremediavelmente, nos acabará por mergulhar, desde que não seja coibida quanto antes, e não encontre quanto antes, para a represar, uma barreira de corações honestos".[114] Convertendo a tribuna em púlpito, bendizendo a Deus por lhe ter "dotado com o instinto divino de lançar a âncora da fé" –, Rui Barbosa equipararia os chefes conservadores aos *fariseus* e *vendilhões* – "ajuntamento desacreditado e tumultuário de oligarcas desabusados"; "massa de papa-moscas vilões e egoístas" – e apontaria ao povo brasileiro *a terra prometida da redenção democrática*, na qual a República deixaria de ser um apanhado de fórmulas vãs, para se tornar "um conjunto de instituições, cuja realidade se afirma pela sua sinceridade no respeito às leis e na obediência à justiça".[115]

O consectário dessa estratégia, porém, era que Rui só poderia conduzir o povo no caminho da terra prometida com a condição de não chegar até ela. Por isso, ele estragaria todas as possibilidades de ser escolhido candidato pelo *establishment*, lançando-se em campanha apenas depois de o obrigar a abandoná-lo com suas exigências impossíveis. Nesse ponto, decifra-se o enigma que Afonso Arinos lhe atribuiu: sua "invencível tendência de tornar inviável aquilo que sempre desejou: ser presidente". É que, na verdade, ele não queria se apresentar como candidato, mas como *anticandidato*. Ele não era "homem de subir à presidência transigindo com seus princípios"; não era "uma pessoa, mas um programa". Desde que, *nas condições políticas reais*, apoiado pelos *vendilhões* e *fariseus*, ele se mudasse para o Catete, Rui destruiria o seu ideal e, com ele, todo o capital político construído desde a monarquia. Ele era "a negação formal de todas as qualidades de homem de governo", como o acusara Sales, porque temia que o princípio, a República liberal que pregava, não tivesse condições de se realizar, e que ele não deveria arriscar conspurcar o ideal com o real, *encarnando sua pessoa na terra*. Ocorre que, para semear eficazmente para o futuro, Rui

---

114 BARBOSA, Rui. *Campanhas jornalísticas: Império: 1869-1889*. Rio de Janeiro: Casa de Rui Barbosa, 1956, p. 33 e 269 (Obras Seletas de Rui Barbosa, vol. 6).

115 Apud MANGABEIRA, João. *Rui: o estadista da República*. 3ª ed. São Paulo: Martins, 1960, p. 281, 227 e 193.

precisava vender o Apocalipse como próximo, e por isso – paradoxo supremo de uma vida de paradoxos –, ele se via moralmente obrigado a concorrer à presidência, desde que dinamitadas as pontes. Quando sondado para candidato da resistência às oligarquias, em 1910, tentaram convencê-lo recordando-lhe que seu velho padrinho político, o senador Dantas, o qualificava na mocidade como *o homem dos sacrifícios*. Rui o admitiu emocionado: "Você tem razão. Eu sou dos sacrifícios. Se fosse para a vitória, não me convidariam, nem eu aceitaria, mas, como é para a derrota, aceito. A ideia não morrerá pelo meu egoísmo. Perderemos, mas o princípio se salvará". Daí que "não se luta só para vencer, luta-se também para perder. E às vezes é mais nobre perder do que vencer".[116]

Com isso, não quero dizer que Rui *desejasse perder*. Ele preferia *achar que perderia*, porque a virtualidade da derrota lhe dava mais força para se lançar na campanha, ao passo que a concretização da derrota o confortaria, por reiterar sua condição de *anticandidato* ou *mártir*. Por isso, acredito que o profundo móvel de Rui, o seu combustível, era *a esperança mística de efetivamente conseguir sozinho, contra todo o real, operar o impossível milagre*, como um verdadeiro santo; a crença absolutamente religiosa de que, movido somente pela fé, pelo sacrifício e pela palavra, contagiando a Nação na mística corrente de seus comícios, conferências e entrevistas, ele conseguiria, com a ajuda de Deus, operar o milagre de converter os infiéis, mover as montanhas e fazer, da sua utopia democrática, uma realidade. *E em verdade vos digo*: ele quase conseguiu.

---

116 *Apud* MANGABEIRA, João. *Rui: o estadista da República*. 3ª ed. São Paulo: Martins, 1960, p. 122 e 265.

3

A MULTIDÃO É LOUCA, A MULTIDÃO É MULHER:
DEMOFOBIA OLIGÁRQUICO-FEDERATIVA DA PRIMEIRA
REPÚBLICA E O TEMA DA MUDANÇA DA CAPITAL

A 28 de dezembro de 1879, quatro mil pessoas lideradas pelo tribuno republicano Lopes Trovão se juntaram no campo de São Cristóvão para se manifestarem contra a entrada em vigor de um imposto de 20 réis (um vintém) para os passageiros de bonde do Rio de Janeiro. O imposto havia sido idealizado por Afonso Celso de Assis e Figueiredo, ministro da Fazenda do gabinete liberal do Visconde de Sinimbu. Dali, a multidão dirigiu-se ao Paço Imperial de São Cristóvão, na Quinta da Boa Vista, com a intenção de endereçar uma petição contrária ao tributo ao Imperador Dom Pedro II. Entretanto, o monarca não os recebeu. No dia da entrada em vigor do imposto – o primeiro dia de 1880 –, eclodiu uma insurreição que escapou ao controle de seus líderes: durante três dias, uma multidão enfurecida obstruiu e arrancou trilhos de bondes; desatrelou burros; quebrou carros e arrancou paralelepípedos do pavimento para organizar barricadas. Não se decretou o estado de sítio. Durante os distúrbios, um coronel foi atingido com uma pedrada na cabeça e a tropa, abrindo fogo, matou três manifestantes e deixou 28 feridos.[1] Pacificada a cidade, o imposto foi revogado; três meses depois, o gabinete caiu. Em sua correspondência, o monarca anotou: "Há quase quarenta anos que aqui presido o Governo, sem que tivesse sido necessário atirar sobre o povo. É a primeira vez que acontece no Rio desde 1840. Essas coisas me afligem profundamente".[2]

---

1   HOLANDA, Sérgio Buarque de. *Do Império à República*. São Paulo: Difel, 1985, p. 234.

2   Apud LIRA, Heitor. *História de Dom Pedro II*, vol. II. Belo Horizonte: Itatiaia, 1987, p. 281.

Vinte e cinco anos depois, a 11 de novembro de 1904, cerca de quatro mil pessoas lideradas por jacobinos se dirigiram ao Palácio do Catete para protestar contra a vacina obrigatória, encontrando o caminho bloqueado pelo Exército. No dia seguinte, verificaram-se confrontos com a polícia e, mais uma vez, organizaram-se barricadas. Delegacias, quartéis e companhias de bonde foram atacados; derrubaram-se e queimaram-se carros de transporte e postes de iluminação pública. A Escola Militar se revoltou e o governo decretou o estado de sítio. Houve 30 mortos e 110 feridos. 945 pessoas foram presas e 461 foram desterradas para o Acre.[3] Embora a população da cidade houvesse dobrado desde 1880, quando houve a Revolta do Vintém o número de mortos foi dez vezes maior, e o de feridos, quase quatro. O governo não caiu, nenhum ministro de Estado foi demitido. Em suas notas, o presidente Rodrigues Alves escreveu: "É difícil descrever as cenas que se deram nesta capital e imaginar o número de desordeiros e desclassificados de toda a espécie que surgiram aqui nos dias de novembro de 1904, quebrando lampiões, destruindo casas, apedrejando transeuntes, virando e queimando bondes. Era principalmente no clube dos operários, que a agitação se preparava".[4]

Por que a diferença de reações no que toca a ambas as revoltas? Por que, no caso da Revolta da Vacina, o governo promoveu uma repressão muito mais dura e fez menos concessões? Por que as diferentes percepções dos dois chefes de Estado? Durante o Segundo Reinado, desaparecera o hábito de reprimir revoltas: havia quarenta anos não se decretava a suspensão das garantias constitucionais no país, e muito menos na capital. Uma cultura jurídica liberal florescera desde a década de 1860 e o desenvolvimento do parlamentarismo tornava qualquer excesso razão suficiente para a queda do gabinete, especialmente sob as vistas de um monarca como Pedro II, cioso da preservação de um ambiente de liberdade. Além disso, a Revolta da Vacina fora engrossada por uma revolta militar, fato que não se dera em 1880. A República enfrentara desde o seu nascedouro uma série de conspirações e rebeliões, que modificara a cultura jurídica

---

3   CARVALHO, José Murilo de. *Os Bestializados*. 3ª ed. São Paulo: Companhia das Letras, 1987, p. 104-126.

4   *Apud* MELO FRANCO, Afonso Arinos de. *Rodrigues Alves: apogeu e declínio do presidencialismo*, vol. 1. Brasília: Senado Federal, 2001, p. 506.

em sentido mais conservador e autoritário. A partir da década de 1900, quando o regime se consolidou, semelhante análise, que destacava o caráter liberal da monarquia e o conservador da república, deixou de ser privativa dos monarquistas (como Nabuco e Eduardo Prado), para ser compartilhada pelos republicanos liberais, como Rui Barbosa, e mesmo por jacobinos. Por outro lado, os republicanos ligados ao *establishment*, como Campos Sales, Alcindo Guanabara e Carlos Maximiliano, passaram a justificar a repressão e a fraude com argumentos mais do que conservadores: demofóbicos. Quais as razões dessa mudança de enfoque, tornada evidente depois do advento da república?

A era da democratização nos países centrais: a crise do liberalismo clássico e a emergência da demofobia moderna (1870-1910)

Este artigo se debruça, justamente, sobre a demofobia oligárquico-federativa da Primeira República, presente nos debates parlamentares travados por sua classe política dirigente, bem como suas repercussões diretas na campanha pela mudança da capital do país para o interior. Por classe política ou classe política dirigente aludo, aqui, genericamente à "minoria de pessoas influentes" que dirigem "os interesses públicos", direção esta a qual "voluntária ou involuntariamente, a maioria se submete".[5] Neste artigo, a expressão classe política designa os membros de primeiro escalão da "elite governante"[6] – presidentes, ministros, senadores, deputados e juízes – durante a Primeira República. Por demofobia, por sua vez, entendo aqui o receio por parte das elites sociais de que a ampliação da participação cívica para além do seu círculo, numa perspectiva de democratização da vida social, desencadearia a desordem, a subversão e a final decadência do mundo político civilizado. Enquanto fobia, a demofobia tem sido caracterizada pelo medo exagerado de multidões; como tal, vem sendo empregado ultimamente no debate político, sem, todavia, preocupações de rigor acadêmico. Recentemente, porém, o conceito de demofobia foi definido por um filósofo francês da seguinte forma:

---

5   MOSCA, Gaetano. A classe dirigente. In: SOUZA, Amaury de (org.). *Sociologia política*. Rio de Janeiro: Zahar, 1966, p. 51.

6   PARETO, Vilfredo. As elites e o uso da força na sociedade. In: SOUZA, Amaury de (org.). *Sociologia política*. Rio de Janeiro: Zahar, 1966, p. 73.

Denomina-se demofobia todo o método de escamotear ou de rejeitar a "palavra" do povo, decorrente da alergia, apreensão ou desconfiança suscitada por este mesmo povo, que é reputado "ignorante" na medida em que acabaria vítima de suas próprias afeições, sejam elas excesso de paixão ou, ao contrário, completa indiferença. A demofobia é manifestada pelos governos, sempre que, confrontados por meio de contestações ou reivindicações populares que os incomodam, eles tentam minimizar aquela "palavra" ou desacreditá-la. Mas ela constitui também o ponto cego comum dos teóricos que fustigam as "derivas" da de democracia e se desconfiam das eleições e de seus resultados, quando não lhe recusam toda e qualquer legitimidade.[7]

Em sentido amplo, a demofobia tem sido relatada desde a Antiguidade pela literatura política na forma de uma tensão entre ricos e pobres, aristocracia e plebe, possuidores e despossuídos.[8] O que desde então variou no mundo da vida e, por conseguinte, na literatura política, foram as maneiras de responder ou enfrentar o problema. Assim, desde a Idade Média até o século XVIII, vigorou, a partir de uma concepção corporativa de sociedade, um sistema de divisão formal da comunidade política em estamentos, que conferiam à elite e ao povo leis, tribunais e funções à parte. Cada atitude ou função social de um indivíduo correspondia assim ao estado ou estado a que pertencesse. Esta distinção era considerada natural, na medida em que a comunidade política era vista como um corpo, composto de diferentes membros e órgãos que deveriam exercer diferentes funções. As leis fundamentais de ordenação desigual e harmônica deste mundo eram tão indisponíveis como aquelas relativas ao cosmos, à natureza ou à fisiologia.[9] Foi o processo de democratização entendido à maneira de Tocqueville, ou seja, de secularização e destruição das antigas hierarquias, que levou ao questionamento do modelo corporativo e resultou na

---

7   CRÉPON, Marc. *Élections: de la démophobie*. Paris: Herman, 2012.

8   ARISTÓTELES. *A Política*. Tradução de Mário Gama Kury. Brasília: Editora da UnB, 1997, p. 91.

9   XAVIER, Ângela Barreto Xavier; HESPANHA, Antônio Manuel. A representação da sociedade e do poder. In: MATTOSO, José (dir.). *História de Portugal*. Vol. 4? O Antigo Regime. Coordenador: Antônio Manuel Hespanha. Lisboa: Estampa, 1998, p. 115.

transição para outro, individualista e voluntarista, que consagrou o princípio da igualdade perante a lei. A sociedade passou a ser apresentada como uma ordem jurídica natural de indivíduos autônomos que, sob os auspícios de uma ordem marcada pela liberdade e pela igualdade, se dedicariam em paz e tranquilidade aos seus negócios privados.[10]

O problema da tensão entre ricos e pobres não se resolveu aí. A maior parte da população dos países que haviam adotado o governo representativo e, com ele, consagrado o princípio da igualdade perante a lei, continuava no campo, agrícola, analfabeta, controlada pelos grandes proprietários de terras e vivendo à maneira tradicional. A despeito do reconhecimento da igualdade perante a lei, o liberalismo oitocentista não precisou estender a universalidade no gozo dos direitos civis ao campo dos direitos políticos. Daí o seu caráter, não democrático, mas oligárquico. O governo era tarefa de uma elite social e intelectual composta por indivíduos livres e iguais, racionais, proprietários, educados, capazes de tomar decisões em benefício do interesse geral, ao cabo de discussões elevadas, ponderadas, desinteressadas. O mundo da política era um clube de cavalheiros comprometidos com o progresso e a liberdade de seu país. Eles deveriam zelar para que a futura e eventual democratização – que, para eles, se limitaria à generalização do direito de voto a todos os homens alfabetizados – ocorresse em ordem, gradualmente, respeitando todos os demais princípios de organização da ordem liberal: liberdade individual, sistema representativo, liberalismo econômico, não intervenção do Estado no domínio social. O perigo supremo estava em que demagogos descomprometidos com a liberdade arrebatassem a populaça para instaurar uma tirania democrática que, em nome de uma mal entendida igualdade, suprimisse a liberdade individual. Os jovens, as mulheres, os pobres e os analfabetos deveriam compreender sua incapacidade para conhecer os negócios públicos, até que, pelos progressos da instrução e da educação, tivessem condições de participar do governo.[11]

Entretanto, com o aprofundamento do processo de democratização social, o liberalismo passou a ser cada vez mais contestado nos países mais

---

10   MANIN, Bernard. *Principes du Gouvernement représentatif.* Paris: Calmann-Lévy, 1995.

11   MILL, John Stuart. *Principles of political economy.* Boston: Charles Little and James Borwn, 1849.

industrializados e urbanizados da Europa ocidental e da América do Norte. A migração do campo para a cidade acelerou o processo de destruição das hierarquias sociais, espelhando-se no movimento pelo sufrágio universal e pelas reduções dos obstáculos opostos à participação política. Surgia assim, nas grandes capitais daqueles países, vistos como a vanguarda da civilização, um novo ente político até então desconhecido ou esquecido desde a Revolução Francesa: a multidão, isto é, a plebe reunida e politicamente mobilizável. E a urbanização e a mudança social abalaram profundamente o liberalismo clássico. Os liberais mais adiantados evoluíram para o radicalismo e o socialismo, ao passo que os mais conservadores fincaram o pé nos postulados clássicos, renovados apenas em sua linguagem científica. Incapazes de frear o processo de subversão do mundo elitário que eles conheciam, e que lhes parecia o único legítimo e necessário à luz dos valores da civilização e da ciência, aqueles liberais conservadores passaram a produzir obras em que criticavam acerbamente aquele novo e monstruoso ator político que surgia sob os seus olhos: a multidão. Ela contradizia todos os fundamentos de suas concepções de mundo, que tinham por centro o indivíduo racional, masculino, proprietário, educado, moralizado. Daí que eles a descrevessem como portadora das características opostas: ela era composta de homens e mulheres pobres, trabalhadores manuais, manipuláveis, ignorantes das leis que regiam o movimento do progresso, sujeitos às paixões as mais torpes. Liberal sob a monarquia de Julho, conservador durante o intervalo democrático da Segunda República francesa, o deputado Adolphe Thiers designou-os de forma objetiva em discurso à Assembleia Nacional, a 24 de maio de 1850: "São esses homens que formam não o fundo, mas a pátria perigosa das grandes populações aglomeradas; são esses homens que merecem esse título, um dos mais aviltantes da história, o título de multidão".[12]

    A literatura demofóbica dos últimos decênios do século XIX encontrou sua primeira manifestação na obra do filósofo inglês Herbert Spencer. Era ele inimigo acérrimo do modo como o processo empírico de democratização se fazia, em contrariedade frontal às leis científicas extraídas de uma concepção liberal de mundo modernizada pelo darwinismo. O progresso das sociedades

---

12 ROSANVALLON, Pierre. *Le Sacre du Citoyen: histoire du suffrage universel en France*. Paris: Gallimard, 1992, p. 305.

resultava da seleção natural dos diversos grupos sociais, na qual os mais aptos se destacavam numa luta feroz pela sobrevivência, sem qualquer que o Estado devesse intervir para amenizá-la. Embora permanecesse o requisito formal de igualdade perante a lei como condição para a perfeita concorrência dos indivíduos entre si, o spencerianismo anulava a noção de igualdade natural ou potencial sob determinismos geográficos, étnicos ou hereditários.[13] A pobreza era um resultado normal da inaptidão dos mais fracos; por conseguinte, a ajuda estatal só prolongaria a imprevidência e a incapacidade deles, prejudicando o progresso ao aumentar a burocracia e reduzir a liberdade individual.[14] A remoção dos obstáculos à felicidade humana ou à virtude, pela ação do Estado ou pela caridade indiscriminada, produziria um povo efeminado, carente de vertebração moral. Spencer condenava assim todos os novos institutos que surgiam da democratização empírica (e não idealizada) das sociedades europeias: a legislação social, o socialismo, o direito de greve e a sindicalização. Todos eles representavam interferências indevidas no natural processo de competição. "A política de intervenção universal" conduzia "a um *laissez-faire* malsão, que permite às pessoas desonestas se enriquecer a custa das pessoas honestas".[15]

O padrão psicológico de explicação da natureza do indivíduo e de seu comportamento social em perspectiva evolucionista, desenvolvido por Spencer em *Princípios de Psicologia*, foi incorporado no trabalho historiográfico do intelectual francês Hyppolite Taine. Para Taine, o adequado conhecimento das grandes obras da humanidade passava pela recuperação da psicologia de seus autores, cuja interação com o meio social, por sua vez, só poderia ser entendida por intermédio de uma psicologia social baseada nas "disposições inatas

---

13   BÉJIN, André. Théories Socio-Politiques de la Lutte pour la Vie. In: ORY, Pascal (org.). *Nouvelle Histoire des Idées Politiques*. Paris: Pluriel, 1987, p. 407.

14   SPENCER, Herbert. *Political Writings*. Cambridge: Cambridge University Press, 1994, p. 131.

15   LAVELEYE, Émile; SPENCER, Herbert. *L'État et l'Individu ou Darwinisme Social et Christianisme*. Traduit du Contenmporary Review. Florence: Imprimerie de Joseph Pellas, 1885, p. 27.

e hereditárias que o homem nele revela".[16] Em *As origens da França contemporânea*, Taine fixou uma narrativa da Revolução Francesa de fundo psicológico darwinista, inapelavelmente crítico da experiência revolucionária.[17] Ao mesmo tempo em que fixava um quadro negativo das multidões manipuladas pelos radicais, o demofóbico Taine sustentava que o conhecimento psicológico era fundamental para compreender o fenômeno sociopolítico. No campo da criminologia, revelaram-se discípulos de Taine o sociólogo Gabriel Tarde, em seu opúsculo *As multidões e as seitas criminosas*, e o jurista Scipio Sieghele, que revelava o sentimento demofóbico logo no prefácio de *A multidão criminosa: ensaio de psicologia coletiva*:

> O estudo dos crimes da multidão é interessantíssimo, principalmente numa época em que – desde as greves dos operários até os motins públicos –, as violências coletivas da plebe não faltam. Parece que quer de tempos em tempos aliviar-se, por um crime, de todos os ressentimentos que as dores e injúrias sofridas acumularam nela.[18]

Neste quadro, a ciência da política não poderia consistir noutra coisa que a psicologia aplicada às multidões. E foi Gustave Le Bon, autor do célebre *A psicologia da multidão*, quem se encarregou de escrever um verdadeiro manual de ciência política destinado aos políticos conservadores interessados em manipular as massas em benefício da ordem liberal periclitante. A ampliação da participação política, antes que se completasse o gradual processo de educação e instrução da plebe, era para Le Bon a principal responsável pela queda do padrão cívico da administração pública. Essa decadência da era das multidões se media pela crescente ingerência do Estado no campo socioeconômico, que ameaçava a liberdade individual com o chamado "socialismo de Estado". Do

---

16   Apud GINNEKEN, Jaap van. *Crowds, Psychology and Politics, 1871-1899*. Cambridge: Cambridge University Press, 1992, p. 24.

17   TAINE, Hyppolite. *Les Origines de la France Contemporaine*. Introduction de François Leger. Paris: Éditions Robert Lafond, 1986, p. 351.

18   SIEGHELE, Scipio. *A multidão criminosa; ensaio de psicologia coletiva*. Tradução de Adolfo Lima. Rio de Janeiro: Organização Simões, 1954, p. 4.

ponto de vista das emoções, as multidões eram impulsivas, volúveis, irritáveis; sugestionáveis e crédulas; exageradas e ingênuas; intolerantes e ditatoriais, além de imorais.[19] Elas estavam sempre em busca de líderes, pessoas geralmente voluntariosas e imaginativas que as conduziam pela repetição e pelo contágio.[20] Se a ordem individualista do liberalismo conduzia à civilização, graças à progressiva moralidade, disciplina e capacidade do indivíduo qualificado, a nova ordem coletivista criada pelo socialismo das massas, caracterizada pela destruição, pela ignorância, pela paixão, pela anarquia, só poderiam levar a sociedade de volta à barbárie.[21] Era preciso, pois, que os conservadores se adaptassem aos novos tempos, tornando-se também líderes de massas, para salvar a civilização.

A emergência da demofobia moderna no Brasil: a resistência ao movimento abolicionista e o advento do projeto oligárquico-federativo (1884-1891)

Nos termos postos no final do século XIX pelo liberalismo conservador refratário à democratização, a expressão de sentimentos demofóbicos por parte da classe política brasileira emerge em 1884-1885, na esteira dos comícios favoráveis ao gabinete abolicionista do Senador Dantas, que tentava então aprovar a passagem da Lei dos Sexagenários. Foi neles que pela primeira vez corporificou-se no Brasil a imagem da multidão. Quando os deputados e senadores começaram a enfrentar nas ruas vaias e manifestações de vivas à abolição, as lideranças oposicionistas imediatamente acusaram os abolicionistas e o gabinete Dantas de as fomentarem a fim de coagi-las pelo terror a deixarem passar o projeto. Para o deputado oposicionista Antônio de Siqueira, os "aplausos e assuadas de rua, ainda quando estas estão cheias pela multidão", eram "manifestações agressivas e estrondosas"; "instrumentos inconscientes de uma tática de terror". A incapacidade do governo em reprimir aqueles que vaiavam os parlamentares oposicionistas – os verdadeiros representantes da

---

19 LE BON, Gustave. *Psychologie des foules*. Paris: Quadrige/PUF, 1963, p. 31-66.
20 LE BON, Gustave. *Psychologie des foules*. Paris: Quadrige/PUF, 1963, p. 69-82.
21 LE BON, Gustave. *Psychologie des foules*. Paris: Quadrige/PUF, 1963, p. 4.

Nação – denunciava que ele não era mais capaz de garantir "a defesa da ordem" e que, por isso, "a autoridade no Brasil tinha desaparecido". O deputado mineiro Diogo de Vasconcelos, também oposicionista, aparteava em apoio do colega: "Nós não viemos das províncias para sofrer vaias do governo".[22] O transe demofóbico, que acabou por derrubar o gabinete Dantas, foi descrito pelo deputado abolicionista Joaquim Nabuco:

> Tais orgias não podiam continuar. A paz pública fora perturbada. O presidente da Câmara foi objeto de uma vozeria nas ruas. (...) Nos dias seguintes, o Senado e a Câmara apresentavam o aspecto o mais ridículo possível. A legislatura estava em convulsões. A Convenção francesa, invadida pelas seções, não se teria sentido mais ameaçada. Dir-se-ia que os escravos tinham-se apoderado da capital; que uma esquadra inglesa estava no porto de morrões acesos; que o Sr. Dantas fizera o Imperador prisioneiro e ia decretar a abolição imediata.[23]

No entanto, devemos nos precaver contra a tentação de ver uma homologia automática entre o que se passava no Brasil da década de 1880 com o processo de democratização que tinha lugar na França e na Grã-Bretanha. Reivindicando o ideal democrático, terçavam então armas dois projetos distintos de reforma, uma de cunho social, do abolicionismo, e outro, de reforma meramente institucional, do republicanismo paulista. Os abolicionistas emprestavam à palavra democracia um sentido social e igualitário, sustentando que a Nação não se faria enquanto ela estivesse dividida pela escravidão e suas sequelas. Compreendendo a fragilidade dos setores reformistas, diante de uma sociedade de inclinação oligárquica, Nabuco achava que apenas a encampação do projeto democrático pela monarquia viabilizaria o processo de abolição e, depois, a redução das desigualdades para promover a cidadania do maior número.[24] Nabuco partia de uma concepção mais larga de Nação do que a do

---

22 ANAIS da Câmara dos Deputados. Sessão de 4 de maio de 185.
23 NABUCO, Joaquim. *Campanhas de Imprensa*. São Paulo: Progresso Editorial, 1949, p. 24-25.
24 NABUCO, Joaquim. *O Abolicionismo*. Petrópolis: Vozes, 1988, p. 31.

grosso da classe política, que ao mobilizar o conceito de povo distinguia entre *populus* (a elite política) e *plebs* (a plebe). Ao conceber a Nação brasileira como composta também pelo povo/*plebs*, para Nabuco o problema político era social e, como tal, constituía uma *questão nacional* a ser enfrentada pelo Estado. Ao invés de discutir sobre a melhor forma de governar um povo livre, como faziam os republicanos, Nabuco propunha "começar pelo princípio", ou seja, "reconstruir o Brasil sobre o trabalho livre e a união das raças na liberdade".[25]

Já a parte mais relevante dos republicanos brasileiros, liderados por importantes cafeicultores paulistas – o primeiro dos quais, Campos Sales –, à semelhança da maior parte da classe política, punha a questão social em segundo plano e reduzia o significado de democracia à sua dimensão político-institucional. Nesta chave, democracia era entendida essencialmente como ordem federativa, a que só se poderia chegar eficazmente com a república. O conceito de povo era mobilizado tão somente para designar as camadas das elites provinciais inconformadas com seu pouco peso político e denunciar a centralização política e da tutela do Imperador. Na literatura política produzida pelos teóricos do republicanismo paulista – o principal dos quais era Alberto Sales –, os autores estrangeiros mais citados e reproduzidos eram justamente Spencer e Tocqueville. O filósofo inglês servia para justificar o advento de uma nova ordem individualista, sociocêntrica, contrária à intervenção do Estado para reduzir as desigualdades. Mais importante que a reforma social era a reforma política referente à urgente introdução do federalismo. A centralização política resultava na absorção de todas as forças vivas do país pelo Estado, gerando "a apoplexia do centro e a paralisia das extremidades".[26] Já o pensador francês era incorporado pelos republicanos paulistas na conformação de uma imagem do povo brasileiro à semelhança do norte-americano, tal como descrito em *A democracia na América*: interiorano, educado, laborioso, agrícola, praticante da democracia no nível local. Era, na verdade, a autoimagem dos

---

25   NABUCO, Joaquim. *O Abolicionismo*. Petrópolis: Vozes, 1988, p. 32 e 36.
26   SALES, Alberto. Catecismo Republicano. In: VITA, Luís Washington. *Alberto Sales: ideólogo da República*. São Paulo: Companhia Editora Nacional, 1965, p. 193.

grandes fazendeiros, ou seja, das oligarquias provinciais, ávidas de federalismo.²⁷ Assim,

> ante a incapacidade de a opinião pública do período figurar concretamente o povo soberano como sujeito da democracia, foram "as províncias", genericamente referidas, que assumiram na prática o seu lugar. Mobilizado retoricamente como regime da participação política do povo soberano, o conceito de democracia acabou restringido, portanto, na prática, a ser compreendido somente como equivalente de regime parlamentar ou não monárquico de autogoverno das elites provinciais.²⁸

O caráter fortemente oligárquico da Primeira República representa exatamente a materialização do tímido ideal democrático gestado durante o Segundo Reinado pelo grosso da classe política. Como é sabido, foi o projeto republicano e federativo à moda spenceriana que veio a prevalecer com a queda da monarquia em 1889. Está claro, pois, o seu caráter, não democrático, mas oligárquico, e que por isso pouco ou nada teria a ver com as democracias empíricas, reais, que se construíam no Atlântico Norte, com a expansão veloz do eleitorado urbano e do Estado no campo socioeconômico. Os próceres republicanos brasileiros contemplavam um eleitorado restrito a todos os homens adultos alfabetizados, que não poderiam ser mais de 8,5 % da população, e que na prática ficaram em torno de 2,3 % da população total, durante os primeiros vinte anos da República. Enquanto isso, todos os postulados liberais clássicos, agora naturalizados pelo darwinismo social de Spencer, foram consagrados com estrépito: o do individualismo, o da não intervenção do Estado na economia, o de autonomia do mercado. Na Constituinte de 1890, a maioria esmagadora dos deputados e senadores partilhava essa visão do novo regime: a

---

27 Devo esta lembrança da descrição tocquevilleana do povo americano ao professor Robert Wegner, quando da primeira apresentação pública deste texto, na forma de conferência, em junho de 2011, no Programa de Pós-Graduação em História das Ciências e da Saúde da Fundação Casa de Osvaldo Cruz (Fiocruz).

28 LYNCH, Christian Edward Cyril Lynch. Do despotismo da gentalha à democracia da gravata lavada: história do conceito de democracia no Brasil (1770-1870). *Dados*, set. 2011, vol.54, n° 3, p. 355-390.

democracia era sinônimo de liberdade plena, de federalismo, de autogoverno, de capitalismo – numa palavra, de liberação do interesse individual e particular da tutela do Estado e da União. Havia uma gradação que levava do liberalismo à democracia, da democracia à república e da república à federação, de modo que *democracia, república e federalismo* eram expressões que se tomavam por equivalentes, ou como contendo uma relação de progressividade entre si. Quanto mais liberal, mais se era democrata; quanto mais democrata, mais republicano; quanto mais republicano, mais federalista. O federalismo importava na apoteose do liberalismo, que significava o triunfo do interesse particular e da livre iniciativa.

Era assim que o problema da liberdade do povo se resumia a um problema de organizar as novas instituições de modo a garantir um máximo de autonomia dos estados. Assegurada a liberdade desse modo, assegurava-se igualmente o progresso do país pela livre iniciativa dos agentes econômicos e, com ele, o bem-estar do povo, ou seja, das oligarquias estaduais contempladas pelo federalismo. Nisto se resumia a concepção oligárquico-federativa de Nação dos republicanos de 1891. Vinte e sete anos depois da queda do regime, essa "filosofia" da Primeira República foi extraordinariamente bem sintetizada pelo político e jurista Hermes Lima, que vivenciara o regime em sua juventude:

> Organizou-se a federação à imagem da sociedade que então se desenvolvia: a sociedade baseada na livre competição e em que o progresso social seria uma consequência das iniciativas individuais e o bem-estar geral, uma sobra da riqueza acumulada. No plano federativo, também aos Estados assegurou-se a liberdade de competir. Eles se tornaram o mais possível livres, isto é, autônomos, a fim de que, com seus próprios meios, sua própria política, lograrem o máximo de progresso[29]

---

29 LIMA, Hermes. *Idéias e figuras*. Rio de Janeiro: Ministério da Educação e Cultura, 1957, p. 51.

Uma pedra no caminho da democracia oligárquico-federativa: a *multidão* carioca (1890-1904)

No momento de constituição dessa democracia brasileira entendida como ordem federativa centrífuga, marcada pelo primado dos entes federados na ordenação política nacional, a capital da República aparecia aos constituintes republicanos como uma pedra no sapato. Com cerca de 700 mil habitantes – quase três vezes o tamanho da segunda colocada –, a cidade do Rio de Janeiro era a única metrópole brasileira e não tinha nada a ganhar com o advento do federalismo. Os políticos provinciais sempre haviam atacado a antiga Corte do Império como a única beneficiária da centralização política, sorvedouro interminável dos capitais oriundos das províncias, agora estados autônomos. Para piorar, com larga população pobre e monarquista, mestiça e sem ocupação fixa, o Rio passava por antipático ao novo regime.[30] Por fim, a modernidade da cidade incomodava os "democratas" provincianos, chocados com os maus costumes daquela cidade. Era o caso do deputado Badaró, que subia à tribuna para "denunciar o que vai de horroroso no seio desta Babilônia que se chama Rio de Janeiro".[31] Em suma, a capital federal era a única urbe que reunia os elementos que poderiam pôr em verdadeiro risco o projeto federativo oligárquico. Ela possuía uma opinião pública atuante que podia a qualquer tempo despertar o monstro terrível da multidão. Boa parte dos novos próceres republicanos mantinha o pé atrás, porque era leitora ávida de Le Bon, considerando-o "um dos maiores filósofos do mundo, um sociólogo, um pensador, autor de tantas obras notáveis".[32] O autor da *Psicologia das multidões* tinha diversas de suas obras traduzidas para o português num tempo em que toda a elite culta poderia lê-lo no original – fato este que confirma por si mesmo a sua imensa popularidade no Brasil da Primeira República.

Por essas e outras, o Governo Provisório escolheu para sediar o Congresso Constituinte não as antigas sedes da Câmara dos Deputados ou do Senado do Império, que ficavam no coração da cidade, mas o antigo Paço Imperial de

---

30 CARVALHO, José Murilo de. *Os Bestializados*. 3ª ed. São Paulo: Companhia das Letras, 1987, p. 29-31.

31 ANAIS do Congresso Constituinte da República. Sessão de 26 de dezembro de 1890

32 AMADO, Gilberto. *Mocidade no Rio e Primeira Viagem à Europa*. Rio de Janeiro: José Olympio, 1956, p. 444.

São Cristóvão, suficientemente longe para prevenir a pressão da populaça sobre os novos representantes da república. O pintor e deputado paraibano Pedro Américo comentava da tribuna que à boca pequena se dizia que o Congresso se reunia "longe da cidade para evitar as assuadas populares".[33] O futuro presidente da República, Prudente de Morais, era o primeiro a reconhecer, na condição de presidente do Congresso, a "prevenção", o "desfavor" com que o Congresso republicano fora recebido.[34] Como a antipatia entre a capital e a nova classe política era recíproca, surgiu logo nas primeiras sessões um apoio generalizado à ideia de mudar a capital do Brasil para um lugar menos perigoso. Aos constituintes parecia altamente inconveniente que a capital estivesse localizada "no meio da multidão da vasta cidade, por sua natureza, agitada, por sua natureza, também, de vez em quando, algum tanto revolucionária".[35] Urgia remover o governo para subtraí-lo à "maléfica influência desta terrível cidade, tão saturada de elementos nocivos à vida moral da Nação, que se acostumou à contínua absorção, à endosmose intelectual do que de si expande a antiga capital do Império".[36] O fantasma da multidão também assombrava o chefe do Partido Republicano da Bahia, Virgílio Damásio, para quem a localização do governo federal numa cidade grande como o Rio de Janeiro ameaçava a federação:

> As condições da população aglomerada nesta cidade são as mais contrárias à existência de uma grande capital e de uma grande federação, como é a nossa. Além disso, em uma cidade populosa, onde avulta a lia social constituída por massas, nas quais, infelizmente, a instrução não penetrou ainda, nem a mínima educação cívica; onde se encontram muitos, falemos a verdade, que inteiramente fora da comunhão do povo laborioso e honesto, vivem entre a ociosidade e os manejos ou expedientes pouco confessáveis; essa grande massa de homens é uma arma, uma alavanca poderosíssima em mãos de agitadores.[37]

33 ANAIS do Congresso Constituinte da República. Sessão de 27 de dezembro de 1890.
34 ANAIS do Congresso Constituinte da República. Sessão de 25 de fevereiro de 1891.
35 ANAIS do Congresso Constituinte da República. Sessão de 13 de dezembro de 1890.
36 ANAIS do Congresso Constituinte da República. Sessão de 27 de janeiro de 1891.
37 ANAIS do Congresso Constituinte da República. Sessão de 15 de dezembro de 1890.

O motivo central da mudança da capital resultava da necessidade de garantir o regime federativo contra a influência de uma poderosa e populosa capital sobre o governo federal. A classe política republicana não julgava que o povo carioca fosse representativo do povo brasileiro – ao contrário, o povo brasileiro estava em cada um dos estados da federação e estava mais bem representado dentro do Congresso Nacional, por meio de seus representantes, do que nas ruas da capital da República. Por isso mesmo, era mais conveniente levar a capital para uma cidade menor e isolada: "Nem a pressão da multidão, nem a dependência de um governo local, convém às livres e calmas deliberações dos representantes da soberania popular", sustentava o deputado Tomás Delfino. Só numa cidade "de vida quieta, singela, sossegada", o governo brasileiro estaria "firme, sem vacilação alguma, e o seu Congresso, livre e sem qualquer peia".[38] O exemplo positivo que tinham eram Washington, inócua capital da federação americana, pequena, administrativa e politicamente irrelevante, ao passo que dois eram os exemplos negativos: Paris, protagonista de todas as revoluções francesas, e Buenos Aires, metrópole que sempre se insurgira contra o modelo federativo oligárquico que em tantos aspectos servia então de modelo aos brasileiros.

Na impossibilidade de mudar-se a capital no curto prazo, os constituintes concederam à União um terreno no Planalto Central, na expectativa de que, num futuro não muito distante, o governo para lá transferisse a capital do país. Nesse meio tempo, seria preciso enfrentar de outra forma o espectro da multidão carioca, que pairava sobre a federação. Esse espectro foi enfrentado pela adoção sucessiva de três medidas, por parte do prócer paulista Campos Sales, que se revelou o grande artífice do novo regime. A primeira medida foi adotada durante o governo Floriano Peixoto, quando Sales era senador por São Paulo: criar uma jurisprudência legislativa sobre o estado de sítio similar à da Argentina, que o transformava num mecanismo ágil e disponível pelo qual o governo poderia combater qualquer ameaça de desordem e subversão oriunda dos setores contrários ao regime oligárquico. Aos que temiam a banalização do sítio como instrumento corriqueiro de repressão governamental, Sales respondia: "O estado de sítio é uma providência benéfica, que pode coexistir com as instituições francamente livres". Ele era "uma necessidade da

---

38   ANAIS do Congresso Constituinte da República. Sessão de 13 de dezembro de 1890.

sociedade moderna" que, "restringindo a liberdade individual por momentos, com medidas de caráter efêmero, assegura e garante os interesses permanentes da Nação".[39] E recordava incidentes que, a seu ver, eram símbolos máximos da desordem que ia pelo mundo, e que era preciso prevenir no Brasil: uma vaia levada pelo primeiro ministro inglês; a pressão operária pelo sufrágio universal na Bélgica ("anarquismo"); o fato de o imperador da Alemanha ter ouvido, do interior de seu palácio, "ecos de uma manifestação operária contra o seu governo"; Sales interpretava como subversiva e atentatória ao princípio da autoridade toda e qualquer manifestação de rua desfavorável ao governo. "É uma verdadeira explosão de forças destruidoras".[40]

O segundo mecanismo adotado por Campos Sales, quando na Presidência da República, foi a *política dos governadores*. Acertou-se então que, como na Argentina do General Roca, dali por diante os destinos do país seriam resolvidos por arranjos de cúpula entre o Catete e os governadores dos estados. O presidente garantiria às oligarquias situacionistas a intangibilidade de seu domínio (a "autonomia federativa"), delas afastando a ameaça da intervenção federal; por suas vezes, os governadores empregariam a compressão para eleger para o Congresso candidatos comprometidos com a política federal. Este compromisso imunizaria os parlamentares da influência que sobre eles pudesse exercer "a Rua do Ouvidor", resguardando a federação da intimidação da capital. Segundo Sales, o verdadeiro estadista "não se deve tomar por manifestações da opinião pública o barulho que em torno do governo promovem alguns turbulentos da imprensa e da tribuna".[41] A *política dos governadores* garantia assim os "altos interesses" do conjunto de todo o Brasil, entendido o país como uma comunidade política organizada federativamente. Os estados representavam a verdadeira opinião pública, o verdadeiro povo brasileiro – e não a exclusivista e volúvel opinião da população da metrópole nacional:

---

39 ANAIS do Senado Federal. Sessão de 15 de junho de 1892.
40 ANAIS do Senado Federal. Sessão de 9 de julho de 1894.
41 SALES, Manuel Ferraz de Campos. *Da Propaganda à Presidência*. Brasília: Editora da UnB, 1983, p. 141.

Em que pese aos centralistas, o verdadeiro público que forma a opinião e imprime direção ao sentimento nacional é o que está nos estados. É de lá que se governa a República, por cima das multidões que tumultuam, agitadas, nas ruas da Capital da União.[42]

O terceiro mecanismo para remoção da ameaça representada pela multidão carioca sobre o governo federal foi sugerido por Sales ao seu sucessor na Presidência da República: aproveitar a reforma do porto do Rio de Janeiro para remodelar o centro urbano da cidade, purgando-a tanto das epidemias quanto das classes perigosas que o habitavam, a fim de retomá-lo enquanto espaço de representação de uma sociedade moderna e civilizada. A reurbanização do Rio de Janeiro conjuraria a ameaça representada à República por "uma multidão indômita, composta de aventureiros, mestiços, negros e imigrantes pobres" que compunha a plebe de sua capital.[43] Caberia ao Estado "transformar, na marra, a multidão indisciplinada de 'pés descalços' em cidadãos talhados segundo os estereótipos que serviam à burguesia europeia para o exercício de sua dominação". A reforma urbana passava assim, também, por uma reforma de costumes, que visava a combater as festas profanas e sagradas populares, como "o carnaval, a serenata, a boêmia e o candomblé", acabando também com a mendicância, os mangas-em-camisa e os descalços da cidade.[44] Foi justamente no meio dessa empreitada, presidida por Rodrigues Alves, auxiliado por Lauro Müller, Pereira Passos e Osvaldo Cruz, que estourou a Revolta da Vacina. No contexto de demolição de milhares de velhos sobrados e cortiços que, a fim de abrir novas vias para escoamento das mercadorias do porto, expulsavam de um dia para o outro a população pobre do miolo da cidade, a revolta popular

---

42   SALES, Manuel Ferraz de Campos. *Da Propaganda à Presidência*. Brasília: Editora da UnB, 1983, p. 127.

43   SEVCENKO, Nicolau. *A Revolta da Vacina: mentes insanas em corpos rebeldes*. São Paulo: Cosac Naify, 2010, p. 80.

44   BENCHIMOL, Jaime. Reforma urbana e Revolta da Vacina na cidade do Rio de Janeiro. In: FERRREIRA, Jorge; DELGADO, Lucília de Almeida Neves (orgs.). *O Brasil Republicano: O tempo do liberalismo excludente – da proclamação da República à Revolução de 1930*, vol. I, 2ª ed. Rio de Janeiro: Civilização Brasileira, 2006, p. 264.

começou contra a lei da vacinação obrigatória e acabou engrossada por uma rebelião militar.

Foi este o momento em que a demofobia da classe política republicana chegou ao auge. Os discursos parlamentares proferidos nessa ocasião são valiosos porque as circunstâncias obrigaram os oradores assustados e, depois, indignados, no calor da hora, a desvelarem francamente seus sentimentos diante da realidade da multidão armada contra o regime por eles apoiado. Nesse momento de clarificação, de desvelamento, a aristocrática classe política da Primeira República, que se legitimava em nome da democracia, permitiu-se manifestar abertamente a sua demofobia.

A multidão é louca, a multidão é mulher: os debates parlamentares em torno do estado de sítio da Revolta da Vacina (1904-1905)

O estado de sítio decretado por ocasião da Revolta da Vacina durou três meses e sete dias (de 16/11/1904 a 23/02/1905). Embora tenha sido o quinto sítio da República, foi a primeira vez em que visou também a reprimir uma revolta popular. Os debates parlamentares correlatos foram travados em dois momentos: antes da decretação, quando da necessidade de aprovar o pedido endereçado ao Congresso pelo presidente, e depois de encerrado o sítio, quando era preciso discutir a constitucionalidade dos atos praticados pelo Executivo naquele ínterim.

No primeiro período, o debate foi muito restrito, dada a urgência dos governistas em aprovar a decretação da medida excepcional em face do levante da Escola Militar. No entanto, nessa ocasião a demofobia já encontrava expressão no discurso do senador gaúcho Ramiro Barcelos, que qualificava os acontecimentos como "desordens efetuadas pelo populacho seduzido por ambiciosos políticos que querem, à sombra de qualquer pretexto, abrir caminho para suas ambições de mando".[45] Era de novo a imagem clássica da multidão seduzida por um punhado de demagogos para destruir a ordem de direito em nome do igualitarismo. Na saia justa estava, ao contrário, o senador baiano Rui Barbosa, liberal progressista, crítico do regime oligárquico, que sempre combatera a interpretação conservadora do sítio e, ultimamente, a obrigatoriedade

---

45 ANAIS do Senado Federal. Sessão de 16 de novembro de 1904.

da vacina. Embora reconhecesse que a resistência popular ao arbítrio era justa sempre que não lhe deixavam a opção de se opor por meios pacíficos, Rui entendia que este deixara de ser o caso da revolta. Ela fora legítima enquanto espontânea, mas se desvirtuara pela politização promovida pelos jacobinos. Por esse motivo era que Rui entendia não poder negar o pedido de sítio solicitado. Parecia-lhe que, naquele momento, era a ordem e não a liberdade que estava periclitando, não tanto pela revolta popular, mas por causa da rebelião militar que pretendia inaugurar a ditadura do país. Assim, embora mais progressista que os próceres do *establishment*, Rui partilhava a tese de que a revolta popular era sempre negativa. Ele deixou transparecer uma imagem do povo ordeiro e trabalhador, que só se levantava como multidão sob a instigação da demagogia.

> O povo, o verdadeiro povo, a generalidade das classes úteis, resignado, submisso, fatalista, não se mexe. As multidões revolvem-se às vezes, não pelo sentimento claro dos seus direitos, mas pelo trabalho de influências malignas. Surge então a desordem, onde colaboram anarquias de todos os jaezes, misérias de todos os graus da ignorância e da maldade.[46]

O segundo período da discussão sobre o sítio da Revolta da Vacina ocorreu no ano seguinte, quando da discussão sobre a aprovação dos atos praticados pelo governo. A sessão de 27 de julho de 1905 da Câmara dos Deputados foi aberta por um discurso do governista sergipano Passos Miranda, que subia à tribuna para condenar o direito de insurreição, "movediço e anárquico":

> Hei para mim que as facções são influências degradantes das democracias. Nada mais enervante do que suportar os botes intermitentes dessas facções violentas e agitadas, nada mais oprobrioso do que sofrer o predomínio demente dessas turbas tumultuárias e ignaras, nimiamente exploradas por falsos condutores que lhes animam os preconceitos e as fraquezas, e por ardilosos pervertores que lhes bajulam os vícios e as paixões; e quando, para desdita deste ou daquele país, conseguem elas algum êxito, ou pela imprudência das classes dirigentes ou pela indiferença de povos

---

46 ANAIS do Senado Federal. Sessão de 16 de novembro de 1904.

sem educação política, o que a história registra é que para logo saltam as intenções fementidas, fazendo bancarrota da sua apregoada panacéia, ou as ambições irrequietas, escalando o poder, não para eliminarem os supostos abusos, contra os quais se clamava nas épocas agitadas, senão para mais abertamente praticá-los, ao veio de vaidades perversas ou fanatismos obscuros.[47]

Em seu apoio, Miranda citava os estudiosos da psicologia das massas e crítico delas, como Sieghele, Le Bon e Tarde: quando alucinadas, julgando que "tudo lhes era permitido", as multidões tornavam-se "intolerantes, despóticas, sanguinárias", "na monstruosa fatuidade de si mesmas", na "feroz embriaguez do seu poderio". Tudo o que elas produziam era "vário, mutável, efêmero, senão desabusado, maléfico, exterminador". Bastava "uma suspeita, uma quimera, um surdo boato, um inconstante rumor" para que elas estarrecessem de medo e se tornassem "terroristas". O indivíduo na multidão era dominado pela "loucura furiosa", pela "mania de destruição", voltando ao seu primitivo espírito de barbaria. Para Passos Miranda, a multidão era louca, porque irracional; e também era volúvel, como eram as mulheres, deixando-se levar pelos tribunos turbulentos. Era o que acontecera na Revolução Francesa e o que se dava em todo o lugar.

> Nem pudera deixar de ser assim, porque *la foule est femme*, no dizer pouco amável, metafórico, dos sociólogos. Ela se entusiasma facilmente pelos galanteadores que lhe animam a vaidade e lhes falam da onipotência, entrega-se gostosamente à sedução deles e com eles torna-se crédula e dócil, ciumenta e raivosa, poucas vezes é refletida, quase sempre ignorante: em uma palavra, age e decide pela sensibilidade e pelos nervos. (...) E há outro dizer dos psiquiatras, *la foule est folle*, dizer, que se há de entender que por essa espécie de delírio, nitidamente caracterizada e classificada e mui conhecida dos alienistas: o delírio comum. As facções têm alucinações coletivas, apresentando perturbações análogas às de alguns pensionistas de certos manicômios.[48]

---

47 ANAIS da Câmara dos Deputados. Sessão de 27 de julho de 1905.
48 ANAIS da Câmara dos Deputados. Sessão de 27 de julho de 1905.

A livre expressão da demofobia continuou quando, quatro dias depois, o relator da Comissão de Constituição e Justiça, deputado Luís Domingues, defendeu seu parecer aprovando os atos praticados pelo governo. Ponto sensível era o desterro de centenas de populares que haviam quebrado bondes e lampiões para a Amazônia. A Constituição permitia que durante o sítio o governo desterrasse os detidos para "outro ponto do território nacional", e ele de fato aproveitara o recém-adquirido território do Acre para lá mandar – nas palavras do presidente Rodrigues Alves – "desordeiros conhecidos e indivíduos de má reputação".[49] Também Domingues se referia aos desterrados como "a malta que levava aqui o terror aos ânimos e o ataque às instituições". O problema é que, embora o governo informasse que os detidos já estavam em liberdade, eles continuavam no Acre. Simpático aos rebeldes, o deputado oposicionista Barbosa Lima requereu uma lista dos desterrados, alegando que o governo se recusava a identificá-los para impedir a impetração de *habeas corpus*, a fim de que os desterrados trabalhassem para os grandes seringueiros na condição de "servos da gleba". Por sua conta, em contrariedade evidente ao princípio da publicidade, Domingues replicou que a Constituição não obrigava o governo a discriminar aqueles que decidia desterrar e por isso não estava legalmente obrigado a fornecer lista nenhuma a quem quer que fosse: "O que interessava ao governo era remover do ponto da desordem os desordeiros, e esse objetivo ela conseguiu com os nacionais, desterrando-os, e com os estrangeiros, deportando-os".[50] Para Domingues, os deputados da oposição nada tinham "com a classe dos vagabundos e desordeiros, quebradores de lampiões"; gente anônima sobre a qual ninguém se interessava: "Ninguém deu pela ausência dessa gente para declarar nomes e requerer *habeas corpus*". Quando Barbosa Lima voltou a perguntar pelo nome dos desterrados, Domingues respondeu irritado:

> Um dava pelo de Maria Cachuxa, outro pelo de Pinto Espantado, e sei lá quantos de igual jaez! Para mim, os desterrados tinham um nome só – chamavam-se arruadores ou arruaceiros. E não sei se por terem os desordeiros esses e queijandos nomes, ou por não

---

49 ANAIS da Câmara dos Deputados. Sessão de 3 de maio de 1905.
50 ANAIS da Câmara dos Deputados. Sessão de 31 de julho de 1905.

darem nenhum, pode o governo ser privado da faculdade constitucional de desterrá-los."[51]

A questão é de particular interesse, porque revela que, sob a eventual retórica democrática, o *establishment* republicano efetivamente cuidava seletivamente da efetividade dos direitos civis quando se tratava de aplicá-los à plebe ou à elite – distinções que, obviamente, a ordem constitucional jamais estabelecera. Era o próprio líder do governo que reconhecia a diferença de tratamento que concedera, de um lado, aos militares insurretos, e de outro, à plebe revoltada. "Dos sublevados, os que tinham a responsabilidade do nome ou da condição social, os que se não podiam, nem se deviam confundir com os Maria Cachuxa, Pinta o Sete e Quebra Toutiço, foram submetidos a processo", declarava Domingues. Ou seja, os militares revoltados ficavam reclusos em prisões militares, respondendo a inquérito e aguardando julgamento, ao passo que a plebe podia ser desterrada para o Acre, sem que a família soubesse o que dela havia sido feito. Mais interessante ainda foi que, quando Barbosa Lima questionou a evidente ilegalidade daquela distinção, no quadro de uma Constituição que proclamava a igualdade perante a lei, Domingues reagiu estranhando a pergunta do colega. Para o líder governista, a diferença entre os militares e os populares era claríssima: "De um lado era a malta que inutilizava bondes e lampiões; do outro, eram oficiais do nosso exército e pessoas igualmente qualificadas. Confundi-los na mesma responsabilidade e no mesmo destino, é que fora para estranhar". E arrematava, num estranho arroubo de conciliação com os militares insurretos: "Não consentirei nunca que os confundam com os arruadores de profissão. A estes, infelizes sem reputação, removeu-os daqui o governo; aos responsáveis, submeteu a processo".[52] Ou seja, era uma questão de reputação, ou seja, de pertencimento a extratos diferentes da população, que exigiam do Estado tratamento diferenciado.

A discussão envolveu ainda mais dois deputados, Moreira da Silva e Brício Filho, que discordavam das distinções demofóbicas de Domingues e Passos Miranda. Moreira da Silva entendia que o governo estava obrigado a remeter

---

51 ANAIS da Câmara dos Deputados. Sessão de 31 de julho de 1905.
52 ANAIS da Câmara dos Deputados.

ao Congresso a relação dos cidadãos detidos e desterrados, independentemente de sua qualidade: "O respeito à individualidade humana é sempre devido, em qualquer parte que ela se ache". Não admitia "a distinção entre o poderoso e o fraco, nem diferença de cidadão desta ou daquela nacionalidade". Moreira da Silva sustentou que o governo deveria providenciar a volta dos desterrados:

> O Sr. Moreira da Silva — Quem os mandou levar, que os traga, e os apresente aos tribunais.
>
> O Sr. Luís Domingues — É o governo quem lhes deve dar a volta?
>
> O Sr. Barbosa Lima — Naturalmente.
>
> O Sr. Luís Domingues — Não vejo em Constituição alguma esta doutrina.
>
> O Sr. Barbosa Lima — O que eu não achei foi esta, de enviá-los ao Acre, como empregados de seringueiros. Esta servidão da plebe, eu não vi na Constituição.
>
> O Sr. Luís Domingues — Cite uma lei.
>
> O Sr. Moreira da Silva — Vossa Excelência sabe que no Império havia uma...
>
> O Sr. Luís Domingues — Fizemos a República, não para imitar, mas para melhorar.
>
> O Sr. Brício Filho — E pioramos.
>
> O Sr. Moreira da Silva – ... que dava lugar a que o governo mandasse conduzir o indivíduo para fora do local em que o delito era cometido, mas depois de terminado o delito, era obrigado a mandá-lo voltar e submetê-lo aos tribunais. Portanto, não é novidade a volta para ser julgado alguém que tenha sido desterrado.
>
> O Sr. Luís Domingues — Vossa Excelência pode me citar a opinião de algum constitucionalista americano que sustente isso?
>
> O Sr. Moreira da Silva — Basta esta lei brasileira, que é muito mais rigorosa, porque é uma lei penal, porque trata da pena, ao passo que esta trata de uma medida governamental e transitória.[53]

---

53 ANAIS da Câmara dos Deputados.

Embora a interpretação conservadora das instituições republicanas fosse contestada pela oposição, esta era geralmente insignificante, de modo que protestos como o de Barbosa Lima contra a "república pseudo-democrática" caíam no vazio. Formada pela *política dos governadores*, a Câmara estava indiferente à sorte dos desterrados, "absolutamente disposta e predisposta a aprovar estes e todos quantos atos sejam praticados pelo Presidente da República".[54] Barbosa Lima estava certo: a quatro de agosto, a Câmara aprovou os atos praticados pelo governo durante o estado de sítio.

A demofobia também marcou o debate no Senado Federal, que representava por excelência o princípio federativo e onde se reuniam os chefes das oligarquias estaduais. No parecer em que aprovava os atos do governo, o senador mato-grossense Antônio Azeredo registrava que o desterro para o Acre "não provocou reparos e antes mereceu aplausos, pela convicção de que somente turbulentos conhecidos e arruaceiros vulgares foram os enviados para aquele território".[55] Para o gaúcho Ramiro Barcelos, os desterrados não mereciam piedade: eram "facínoras", "anarquistas", "perturbadores da ordem pública", "cáfila de desordeiros" que andava a "perturbar todo o trabalho, toda a vida de uma grande cidade, quebrando combustores, ameaçando todo o mundo" e "produzindo enfim toda a espécie de desordens para cansar a polícia". As medidas repressivas adotadas pelo governo deveriam ter sido ainda mais enérgicas, "tal o estado de desordem, de anarquia, e vergonhoso para o país, vergonhoso para o governo, vergonhoso para as instituições e para a civilização do Brasil". Não era o estado de sítio, mas o de guerra que deveria ter sido declarado para impedir a impetração do *habeas corpus* e fazer com que o governo fizesse sentir aos desordeiros "o peso da lei".[56] Para o senador sergipano Coelho e Campos, criticar o governo pela falta de uma lista de nomes dos desterrados não passava de uma "sentimentalidade". Por dois motivos, parecia-lhe que o desterro havia sido o que de melhor produzira o estado de sítio. Primeiro, porque a cidade ficara "com desordeiros de menos"; segundo, porque dera aos desterrados uma

54   ANAIS da Câmara dos Deputados.
55   ANAIS do Senado Federal. Sessão de 10 de abril de 1905.
56   ANAIS do Senado Federal. Sessão de 1º de setembro de 1905.

possibilidade de, no Acre, "modificar os hábitos e reabilitarem-se". O tom era de visível ironia:

> Quero crer que muitos desses novos acreanos hão de refazer-se de instintos e hábitos fora do meio empestado em que viviam, sem estímulos para o vício e com a perspectiva que não é vã de, pelo trabalho, naqueles vastos e rendosos seringais, obterem, mais dia menos dia, recursos para a constituição e amparo de sua família e sua conseqüente ou provável reabilitação. Quem sabe, arcanos do futuro, se descendentes desses regenerados não serão nossos sucessores nessas cadeiras, representando o futuro estado do Acre?[57]

Durante o debate, apenas o senador pelo Distrito Federal, Barata Ribeiro, republicano histórico e positivista como Barbosa Lima, destoou do situacionismo demofóbico ao reclamar que todo o indivíduo que protestava contra o arbítrio era considerado como "desordeiro, perturbador da ordem, revolucionário" pelo situacionismo. E, depois de um elogio de saudade ao liberalismo do Império, comparou a repressão da Revolta da Vacina com aquela promovida pela monarquia quando da Revolta do Vintém. Nas duas ocasiões, afirmava Barata Ribeiro, a população reagira ao governo com barricadas, apagamento de lampiões, descalçando-se ruas e revirando bondes, atacando-se a polícia a pedradas, cacos de vidro etc. "Entretanto", notava o senador, "essa comoção popular da maior intensidade e gravidade não provocou, da parte do governo imperial, uma única medida de repressão, antes lhe inspirou a providência pela qual demonstrou sua submissão e respeito à opinião pública", ou seja, a mudança de gabinete e a suspensão da medida. E exclamava:

> Que se diria naquela época, que diríamos nós, republicanos naqueles tempos, se o governo desterrasse para o Acre as centenas de pessoas que colhera nos tumultos populares? Mas isso é história antiga, é a história desse período a que nós republicanos chamávamos de decadência nacional, que pelas fraquezas e pusilanimidades preparou o advento da República.[58]

---

57 ANAIS do Senado Federal. Sessão de 4 de setembro de 1905.
58 ANAIS do Senado Federal. Sessão de 2 de setembro de 1905.

Como era fácil prever, o protesto do senador carioca também caiu no vazio. Dos 32 senadores presentes, 31 votam pela aprovação do sítio. Só Barata votou contra.

As "invasões bárbaras": as crises oligárquicas e a emergência das massas eleitorais (1909-1930)

Seria preciso um livro de dois tomos para descrever de modo mais apurado todos os episódios significativos de demofobia envolvendo a oligárquica classe política da Primeira República. Menciono apenas três. Destaco-os das crises do regime, ocorridas quando o desentendimento entre as oligarquias estaduais tornou impossível o lançamento de uma candidatura unânime à presidência da República. Nessas oportunidades, o candidato oposicionista não apenas lançou-se numa campanha de crítica ao *establishment*, como buscou mobilizar o eleitorado nacional visitando diversos estados do país e proferindo comícios nas capitais dos estados. Em todos os casos, a iniciativa dos candidatos oposicionistas foi rechaçada pelo *status quo* da República como demagógica e anárquica. A primeira campanha presidencial que contou com um candidato oposicionista que, se não tinha chances reais de vencer, mobilizou profundamente as camadas populares, foi aquela em que Rui Barbosa enfrentou em 1909-1910 a candidatura situacionista do Marechal Hermes da Fonseca. Rui liderou a oposição durante os quatro anos seguintes e seus seguidores eram atacados pelos conservadores como "profissionais das masorcas" que pretendiam "abalar e destruir a ordem constitucional para, embora sobre as ruínas da Pátria, sobre os destroços das instituições republicanas, assaltarem as posições e o governo".[59] As manifestações populares da oposição não eram jamais consideradas como representativas da "opinião pública", não passando de "um conluio de valdevinos". O deputado conservador Victor Silveira seria mais explícito: "Isto que anda pelas ruas não é Povo, não é Nação, não é País, não é República".[60] Essa era a opinião do próprio chefe do Partido Republicano Conservador. Para o senador Pinheiro Machado, admirador de Le Bon, as

---

59 ANAIS da Câmara dos Deputados. Sessão de 7 de abril de 1914.
60 ANAIS da Câmara dos Deputados. Sessão de 24 de dezembro de 1914.

instituições republicanas jamais poderiam ficar à mercê "da versatilidade demagógica das correntes populares".[61]

Em 1921-1922, era o ex-presidente Nilo Peçanha, popular prócer fluminense, que se lançava contra a candidatura do governador de Minas Gerais, o ultraconservador Artur Bernardes, na campanha que denominou *Reação Republicana*. Replicando as campanhas de Rui Barbosa em 1909 e 1919, Nilo viajou por diversos estados mobilizando o eleitorado, atacando o caráter oligárquico do regime e pregando o avento da verdadeira democracia, de que a República seria apenas um simulacro. A campanha abalou os alicerces do regime e criou uma verdadeira histeria antipopular nos segmentos da classe política. Ao chegar a meados de outubro ao Rio de Janeiro, Artur Bernardes e sua comitiva foram recepcionados na Avenida Rio Branco com "uma vaia colossal".[62] O episódio foi percebido pela classe política como de imensa gravidade, ressurgindo com força o fantasma das multidões irracionais incensadas pela imprensa subversiva e manipuladas pelos demagogos. Exprimindo o sentimento do candidato desfeiteado, um admirador de Bernardes descreveu a manifestação cívica como "uma lamentável manifestação de desagrado, pela turbamulta que por ali perambulava, envenenada pela linguagem licenciosa da imprensa".[63] Já a filha do presidente Epitácio Pessoa descreveria o incidente de forma mais caracteristicamente demofóbica: a vaia havia sido obra de "uma multidão alucinada" por "capangas vindos de Niterói, o pessoal dos jornais de oposição (...) e representantes das classes armadas". Mais uma vez surgia a imagem da multidão enlouquecida pelos demagogos aventureiros. Os apupos não representavam legitimamente o desagrado da população, nem eram compreendidos como um direito cívico de exprimir-se nas ruas; era "uma manifestação de verdadeira selvageria".[64] A classe política de 1922 continuava a

---

61 ANAIS do Senado Federal. Sessão de 20 de janeiro de 1915.

62 GABAGLIA, Laurita Pessoa Raja. *Epitácio Pessoa (1865-1942)*. 2º vol. Rio de Janeiro: José Olympio, 1951, p. 491.

63 MAGALHÃES, Bruno de Almeida. *Arthur Bernardes, estadista da República*. Rio de Janeiro: José Olympio, 1973, p. 113.

64 GABAGLIA, Laurita Pessoa Raja. *Epitácio Pessoa (1865-1942)*. 2º vol. Rio de Janeiro: José Olympio, 1951, p. 491.

considerar a vaia popular do mesmo modo que os conservadores escravistas do Império e pelos fundadores do regime republicano: como uma ameaçadora "explosão de forças destruidoras", que punha em perigo a autoridade e a hierarquia social.[65]

Em 1922, a classe política republicana voltou a temer amplamente os movimentos populares do Rio de Janeiro. Foi então que, às voltas com a hostilidade da população, enfrentando a ameaça tenentista e governando praticamente todo o período sob estado de sítio, rodeando o Catete de arame farpado, perseguindo implacavelmente os adversários e reformando a Constituição em sentido autoritário, emasculando o Judiciário do direito de conceder *habeas corpus*, o chefe da classe política, isto é, das oligarquias estaduais, que era Artur Bernardes, retomou da Presidência da República o mantra da mudança da capital como solução para os problemas administrativos da União. Nas mensagens enviadas ao Congresso, solicitando a mudança, aparecia uma novidade no argumento mudancista: a necessidade de desenvolver o interior.

> O Governo Nacional deve desenvolver a sua ação em um centro, do qual possa auscultar o sentimento nacional, com exatidão e calma, sem a visão alterada por um local impróprio de observação, sem a reflexão perturbada pelo tumulto de uma grande cidade cosmopolita e onde a segurança material dos representantes dos poderes públicos se ache fora do alcance de ataques externos e de atentados internos. No interior do país, a capital seria um laço de conexão entre as diversas unidades federadas e poderia irradiar para todas as direções as vias de transporte e comunicação e outros elementos de progresso da alçada da União; e, em emergência de defesa nacional, a atuação do governo seria mais segura e eficiente.[66]

Como se depreende da leitura da passagem transcrita, a novidade atinente ao argumento desenvolvimentista estava estreitamente vinculada à concepção oligárquico-federativa da Nação. O argumento desenvolvimentista servia para

---

65   ANAIS do Senado Federal. Sessão de 9 de julho de 1894.
66   BRASIL, Presidente, 1923-1926 (A. Bernardes). *Mensagens presidenciais; presidência Arthur Bernardes, 1923-1926*. Brasília: Câmara dos Deputados, 1978, p. 529.

disfarçar e, por isso mesmo, favorecer o intuito demofóbico embutido na defesa da mudança da capital. Bernardes recorria novamente à velha tática de valorizar um "autêntico" povo brasileiro, que remetia ao imaginário tocquevilleano de uma população interiorana e ordeira, identificada aos estados da federação, opondo-lhe a imagem ameaçadora e subversiva de um povo-multidão politicamente mobilizado pela demagogia de uma capital cosmopolita, artificial e estrangeirada. O desenvolvimento do "sertão" se daria em benefício da "Nação", entendida como federação oligárquica, em detrimento da "multidão" da capital litorânea, que não passava de uma "parcialidade" excêntrica no país. Em outras palavras, o argumento do desenvolvimento do interior não passava de um *aggiornamento* da concepção meramente federativa de democracia, criada no nascedouro da República oligárquica.

O último episódio de expressão demofóbica da classe política da Primeira República se deu justamente em 1930, no ato de sua deposição pela Revolução de 1930. Dentre o sem-número de manifestações, a mais característica talvez tenha sido a de Humberto de Campos, ficcionista e deputado federal pelo Maranhão que, apeado de seu cargo pela Revolução, entregou-se imediatamente à leitura apaixonada da obra que servira de modelo a toda literatura demofóbica europeia: *As origens da França contemporânea*, de Hyppolite Taine, que revelava, segundo Campos, "nas verdades do passado, as fraquezas e misérias do presente".[67] Depois de lamentar que o novo prefeito nomeasse "politiqueiros suburbanos" para os cargos técnicos da municipalidade, Humberto de Campos deplorava o fato de que milhares de militares revolucionários ocupassem como quartéis os formosos edifícios públicos construídos em estilo parisiense pela classe política deposta, durante a reforma Passos. Afligia-o, em particular, ver o próprio Palácio Monroe, sede do Senado e, portanto, símbolo supremo da federação oligárquica, ocupado "pela multidão" de soldados extraídos da mais ínfima condição social. Foi o último muxoxo demofóbico do aristocrático regime:

> Ainda hoje, de caminho para a Academia, passei pelo Senado. E confrangeu-me o coração. O edifício elegantíssimo, que foi o

---

67 CAMPOS, Humberto de. *Diário Secreto*, vol. II. Rio de Janeiro: Edições O Cruzeiro, 1954, p. 93.

orgulho nosso na exposição de São Luís, a casa que (o ex-presidente do Senado) Antônio Azeredo encheu de tapetes caros e mobílias de gosto, vomitava por todas as portas, e despejava pela escadaria de mármore um turbilhão de homens semivestidos, quase todos em mangas de camisa, dezenas dos quais dormiam sobre as capas de campanha estendidas no gramado do jardim circulante. No parque ajardinado fumegavam marmitas em fogões improvisados. O Senado é, hoje, um simples quartel da soldadesca revolucionária!... São os primeiros bárbaros. Atrás deles não virão os hunos?[68]

Humberto de Campos foi bom profeta. Os *hunos* vieram e ficaram.

---

68   CAMPOS, Humberto de. *Diário Secreto*, vol. II. Rio de Janeiro: Edições O Cruzeiro, 1954, p. 102.

APÊNDICE: JUSCELINO KUBITSCHEK E A CONSTRUÇÃO DE BRASÍLIA

Reiterada na Constituição de 1934, a ideia de mudança da capital desapareceu durante o Estado Novo de Getúlio Vargas. A razão era óbvia: ainda que promotor do desenvolvimento nacional e da "marcha para o Oeste", um regime que se pretendia popular e unitário não poderia transferir a capital do país para o meio do nada. Findo o Estado Novo, porém, foi o próprio ex-presidente Bernardes quem, eleito deputado constituinte, fez emendar o anteprojeto da subcomissão constitucional, de que a medida não constava, nele inserindo a mudança da capital federal. A iniciativa afinal tomou forma no art. 4º das disposições transitórias da Constituição de 1946[1] e acabou concretizada depois de uma década e meia por outro presidente mineiro, Juscelino Kubitschek. Houve demofobia entre as razões para a mudança de capital operada por Kubitschek? Ela não é perceptível na abundante literatura produzida nos últimos trinta anos, toda ela muito favorável à mudança da capital, quando não apologética de sua obra e de seu criador, reputado o "construtor da nacionalidade".[2]

No último livro escrito por Kubistchek, no qual ele fixou a interpretação "autêntica" e definitiva do próprio governo – *Por que Construí Brasília* –, não se encontra, igualmente, qualquer razão demofóbica para a mudança da capital, prosaicamente justificada pela necessidade de "cumprir-se a Constituição" e, de

---

1 DUARTE, José. *A Constituição Brasileira de 1946. Exegese dos textos à luz dos trabalhos da Assembléia Constituinte*, 3º vol. Rio de Janeiro: Imprensa Nacional, 1947, p. 452.

2 MOREIRA, Vânia Maria Lousada. *Brasília: a construção da nacionalidade*. Vitória: Edufes, 1998.

modo menos prosaico, pelo imperativo de desenvolvimento do interior do país. Publicado em 1975, durante o governo militar, *Por que construí Brasília* é uma obra destinada a perpetuar a memória de seu quinquênio, num contexto de autoritarismo em que Kubitschek estava cassado, alijado da política. O objetivo do livro era o de não apenas manter viva, mas engrandecer mitologicamente a sua imagem de estadista marcado pela sua postura democrática e empreendedora, mas não demagógica. O "presidente bossa nova" apresentava-se, assim, em 1975, como o homem providencial que garantira o desenvolvimentismo, continuado pelo regime militar, dentro, todavia, de um ambiente de normalidade democrática, sem incorrer, por outro lado, no "populismo" que maculara todas as demais presidências do regime desde 1950.[3] Para justificar a medida, além de vincular o que não era necessariamente vinculante – o desenvolvimento do interior com a mudança da capital –, Kubitschek desenvolve uma narrativa providencialista, coletando e conectando os momentos em que a ideia foi aventada num elo de necessidade histórica. A mudança da capital se funda originalmente na visão mística ou profética de um beato italiano oitocentista, sendo depois elevada à condição de peça-mestra do pensamento político de alguns dos mais importantes personagens da história do Brasil, como Tiradentes, José Bonifácio e Floriano Peixoto. A construção de Brasília passa a ser apresentada como o cumprimento de um desígnio místico providencial; ela era uma exigência indeclinável inscrita desde tempos imemoriais nos destinos do Brasil, cuja realização (ou "cumprimento", porque se tratava de uma profecia) aguardava a aparição do messias, ou herói predestinado por sua fé, patriotismo e determinação (o próprio Kubitschek). A história brasileira passava a ser dividida em antes e depois de seu governo: a nova capital representaria uma tábula rasa, que não guardaria nenhuma lembrança dos 140 anos anteriores de vida independente do Brasil. Ideologia, historiografia e misticismo se juntavam assim,

---

3   Em outras palavras, o Kubitschek de 1975 sustenta que o próprio período em que atuou como bem-sucedido político, galgando sucessivamente os postos de prefeito de Belo Horizonte, governador de Minas Gerais, presidente e senador da República, havia sido "a era do populismo", marcada pela atuação de politiqueiros ambiciosos (como Jânio) que exploravam a boa fé das "massas já politizadas, mas ainda não educadas para a compreensão da realidade nacional" (KUBITSCHEK, Juscelino. *Por que construí Brasília*. Rio de Janeiro: Bloch, 1975, p. 340).

para além de qualquer problema concernente especificamente à "Belacap" (o Rio), para explicar a inevitabilidade da mudança da capital.⁴ A verdade, porém, é que, depois do golpe militar, e particularmente em 1975, Kubitschek suprimiu todos os argumentos demofóbicos presentes nos livros por ele escritos ou endossados entre 1956 e 1962. Neles, a mudança da capital era justificada em razões idênticas àquelas anteriormente empregadas por Artur Bernardes, relativas aos malefícios decorrentes da pressão do povo sobre o governo federal sediado no Rio de Janeiro. Cito aqui apenas três dos mais importantes livros produzidos no período, publicados com o aval de Kubitschek e de Israel Pinheiro, presidente da companhia encarregada da construção de Brasília (Novacap). O primeiro deles era *Quando mudam as capitais*, de José Osvaldo Meira Penna, "ilustre diplomata" fartamente citado por Kubitschek.⁵ Meira Penna recorria a argumentos racistas para tirar a capital do Rio, além de reapresentar a velha concepção oligárquico-federativa de Nação que exigia a sede do governo numa pequena e inócua cidade administrativa no interior:

> Uma grande cidade, com suas influências, suas paixões, os exageros de uma imprensa por vezes leviana e os perigos constantes que podem surgir de uma população mestiça, altamente emotiva, num ambiente irritante de estufa, não parece ser a sede mais indicada para uma administração eficiente, capaz de se exercer com âmbito nacional. O Brasil não será um verdadeiro estado federal enquanto não trocarmos a metrópole monstruosa por um órgão especializado que tenha a nação inteira como objeto de seus cuidados. A

---

4   A mitificação da construção de Brasília encontrou o seu exemplo mais acabado no livro *A mudança da capital*, de Adirson Vasconcelos. Limito-me aqui a transcrever os títulos de alguns de seus capítulos, que por si mesmos permitem apreciar o alto grau de idealização e ideologização alcançada pela narrativa juscelinista: "Tiradentes, precursor da interiorização"; "Hipólito da Costa, paladino de uma capital no interior", "Brasília foi idéia de José Bonifácio"; "Varnhagen, o perseverante defensor da interiorização", "O sonho – visão de Dom Bosco sobre Brasília"; "Um homem destemido queria sozinho construir a capital". "Ao presidente Juscelino Kubitschek que desbravou" (VASCONCELOS, Adirson. *A mudança da capital*. Brasília: Senado Federal, 1978, p. 11).

5   KUBITSCHEK, Juscelino. *Por que construí Brasília*, Rio de Janeiro: Bloch, 1975, p. 15.

democracia regional é uma característica essencial do sistema federal. Federalismo é descentralização.⁶

Outro livro, *A nova capital*, do goiano Peixoto da Silveira, seguia a mesma senda: "O Rio tende a ser cada vez mais uma cidade de vida difícil e consequentemente um foco de inquietação social (...). O governo supremo do país precisa funcionar num ambiente mais tranqüilo".⁷ Israel Pinheiro, por sua vez, reiterava a estratégia de desqualificar o povo da maior metrópole brasileira para abraçar uma concepção federativa abstrata de Nação. O que havia no Rio não era o "verdadeiro" povo brasileiro, ponderado, interiorano – eram "as massas", particularistas e egoístas, passíveis de serem instrumentalizadas pelos demagogos e subversivos:

> Uma cidade como o Rio, pela sua amplitude e pela sua adiantada industrialização, com a conseqüente concentração das grandes massas, obriga o governo federal, pelos simples fato de estar ali sediado, a permanentes preocupações com assuntos de ordem meramente local, desviando-lhe a atenção, com prejuízo dos problemas nacionais. Asfixiado sob a onda de interesses particulares, ainda que legítimos, está o governo federal, por força, divorciado daqueles brasileiros que, no interior, também constroem, silenciosamente, e tantas vezes ao desamparo de qualquer ação governamental, a riqueza do país. As agitações sociais de caráter grave fermentam, de preferência, nos grandes centros, insufladas por elementos de indisciplina e de desordem, os quais têm aí as condições ideais para a subversão.⁸

Por fim, o próprio Kubitschek declarou em 1962 que a subtração das decisões do Congresso à pressão das multidões cariocas havia sido o primeiro fruto benéfico da mudança da capital. Se ela ainda estivesse sediada no Rio,

---

6   MEIRA PENNA, José Osvaldo. *Quando mudam as capitais*. Prefácio de Israel Pinheiro. Rio de Janeiro: IBGE, 1958, p. 308.

7   SILVEIRA, Peixoto. *A nova capital*. Prefácio de Juscelino Kubitschek. 2ª ed. Rio de Janeiro: Pongetti, 1957, p. 27.

8   Apud KUBITSCHEK, Juscelino. *A marcha do amanhecer*. São Paulo: Best-Seller, 1962, p. 61-62.